Pasquale Scaturro ist Geophysiker, Extremsportler und Abenteurer. Seit 30 Jahren organisiert er Rafting- und Bergsteigerexpeditionen auf der ganzen Welt. 2001 leitete er die Mount-Everest-Expedition des amerikanischen Blindenverbandes NFB, bei der vier Bergsteigerrekorde des Himalaja gebrochen werden konnten. Gemeinsam mit Gordon Brown bezwang er 2004 als Erster den Blauen Nil und den Nil von der Quelle bis zur Mündung. Pasquale Scaturro lebt in Lakewood, Colorado.

Richard Bangs ist Abenteurer und Schriftsteller. Er hat viele der großen Flüsse der Welt befahren und für sein Buch *The Lost River* den National Outdoor Book Award erhalten. Er ist Mitbegründer von Mountain Travel Sobek, Amerikas ältestem und größtem Veranstalter von Abenteuerreisen. Neben 14 Büchern hat er auch mehr als 500 Zeitschriftenartikel geschrieben, preisgekrönte Dokumentarfilme gedreht und Internetauftritte gestaltet. Er lebt in Redmond, Washington.
www.richardbangs.com

Bibliografische Information Der Deutschen Bibliothek

Die Deutsche Bibliothek verzeichnet diese Publikation in der Deutschen Nationalbibliografie; detaillierte bibliografische Daten sind im Internet über http://dnb.ddb.de abrufbar.

NATIONAL GEOGRAPHIC ADVENTURE PRESS
Reisen · Menschen · Abenteuer
Die Taschenbuch-Reihe von
National Geographic und Frederking & Thaler

1. Auflage Juni 2006

Titel der Originalausgabe: Mystery of the Nile
erschienen bei G. P. Putnam's Sons, New York
Veröffentlicht mit Genehmigung des Autors, c/o Baror International, Inc.,
Armonk, New York, USA

Aus dem Amerikanischen von Stefanie Mierswa
Text: Richard Bangs und Pasquale Scaturro
Fotos: s. Copyright-Nachweise im Bildteil
Lektorat: Gudrun Honke, Bochum
Karten: Margret Prietzsch, Gröbenzell
Umschlaggestaltung: Dorkenwald Grafik-Design, München
Herstellung: Caroline Sieveking, München
Druck und Bindung: Clausen & Bosse, Leck
Printed in Germany

ISBN 3-89405-276-7
www.frederking-thaler.de

Das Papier wurde aus chlorfrei gebleichtem Zellstoff hergestellt.

RICHARD BANGS
PASQUALE SCATURRO

DER NIL – DURCH DIE BLAUE HÖLLE

Die abenteuerliche Erstbefahrung aller 5.245 Nil-Kilometer

Aus dem Amerikanischen von
Stefanie Mierswa

NATIONAL GEOGRAPHIC
FREDERKING & THALER

Für Walker Taylor Bangs, aus dessen Mund ich die ersten Worte der Wahrheit vernahm und dessen Frohsinn mir erstmals unberührte Länder näher brachte – du bist ein Drachensucher und ein Lehrer.

RICHARD BANGS

Für Adam, dessen längste Reise noch lange nicht vorbei ist …

PASQUALE SCATURRO

Vorwort

Die Erforschung der Welt scheint sich in Etappen oder Wellen vollzogen zu haben. Der spanische Vorstoß in die Neue Welt am Übergang vom 15. zum 16. Jahrhundert war so eine Welle, die schnelle Bezwingung der 8.000er-Gipfel im Himalaja in den 1950er-Jahren eine weitere und die amerikanisch-sowjetischen Expeditionen ins Weltall in den 1960er-Jahren eine dritte. Eine Glanzzeit der Forschung war auch die zweite Hälfte des 19. Jahrhunderts, als Wissenschaftler, Soldaten und Missionare auszogen, um die letzten weißen Flecken auf der Landkarte zu erkunden, und kein Ziel erstrebenswerter schien, als die Nilquelle zu finden.

In den letzten Jahren ist eine neue Welle herangeschwappt: der Versuch, die großen, reißenden Flüsse der Welt zu befahren, wenn möglich von der Quelle bis zur Mündung. Ich bekenne mich schuldig, mehrere dieser Befahrungen in die Wege geleitet zu haben, und habe mich zu einem frühen Zeitpunkt meiner beruflichen Laufbahn den Oberlauf des Amazonas, des Sambesi, des Jangtse, des Indus und anderer Flüsse hinuntergekämpft. Der Fluss aber, auf dem etwa 1.000 Schlauchboote unter dem Banner von *Sobek Expeditions* gestartet sind, ist der Blaue Nil, und zum ersten Mal habe ich mich 1973 auf seinen Oberlauf gewagt. Ich habe die Abenteuerfirma nach dem Krokodilgott Sobek benannt, der an den Ufern des ägyptischen Nils verehrt wurde. Mit dieser Huldigung glaubte ich die Tiere in Schach halten zu können. Doch über die Jahre griffen immer wieder Krokodile die Boote an, und der Blaue Nil raubte das Leben meines besten Freundes und früheren Partners Lew Greenwald.

Pasquale Scaturro und ich sind schon viele Jahre miteinander befreundet und haben viele Abenteuer und Flusskilometer gemeinsam hinter uns gebracht. Als sich die Gelegenheit bot, den Blauen Nil auf seiner gesamten Strecke zu bezwingen, konnte ich die Reise leider nicht selbst unternehmen. Aber ich dachte sofort an Pasquale, den meiner Ansicht nach kompetentesten Expeditionsleiter unserer Zeit. Er war als Einziger in der Lage, den Plan in die Tat umzusetzen.

Was folgt, ist Pasquales Bericht von der außergewöhnlichen Reise, der mit Einblicken in seine abwechslungsreiche und spannende Vergangenheit gespickt ist. Ich habe Pasquale gebeten, alle Ereignisse und Gedanken während seiner rasanten Fahrt auf dem Nil festzuhalten, und wir standen die ganze Zeit über Satellitentelefon und E-Mail in Verbindung. Nach der Reise hab ich mich in seine Tagebücher vertieft und stundenlange Interviews geführt. Dieses Buch ist das Ergebnis meiner Mühen. Obwohl es unser beider Schöpfung ist, erscheint Pasquale durchweg in der dritten Person, und die Geschichte wird so wiedergegeben, wie er sie mir erzählt hat. Ich selbst trete nur gelegentlich in Erscheinung, wie zum Beispiel während der Anfangsphase der Expedition und des Films in Afrika. Danach bin ich nach Hause gereist und habe auf Berichte gewartet, habe mir Sorgen gemacht und gehofft, dass mein Freund nicht das Schicksal so mancher seiner Vorgänger teilen würde.

Das Buch ist daher in der Ausführung durchaus mit Hapi zu vergleichen: Hapi war der Gott sowohl des oberen als auch des unteren Nils. Sein Doppelwesen wurde als Zwillingsgottheit dargestellt, von denen die eine den Papyrus des Nordens als Kopfschmuck trug, die andere den Lotus des Südens. Auf Bildern sind sie oft gemeinsam dargestellt, wie sie Wasser aus einer Tragevase gießen oder die beiden Pflanzen der nördlichen und der südlichen Gebiete zu einem Knoten mit der *sema*-Hieroglyphe zusammenbinden, die die Vereinigung des Blauen und des Weißen Nils symbolisiert.

Aus dem einen entstanden zwei, aus den zweien entstand dieses Buch, und mit dem Buch können die Leser nun den Nil hinunterfahren und an dem unglaublichen Abenteuer teilnehmen.

Richard Bangs

AFRIKA
SUDAN
Rotes
Meer
ERITREA
Asmara
Omdurman
Khartum
Atbara
Butana-
Ebene
Bahr al-Azraq
Blauer Nil
Gezirah-
Ebene
Tekeze
Ras Daschan
4620 m
Äthiopisches
Hochland
ÄTHIOPIEN
Sennar-
Damm
Weißer Nil
Sennar
Gondar
GONDAR
TIGRAY
Roseires-
Damm
Tanasee
Tissisat-Fälle
1. portugiesische Brücke
(Agam Dildi)
Bahr al-Abyad
Ad-Damazin
Gilgel
Abay
Bambudi
Bahir Dar
Nördliche
Schlucht
2. portugiesische
Brücke
(Sabara Dildi)
Bamaza
Blauer Nil
Gish Abay
Mt. Gishe
3180 m
GOJAM
Mt. Choke
4050 m
WOLLO
SUDAN
Sirba
Abay
Abay Wenz
Schwarze
Schlucht
Debre
Markos
Grand Canyon
des Nils
Westliche
Schlucht
Bure-
Brücke
Shefartak-
Brücke
SHOA
WOLEGA
N
0
250
500 km

Rosetta
Alexandria
ISRAEL
JORDANIEN
Kairo
SINAI
AFRIKA
El-Minya
Asyut
Luxor
ÄGYPTEN
SAUDI-
ARABIEN
Assuan
1. Katarakt
Nassersee
Assuan-
Staudamm
Sahara
Rotes
Meer
Jeddah
Mekka
Nubiasee
Wadi Halfa
2. Katarakt
3. Katarakt
Abu
Hamad
Dunqula
4. Katarakt
Port Sudan
5. Katarakt
Barbar
SUDAN
Shandi
Atbara
ERITREA
6. Katarakt
Khartum
Asmara
Bahr al-Abyad
Weißer Nil
Sennar-
Damm
Bahr
al-Azzaq
Tekeze
Gondar
Tanasee
DSCHIBUTI
Dschibuti
Tissisat-Fälle
N
Roseires-
Damm
Quelle des
Gish Abay
0
250
500 km
ÄTHIOPIEN
Blauer Nil
Addis Abeba

Kapitel 1

Hört! Was ist das Leben? Es ist eine Feder; es ist der Same des Grases, der hierhin und dorthin geweht wird, sich manchmal vermehrt und dabei stirbt und manchmal auch in den Himmel getragen wird. Aber wenn der Same stark und schwer ist, wird er vielleicht eine Weile auf der Straße wandern. Man soll nur versuchen, seinen Weg zu gehen und gegen die Luft zu kämpfen. Der Mensch muss sterben. Schlimmstenfalls stirbt er vielleicht ein wenig früher.

H. Rider Haggard, König Salomons Schatzkammer

Niemand kann erwarten, dass er hier ein Boot einsetzt und überlebt.

Kuno Steuben beim Einschätzen der Nördlichen Schlucht des Blauen Nils, 1959

Mitten in einem reißenden braunen Fluss, der sich tief in die Oberfläche des Kontinents eingrub, ganz unten in einer dunklen Schlucht klammerte sich Pasquale Scaturro an ein Seil und an sein Leben. Er strampelte, um sich über Wasser zu halten, und hatte seine kräftigen Arme bis zum Äußersten gestreckt. Während ihm die kalte Strömung um die Brust wirbelte, hielt er mit einer Hand das Ende eines 20 Meter langen Sicherheitsseils, das an einem Basaltfelsen befestigt war. Mit der anderen umfasste er den Neoprengriff eines knapp fünf Meter langen, 136 Kilo schweren umgekippten Rafts. Es war das Rettungsboot der ehrgeizigen, vielleicht unvernünftigen Expedition.

Pasquale musste sich schnell entscheiden. Das Nylonseil war um drei Finger seiner linken Hand gewickelt, doch nun rutschte es von einem Finger, dann von einem zweiten und zog sich um den Ringfinger fest. Er merkte, wie das Gefühl aus dem Finger wich, und glaubte, er würde abgerissen. Aber wenn er das Seil losließ, lieferte er sich dem nassen Chaos der Stromschnelle aus, die den Namen »Gauntlet« (Handschuh) erhalten hatte. Nur wenige Kilometer weiter unterhalb folgte eine weitere Riesen-Stromschnelle, Kategorie fünf oder schlimmer, dann noch eine und noch eine, kilometerweit. Genau hier war Lew Greenwald 1976 während einer Forschungsexpedition auf dem Oberlauf des Blauen Nils ertrunken, und zwar unheimlicherweise bei einem ähnlichen Unfall: Ein Boot war gekentert, und Lew wurde in einen schäumenden weißen Kessel getrieben.

Pasquale wusste auch nur zu gut, dass sich die 1968 von der britischen Armee durchgeführte Expedition diesen Abschnitt aus der Luft angesehen und entschieden hatte, leere Boote hinunterzuschicken, da sie die knapp 50 Kilometer lange Schlucht als zu gefährlich für Menschen erachtete. Und erst eine Stunde zuvor hatten ihm ein paar Dorfbewohner von zwei Deutschen erzählt, die vor einem Jahr ein großes Holzboot in diesen Abschnitt gesteuert hatten. Es war gegen die alten Lavafelsen gekracht und zerschmettert worden. Einer der Deutschen und beide äthiopischen Führer waren ertrunken. Der zweite Deutsche hatte mit Müh und Not überlebt, sich zu Fuß auf und davon gemacht und das Land mit der ersten Maschine verlassen. Anscheinend hat er nie die Behörden von dem Unfall unterrichtet und wird noch heute wegen Mordes gesucht.

Im letzten Tageslicht, während die Sekunden verrannen und sich Pasquales Arme bis ins Unerträgliche spannten, überlegte er, was er tun sollte. Das Sicherste wäre, das Raft loszulassen, mit der zweiten Hand nach dem Seil zu greifen und sich ans Ufer zurückzuziehen. Aber wenn er das täte, würde er das Boot an den Blauen Nil verlieren, und sein Versuch, als erster Mensch den ganzen Fluss zu befahren, wäre mit Sicherheit gescheitert. Und schlimmer noch – er würde vielleicht einen Mann, der jünger war als sein jüngster Sohn und der gerade um die Ecke abgetrieben worden war, in die nasse Versenkung schicken.

Alemu Mehariw, 23, war ein hoch gewachsener, sportlicher, gut aussehender Äthiopier und Soldat einer Spezialeinheit der *Ethiopian People's Revolutionary Democratic Front* (EPRDF). Die EPRDF war die Rebellentruppe, die den früheren Diktator von Äthiopien, Mengistu Haile Mariam, besiegt hatte. Unter seinem Regime waren Millionen von Menschen umgekommen, und er war dafür berüchtigt gewesen, dass die Eltern seiner Opfer die Kugeln bezahlen mussten, mit denen ihre eigenen Kinder umgebracht wurden. Pasquale hatte Alemu und einen weiteren Soldaten, Baye Gebre Selassie, 20, als Führer und Schutz für den äthiopischen Teil der Drei-Länder-Expedition engagiert. Keiner von beiden hatte jemals in einem Raft gesessen oder Wildwassererfahrung, und gut schwimmen konnten sie auch nicht. Trotzdem hatten beide unbedingt bei diesem Abenteuer mitmachen wollen.

Und das hatte auch Gordon Brown, 42, ein Kajakfahrer und Kameramann mit der Statur eines Flugdrachen. Er hatte die Luken seines Hausboots in Marina del Rey verschlossen und sich dem endlosen Fluss verschrieben, sei es für ein halbes Jahr oder auch für länger. Mike Prosser, 50, Eigentümer der *Down River Equipment Company* in Wheat Ridge, Colorado, war ebenfalls dem Reiz des Blauen Nils erlegen. Yibeltal Tsedalu, ein Trekkingguide aus Addis Abeba, der nicht schwimmen konnte und einen runden *tella*-Bauch hatte, hatten es die 300 Birr (knapp 30 Euro) pro Tag angetan. Pasquale bot ihm so viel, dass er dafür seine Frau und sein neugeborenes Baby verließ und sich der Expedition anschloss – zu einer Zeit, als nicht viele ausländische Touristen zum Wandern nach Äthiopien kamen. Sogar der Koch Yohannes Mekonnen, Johnnie Walker genannt, ließ sich gern anstellen, obwohl er in der Hauptstadt eine Frau und zwei Kinder hatte und noch nie mit einem Boot gefahren war. Seinen Spitznamen hatte er bekommen, weil Yohannes das amharische Wort für John ist und er aus Angst, die Stromschnellen hinunterzufahren, sie am Ufer umging. (Dass es sich außerdem um seine bevorzugte Whiskymarke handelte, war reiner Zufall.)

Während manche das Risiko, das Pasquale ihnen bot, reizvoll fanden, winkten andere ab. Sein vielseitiger Kumpel Mike Speaks, der bereits eine Reihe extrem schwieriger Flussexpeditionen geleitet und vielleicht mehr Zeit auf dem Blauen Nil verbracht hatte als jeder andere, hatte sich 1996 in die Nördliche Schlucht gewagt, doch ein Boot war umgekippt und einer der äthiopischen Führer ums Leben gekommen. Obwohl Pasquale ihn immer wieder beschwor, wollte Mike nicht mitmachen. »Mein Leben ist zu wertvoll. Du könntest mir niemals genug zahlen, dass ich noch einmal durch diese Schlucht fahre«, sagte der Flussguide mit 20 Jahren Erfahrung, der bereits auf allen fünf Kontinenten schwierige Gewässer befahren hatte. Und er riet Pasquale dringend, seinen Plan zu überdenken. »Das ist eine Todesfalle«, warnte er ihn. Und Kurt Hoppe, Pasquales langjähriger Geschäftspartner und sein Gefährte auf dem Everest und dem Kilimandscharo, meldete sich an, flog aus Colorado ein und nach fünf Tagen wieder zurück. Am Eingang der Nördlichen Schlucht beschloss Kurt, nach Hause zu fliegen, nachdem er die Nachricht vom schlechten Gesundheitszustand seines 81 Jahre alten Vaters erhalten hatte. Insgesamt hatte Pasquale etwa 35 Freunde persönlich eingeladen, ihn zu begleiten, doch volle Terminkalender, Kosten, Verpflichtungen, Hypotheken, Scheidungen und Arzttermine hatten es nicht zugelassen.

Nichtsdestotrotz hatten Pasquale und seine Flottille aus zwei Schlauchbooten und einem Kajak an einem späten, heißen Januarnachmittag 293 Kilometer hinter der Quelle die Nördliche Schlucht erreicht. Bis dahin waren alle Stromschnellen leicht zu befahren oder aber zu umtragen gewesen, so dass Pasquale sich allmählich fragte, ob der Schwierigkeitsgrad des Blauen Nils vielleicht überschätzt wurde. Doch dann kamen sie an den »Handschuh«, eine unüberschaubare Strecke wie ein nasser Blitz. Der Fluss, nur 100 Meter weiter stromaufwärts fast einen Kilometer breit, war hier auf die Breite eines Pick-ups zusammengequetscht. Er leuchtete wie ein phosphoreszierendes Feuer, als er in das Gefälle hinabstürzte, einen scharfen Knick machte, schäumend weitertoste und sich dann spritzend und sprühend in eine enge Spalte zwängte. An dieser Stelle war er so schmal, dass die Einheimischen einen Baum mit drei großen Ästen als Brücke über die Schlucht gelegt hatten. Schließlich rauschte er über einen kurzen, relativ ruhigen Abschnitt und stürzte sich dann in eine weitere Furcht erregende Stromschnelle. Auf keinen Fall könnten sie den »Handschuh« befahren. Aber sie konnten ein leeres Boot filmen, das durch die Stromschnelle geschleudert wurde.

Seit sechs Wochen wirkten Pasquale und Gordon an einer IMAX-Produktion mit dem Titel *Der Blaue Nil* mit. Star des Films war der große Nil, von seiner Quelle als Blauer Nil in Äthiopien über den Sudan, wo er sich in weitem Bogen um die schwarzen Pyramiden von Meroe zieht, nach Ägypten, nach Kairo, bis er schließlich in der Nähe von Alexandria in einem Delta seichter Kanäle ins Mittelmeer mündet.

Wenn die Filmleute abreisten, sollte Pasquale bleiben und den Versuch unternehmen, den Fluss in seiner gesamten Strecke zu befahren – von der Quelle bis zur Mündung. Eine Expedition, wie man sie sich seit Jahrhunderten erträumt hatte.

Die Nilquelle zu finden – *quaerere caput Nili* –, darauf hatten schon berühmte Herrscher und Geografen der klassischen Antike gehofft: Herodot, Kyros und Kambyses von Persien, Alexander der Große, Julius Cäsar und sogar Nero. Im großen Zeitalter der Entdeckungen im Inneren Afrikas, das um die Mitte des 18. Jahrhunderts seinen Anfang nimmt, haben sich James Bruce, David Livingstone, Richard Burton, John Speke und viele andere auf die Suche nach den Quellen des Blauen und des Weißen Nils gemacht. Der Weiße Nil ist der längere von beiden Flüssen, die sich bei Khartum zum eigentlichen Nil vereinigen; der Blaue Nil trägt aber etwa 85 Prozent des Wassers bei, das Ägypten versorgt, und den größten Teil des kostbaren Schlicks, der seine Ufer ernährt. Wenn der Blaue Nil austrocknen, gestaut oder in signifikanter Weise abgelenkt würde, würde Ägypten verdorren.

Obwohl es Aufsehen erregende Expeditionen zum Oberlauf sowohl des Weißen als auch des Blauen Nils gegeben hat, ist doch keiner der beiden Ströme in einem Zug vom allerersten Hauch bis zum letzten Atemzug, wenn sich der »Everest der Flüsse« ins Meer ergießt, befahren worden. Auf beiden Strömen hatten alle Versuche mit Todesfällen und Fehlschlägen geendet. Die meisten passierten auf dem Blauen Nil, da er gewaltiger ist, ein steileres Gefälle hat und durch tiefere Schluchten und gefährlichere Stromschnellen führt, die vor allem in der berüchtigten Nördlichen Schlucht zu finden sind. Außerdem hatten die Forscher unterwegs mit riesigen Nilkrokodilen, Nilpferden, herumstreifenden Räuberbanden, tropischen Krankheiten, extremer Hitze und politischen Unruhen zu kämpfen.

Pasquale traute sich zu, als Erster eine erfolgreiche Expedition über die gesamte Länge des Flusses durchzuführen. Er hatte bedeutende Flüsse auf der ganzen Welt befahren, unter anderem den Sambesi, den Colorado, den Bío Bío und den Omo, und als Erster den Tekeze im Norden Äthiopiens. Außerdem hatte er an drei Everest-Expeditionen teilgenommen und 2001 den Gipfelaufstieg geleitet, bei dem es der blinde Bergsteiger Erik Weihenmayer zur Spitze schaffte. Dann hatte er jahrelang als Geophysiker im afrikanischen Hinterland nach Rohöl gesucht. Obwohl er die 50 überschritten hatte, war er kräftig, gut in Form und ein Bewohner der »Vierten Welt«, jenes freigeistigen Landes, in dem Zeit keine Bedeutung hat, wo Forschen die wahre Religion darstellt und das Schurken, Nomaden und Pioniere ihr Zuhause nennen.

Als Pasquale und Gordon den »Handschuh« begutachteten, kamen sie zu dem Schluss, dass dies einer der wenigen absolut unbefahrbaren Abschnitte der gesamten Reise war. Dennoch fanden sie ihn so spektakulär, dass sie ein »Geisterboot«, also eines ohne Besatzung, dabei filmen wollten, wie es hindurchschoss. Als die 30-köpfige Filmcrew für die Ferien in ihre Heimat nach Europa und Amerika zurückgekehrt war, hatte sie den beiden ein bescheidenes Kameraset dagelassen. Es bestand aus einer knapp 20 Kilo schweren 70-Millimeter-Großbildkamera, dazu ein 18 Kilo schweres, wasserdichtes Gehäuse, ein neun Kilo schweres Magazin sowie sechs Rollen 70-Millimeter-Film, von denen jede fast fünfeinhalb Kilo wog. Der »Handschuh« war es wohl wert, ein bisschen Film darauf zu verschwenden, daher fassten sie einen Plan.

Sie räumten die zwei Rafts völlig leer und heuerten ein paar barfüßige Bauern an, um mit ihnen die Sachen ans untere Ende der Stromschnellen zu tragen. Dann sicherten sie die Rahmen und Ruder des ersten Schlauchboots. Gordon würde es am oberen Ende des fast 300 Meter langen »Handschuhs« loslassen und den Zeitpunkt mit Pasquale über ihre Handfunkgeräte abstimmen, da man vom oberen zum unteren Ende keinen Sichtkontakt hatte. Wenn Pasquale am unteren Ende wartete, konnte er schnell in das Raft springen und es sicher ans Ufer rudern, bevor es in den nächsten Katarakt getrieben wurde.

Sie teilten die Aufgaben auf. Gordon stellte die Kamera mit Bayes Hilfe an einem strategisch günstigen Punkt auf, um die beiden wild herunterstürzenden Boote am besten filmen zu können. Mike postierte sich wenige Meter entfernt mit einer Digitalvideokamera. Yibeltal wartete ein Stück weiter flussaufwärts und würde das erste Boot in die mittlere Strömung hinausschieben, sobald er ein Handzeichen von Gordon bekäme. In der Zwischenzeit machte sich Pasquale auf den Weg zum unteren Ende der Stromschnelle. Sie hatten ausgemacht, dass er sich per Funk bei Gordon meldete, wenn er sich in der Position befand, in der er das Boot aufhalten konnte. Yohannes, der mit diesem Unsinn nichts zu tun haben wollte, schlich wie eine Wasserwanze davon.

Als Pasquale mit Alemu flussabwärts kletterte, um eine geeignete Stelle zu finden, von der aus er das Boot auffangen konnte, dämmerte ihm, dass das Ganze vielleicht eine dumme Idee war. Er stellte sich rund zehn Meter über dem Wasserspiegel auf einen Felsen, direkt unterhalb des schmalen, dunklen Lochs, durch das der Fluss toste. Er spürte, wie der Boden durch das mächtige Wasserrauschen erbebte, das aus der Spalte herausschoss und dann fächerförmig in einen schnellen, aber flachen Abschnitt strömte, der etwa sechs Meter breit und knapp 20 Meter lang war. Das Ufer gegenüber bestand aus einer senkrechten, vier Stockwerke hohen Wand, glatt wie geschliffener Stein und von einem fantastischen Gewirr verzweigter Akazien mit Dornenpalisaden bedeckt. Wenn das herrenlose Raft auf die andere Seite getrieben wurde, konnte Pasquale es nicht rechtzeitig auffangen. Dann würde es um die Ecke verschwinden und wäre für immer verloren.

Also brauchte er einen zweiten Mann am anderen Ufer für den Fall, dass das Boot dorthin getrieben wurde. Er entdeckte an der gegenüberliegenden Seite einen kleinen Kiesstrand und befestigte zwei Wurfleinen an einem Felsen. Alemu sollte eine davon nehmen und über den Fluss schwimmen, um das Boot rechtzeitig vom anderen Ufer aus aufhalten zu können. Doch Alemu schaute ihn nur starr vor Entsetzen an und weigerte sich – er konnte nicht gut schwimmen und wusste, dass ein Stück weiter unterhalb noch gewaltigere Stromschnellen lauerten.

Eine Reihe ernst aussehender Hirten, die in schmutziger, grober Baumwolle gekleidet waren und lange Viehstöcke in der Hand hielten, hockten sich hin und beobachteten das seltsame Geschehen. Pasquale ging zu ihnen, fragte sie, ob sie helfen würden, das herunterkommende Boot einzufangen, und bot jedem von ihnen zehn Birr dafür. Sie schüttelten den Kopf. Pasquale erhöhte das Angebot auf 50, doch sie lehnten erneut ab. Er zog 100, dann 1.000 Birr hervor – etwa 95 Euro, mehr als ein Jahresverdienst –, doch sie blieben standhaft. »Der Abay (Blaue Nil) zerstört«, erklärte ihr Anführer mit den wässrigen Augen, während Fliegen um seinen Mund surrten. »Es ist viel zu gefährlich.«

Pasquale fand nun endgültig, dass es keine gute Idee war, ein Boot in das Furcht einflößende Wasser zu werfen. Er griff nach dem Funkgerät und drückte auf die »Talk«-Taste. Er wollte Gordon sagen, dass sie den Plan vergessen sollten. Das Ganze war ein einziger Horror. Sie würden einfach die Boote um die Stromschnelle herumtragen. Doch als er in das Walkie-Talkie brüllte, kam keine Antwort. Dann hörte er Gordons Stimme: »Beeil dich ... Wir haben bald kein Licht mehr. Gib mir das Zeichen.«

Pasquale wusste, was los war. Wenn die Batterien fast leer waren, konnte man zwar empfangen, aber nicht senden, daher konnte Gordon ihn nicht hören. Und die Ersatzbatterien lagen in einer Tasche oben am Eingang in den »Handschuh«.

»Wenn ich in zehn Sekunden nichts von dir höre, setze ich das erste Raft aus«, kam Gordons schwache Stimme durch den Lautsprecher.

»NEIN! NEIN!«, brüllte Pasquale in das Funkgerät. »Nicht das Boot aussetzen!«

»Fünf Sekunden.« Gordons Worte bildeten Schweißperlen auf Pasquales Stirn, die ihm dann kalt den Rücken hinunterliefen.

Er ließ das Funkgerät fallen und kletterte den felsigen Hügel bis zu einem Aussichtspunkt hinauf, von dem aus er Gordon zuwinken konnte, dass er aufhören sollte. Doch als er oben ankam, sah er, dass das Boot bereits ausgesetzt war und von einer sprühenden Schaumwelle fortgetragen wurde. Dann schwankte es um die Ecke und schlug in einem betäubenden, zeitlupenartigen Moment um.

Mist. Jetzt haben wir ein Problem, dachte Pasquale und raste zu Alemu hinunter, der noch immer das eine Seil in der Hand hielt. Das Boot trieb auf sie zu, der ölig schwarze Boden nass glänzend, der Aluminiumrahmen gebogen und verbeult. Es hatte keine Flipleinen; nichts, woran man es nach dem Kentern festhalten konnte. Trotzdem mussten sie es versuchen. Da Pasquale kräftiger war und das Boot besser ziehen konnte, wenn erst einmal ein Seil daran befestigt wäre, rief er: »Alemu! Nimm das Seil und spring rein! Binde es am Raft fest!« Alemu schüttelte den Kopf, und Pasquale schrie noch einmal, so inbrünstig, dass die Luft erzitterte. Also wagte Alemu den Sprung in der Hoffnung, genau vor dem Boot zu landen.

Da er sich aber mit solch schnellen Gewässern nicht auskannte, landete er ein Stück flussabwärts vom Boot und paddelte vergeblich gegen die Strömung an. Innerhalb von Sekunden war das Seil, das er hielt, straff gespannt, und die starke Strömung drückte ihn nach unten. Pasquale sah, wie sich Alemus Schultern vor Anstrengung anspannten, und ihm schoss durch den Kopf, dass Ian Macleod, der 1968 an der britischen Armee-Expedition teilgenommen hatte, auf ebendiese Weise ertrunken war. Ian hatte versucht, durch den Fluss zu schwimmen, um ein Seil am anderen Ufer zu befestigen. Doch er verschätzte sich und wurde wie ein Pendel in die Flussmitte geschleudert, wo sich das am Ufer fest gezurrte Seil straff zog und ihn unter Wasser drückte wie einen Fischköder hinter einem Schnellboot. Im Gegensatz zu Ian hielt Alemu das Seil jedoch einfach nur fest. »Lass es los!«, rief Pasquale ihm zu. Alemu starrte ihn mit schreckgeweiteten Augen an.

Schließlich ließ er das Seil los und schoss wie ein Sektkorken um die Ecke und außer Sicht. Bei einem früheren Erkundungsflug in einem russischen MI-17-Helikopter hatte Pasquale gesehen, dass bei der Einfahrt in die nächste Stromschnelle etwa 45 Meter weiter sich ein reißendes Loch auftat, das ein Boot wie eine Pille schlucken konnte. Pasquale hatte bereits Expeditionen erlebt, bei denen Teamkollegen durch eigentlich vermeidbare Umstände ums Leben gekommen waren, und er hoffte inständig, dass so etwas nicht wieder passierte.

Er zögerte keinen Augenblick, nahm das Ende des anderen Wurfseils und tauchte in die kalte Strömung. Es kostete ihn wertvolle Sekunden, das Boot zu erreichen, doch dann umfasste er den schwarzen Griff mit der rechten Hand und konnte es zum Stehen bringen. Plötzlich schien ihm, als hätte der Nil eingeatmet und hielte die Luft an. Eine Stille, so tief wie der Fluss, breitete sich um ihn herum aus. Sie dauerte nur einen Moment an, dann strömten die Geräusche zurück, als würden sie in eine Schüssel gegossen, und er schnappte nach Luft.

Das Seil in seiner linken Hand war jetzt zum Zerreißen gespannt und schnitt ihm tief in den Finger. Trotz des brausenden Wassers hörte er es vibrieren. Er würde das Boot nicht mehr lange am Griff halten können. In der Schlucht wurde es immer dunkler. Die Gischt prasselte ihm ins Gesicht wie Kugeln, und sein Ringfinger war taub geworden. Als läge er auf einer mittelalterlichen Folterbank, schrien seine Muskeln nach Erlösung. Er hatte keine Zeit mehr. Er musste sich entscheiden. Das Boot loslassen und sich selbst in Sicherheit bringen. Oder das Seil loslassen und sich an ein umgeschlagenes, ausgebrochenes Schlauchboot klammern – und Alemu hoffentlich lebend wieder finden, ihn ins Boot ziehen und vor dem nächsten Wasserfall an Land kommen.

Pasquale ließ das Seil los. Das Boot raste um die Ecke und zerrte Pasquale hinter sich her. Da vorn war Alemu; er hielt sich hinter einem vorspringenden Felsen an einer stumpfen Felswand fest. Er hatte die wunden Finger in eine Felsritze gekrallt, sein Gesicht war aschfahl, und das tosende Wasser riss an seinem Oberkörper. Als das Raft ihn auf Alemu zuwirbelte, griff Pasquale mithilfe eines plötzlichen Adrenalinstoßes auf die Unterseite des Boots, steckte die Zeigefinger in zwei der Wasserabläufe, stemmte sich mit dem Fuß ab und hievte sich auf den glitschigen Boden des Rafts. Dann beugte er sich vor und zog Alemu an Bord.

Das unheilschwangere Loch flussabwärts war nur noch wenige Meter entfernt – der Beginn der nächsten Stromschnelle. Sie trieben auf den Rand zu, und Pasquale hatte keine Möglichkeit, das umgeschlagene Raft zu steuern. Als er nach der Bugleine tastete, um sie loszubinden, hatte er nur einen Gedanken: *Fuck – jetzt hab ich's getan.*

Kapitel 2

Ein Mythos entstand um den Nil, ein Märchen von alten Tempeln und wilden Tieren, von Harems und Sklavenvölkern, von Juwelen und Handschriften, verloren im kargen Land ... und vom großen Fluss, der aus dem Nirgendwo kommt und einen immer weiter zum geheimnisvollen Ursprung aller Dinge zurückbringt.

Alan Moorehead, The Blue Nile

Das äthiopische Hochland, wo der Blaue Nil entspringt, ist eine Insel in den Strömungen der Geschichte. Von geophysischen Kräften, die auch das Rote Meer schufen, wurde es wie ein riesiger Knoten nach oben gedrückt, und seine höchste Erhebung, der Ras Daschan, erreicht 4.620 Meter über dem Meeresspiegel. Die nördliche Seite des Hochlands erhebt sich aus der Nubischen Wüste in das Semiengebirge; am östlichen Rand senken sich Steilabbrüche 1.200 Meter tief nach Somalia hinab. Entlang der westlichen Seite fällt das Hochland zu den Sahelgebieten des Sudan ab, manchmal abrupt und gefährlich schroff. Im Süden läuft es zum Turkanasee (früher Rudolfsee) an der kenianischen Grenze aus. Dieses Hochlandmassiv mit seinen Schluchten und Felswänden ist eine natürliche Festung. Hier stieg zu Zeiten König Salomos das Reich Aksum auf, und in späteren Jahrhunderten rankten sich immer wieder Legenden um die von Europa nahezu isolierte Bergfeste der christlichen Könige Äthiopiens.

Mitten in diesem Hochland, im Herzen des alten Abessinien, liegt auf 1.830 Metern Höhe, umgeben vom Land der Amharen, der

Tanasee. Mit 3.100 Quadratkilometern ist er fast sechsmal so groß wie der Bodensee. Südlich des Sees und noch ein Stückchen höher erhebt sich ein kegelförmiger Berg namens Gishe (3.180 Meter) über die Quellen des Gish Abay. Hier liegt ein kleines Dorf namens Sakala, ein heiliger Ort der äthiopisch-orthodoxen Kirche seit dem 13. Jahrhundert, vermutlich aber seit sehr viel längerer Zeit. Uralte angehäufte Tierknochen weisen auf rituelle Schlachtungen hin, und das Wasser gilt schon lange als heilig.

Von dieser Quelle fließt der Gilgel Abay – der Kleine Abay – knapp 220 Kilometer bergabwärts zum Tanasee ab, wo sich auf 37 Inseln 29 Klöster befinden. Vom südöstlichen Rand des Sees aus beginnt der Blaue Nil seine 1.722 Kilometer lange Reise über die Tissisat-Fälle (»Rauschendes Feuer«), durch die tückische Nördliche Schlucht und den »Grand Canyon von Afrika«, in die Ebene des Sudan und den ganzen langen Weg bis zum heutigen Khartum. Dort vereinigt er sich mit seinem Schwesterfluss, dem Weißen Nil, und zusammen werden sie der längste Fluss der Welt: insgesamt 6.671 Kilometer von der in Burundi gelegenen südlichsten Quelle des Weißen Nils bis zur Mündung ins Mittelmeer.

Die Legenden über die »Quellen des Nils« halten sich seit den Zeiten Herodots, der 440 v. Chr. in seinen *Historien* über die Griechen, die Perser und die Königreiche rund ums Mittelmeer berichtet sowie über seine Reisen nach Ägypten. Sein Aufenthalt in Ägypten fand ganze zwei Jahrtausende nach dem Beginn der ägyptischen Dynastien, acht Jahrhunderte nach dem Tod von Pharao Ramses II. und 100 Jahre vor Alexander dem Großen statt. Herodot staunte über den Sphinx in Gizeh und gelangte bis in den südlichen Sudan, nach Gondokoro (in der Nähe des heutigen Juba). Er zerbrach sich den Kopf darüber, warum das Nilwasser zu bestimmten Zeiten fiel und stieg, und er fragte sich, wo die Nilquelle sein könnte. Seine Erklärung, dass der Oberlauf in einem fernen Gebirge durch eine

Schneeschmelze anschwoll und so zu erhöhten Pegelständen flussabwärts führte, war gar nicht so falsch. Aber dies war nichts als eine Annahme, der Beweis musste noch erbracht werden.

Um die Wende vom 18. zum 19. Jahrhundert rückt das Land am Nil durch den Ägyptenfeldzug Napoleons in den Blickpunkt der Weltöffentlichkeit und mit ihm die geheimnisvollen, unentzifferbaren Hieroglyphen, die sagenhaften Tempelreste in der Wüste und die erhabene alte Kultur. Die Quelle des Nils zu finden ist nun nicht länger nur eine Herausforderung an Verstand und Mut, sondern auch eine Metapher geworden. Pilger, Forschungsreisende und Militärs folgen dem Nil auf der Suche nach seinen geheimnisumwitterten Quellen immer weiter flussaufwärts: an der Karawanserei von Kairo, den Pyramiden von Gizeh und den Tempeln von Memphis vorbei bis nach Oberägypten hinein. Dann dringt man noch weiter vor: in die nubischen Königreiche mit ihrer dunkleren Pracht, an Luxor und Kom Ombo, dem Tempel des Krokodilgottes Sobek, vorbei bis zu einer Reihe von Katarakten.

Über den weiteren Verlauf gab es nur Gerüchte. Und Legenden. Dort lagen, wie Ptolemäus vermutete, zwei Seen und die Mondberge. Und dort lag Äthiopien.

Das Hochland, wo der Blaue Nil entspringt, ist Schauplatz der äthiopischen Geschichte. Man kann die alte Geschichte Äthiopiens, früher Abessinien genannt, gar nicht hoch genug einschätzen. Hier ist die legendäre Heimat der Königin von Saba und der Aufbewahrungsort der Bundeslade. Das Königreich von Aksum errichtete die höchsten Türme der afrikanischen Antike und erfand Goldmünzen. Nach Armenien wurde es die zweite Nation, die sich zum Christentum bekannte – die äthiopische koptische Kirche wurde im Jahr 330 n. Chr. gegründet und ist älter als der Katholizismus. Und als die Wellen des Islam über Afrikas Ufer hereinbrachen, hielt sich Abessinien über der Flut.

Heute ist diese jahrtausendealte Kultur in den Straßen von Addis Abeba oder von Gondar noch allgegenwärtig und direkt neben anderen Spuren der Vergangenheit zu finden: den Palästen von Haile Selassie, der stumpfen Architektur aus der kommunistischen Ära oder den leuchtenden Markennamen des fortschreitenden Konsumdenkens. Das Ark Hotel in Aksum ist nicht weit von der Kathedrale Maryan Sion entfernt, wo die Bundeslade mit den Tafeln der zehn Gebote aufbewahrt wird. Einer äthiopischen Legende nach hat Menelik I., der vermeintliche Sohn König Salomons und der Königin von Saba, sie aus Jerusalem herausgeschmuggelt. Ein Teil unserer Expedition übernachtete in Bahar Dar am Südufer des Tanasees im Ghion Hotel, das nach dem Fluss im Garten Eden benannt worden ist. Bis heute ist die Legende gegenwärtig, dass die Gegend um Bahar Dar einmal Eden war – oder vielleicht auch das nächste Tal.

Sagen wie diese sind so lebendig wie verrückt. Letzteres könnte man auch von vielen Afrikaforschern behaupten, die nach den Nilsquellen suchten; ganz bestimmt aber von James Bruce, dem Entdecker der Quelle des Blauen Nils.

Manche Menschen werden erst nach ihrem Tod wirklich groß, doch James Bruce ist es schon zu Lebzeiten. »Er war 1,95 Meter groß und von kräftiger Statur, hatte dunkelrotes Haar und eine sehr laute Stimme«, schreibt Alan Moorehead in seinem Buch *The Blue Nile* (dt.: *Zwischen Gott und Mohammed*), der umfassendsten Darstellung der Suche nach den Quellen des Blauen Nils. »Er galt als geübter Reiter und Schütze, und wo immer er auftauchte, zeigte er eine selbstsichere Überlegenheit.« Die überlegene Haltung nutzt ihm während seiner gesamten Karriere, obwohl auch ein Mensch, der sich anderen überlegen fühlt, mit Schicksalsprüfungen und Zweifeln zu kämpfen hat. Bruce stellt sich in den ersten 44 Jahren seines Lebens allen Schicksalsprüfungen und in den letzten 20 Jahren seinen Zweifeln.

Als schottischer Gutsherr adliger Abstammung genießt er das Studium an der Universität von Edinburgh. Hin und her gerissen zwischen seinem Interesse an der Kirche und der Forderung seines Vaters nach einer juristischen Laufbahn, entscheidet er sich für eine dritte Möglichkeit: das Reisen. Nach einer kurzen Ehe mit der Tochter eines Weinhändlers, die während einer Schwangerschaft an Schwindsucht stirbt, studiert Bruce Arabisch und Kunst in Spanien und Italien, duelliert sich, fährt europäische Flüsse hinauf und erhält schließlich eine Stellung als englischer Konsul in Algier. Trotz der Schwierigkeiten, die der Posten mit sich bringt – er befindet sich mitten in einem berüchtigten Piratennest –, nimmt Bruce die Stellung bereitwillig an, denn immerhin ist sie in Afrika, und der Weg zur Erforschung der Nilquelle steht ihm offen.

Vor seinen afrikanischen Großtaten hat er allerdings weitere Schicksalsschläge zu verwinden. Auf dem Weg nach Tripolis wird sein Gefolge von Plünderern überfallen; er wird aus Tripolis ausgewiesen und erleidet auf dem Weg nach Kreta Schiffbruch; auf Kreta setzt ihn ein Fieber monatelang außer Gefecht, und auch auf seinen nachfolgenden Reisen in die Türkei und den Mittleren Osten macht ihm seine Gesundheit zu schaffen. 1769 locken schließlich gleich zwei Forschungsaufgaben: erstens die Teilnahme an einer globalen Beobachtung des Venustransits (eines Phänomens, das weltweit 76 Expeditionen, einschließlich die von Captain James Cook in Tahiti, dazu nutzen, die Größe unseres Planeten und des Sonnensystems zu bestimmen), zweitens die Entdeckung der äthiopischen Quelle des Nils. Da er seine astronomische Ausrüstung durch den Schiffbruch verloren hat, wählt er die zweite Möglichkeit.

Ein großes Vorhaben, genau das Richtige für einen großartigen Mann. Bruce reist als Araber verkleidet nach Ägypten ein – 1,95 Meter große Araber gibt es auch heute selten, aber damals sind sie noch seltener – und besorgt sich Durchreisepapiere, um das Unternehmen zu erleichtern. In der zweiten Hälfte des Jahres 1768 wagt er sich den Nil bis Assuan hinauf, doch die gesetzlosen Zustände in den Gegenden flussaufwärts vereiteln sein weiteres Fortkommen.

Stattdessen schließt er sich einer Karawane zum Roten Meer an. Im September 1769 hat er Massawa erreicht, wo sein Weiterkommen laut Moorehead erneut von einer Piratenbande behindert wird, »die noch habgieriger war als die Banden, die er vor langer Zeit in Algier zurückgelassen hatte«. Doch mit Diplomatie und wütenden Drohgebärden gelingt es ihm, eine 20-köpfige Mannschaft zusammenzustellen und ins Landesinnere vorzudringen – über die nordöstliche Flanke des äthiopischen Hochlands nach Aksum, der alten Hauptstadt von Abessinien. In den ersten Wochen des Jahres 1770 erreicht James Bruce Äthiopien. Er ist 39 Jahre alt und steht kurz vor dem Ruhm, der seinem außergewöhnlichen Wagemut angemessen ist.

Sein großes Vorhaben hat nur einen kleinen Haken: Bruce ist nicht der erste Europäer, der Äthiopien erreicht, und auch nicht der Erste, der die Quelle des Blauen Nils sucht oder findet. Die Portugiesen waren vor ihm da gewesen – die Abessinier hatten sie etwa 1540 hergebeten, um gegen den charismatischen Imam Ahmad al-Ghazi, genannt Grang (»der Linkshänder«), zu kämpfen, der in einem fast 30-jährigen heiligen Krieg immer wieder zu Raubzügen ins Hochland einfiel. Und sie hatten sich auf die Suche begeben nach dem Reich des Priesterkönigs Johannes, eines legendären christlichen Königs, den sie als Verbündeten gewinnen wollten. Die Wahrheit, die die Portugiesen vorfanden, war weniger religiöser Natur, aber ebenso sagenhaft.

Unter den Portugiesen waren zwei Söhne von Vasco da Gama, dem ersten Europäer, der unter Heinrich dem Seefahrer den Indischen Ozean erreichte. Zuerst liefen die Dinge für die portugiesischen Truppen weniger gut. Einer von da Gamas Söhnen, Christopher, wurde verwundet, gefangen genommen und irgendwo im Hochland von Abessinien hingerichtet. Es entstand die Sage, dass an jener Stelle eine Quelle entsprungen wäre, die wundersame Heilkräfte besäße. Vielleicht war es Zufall, aber 60 Jahre später kam der Jesuitenpriester Pedro Paez in das Gebiet um den Tanasee (wo die portugiesischen Truppen Ahmad Grang 1543 schließlich getötet hatten). Die Einheimischen zeigten ihm eine Quelle in Sakala. Wie sie sagten, war es die Quelle des Blauen Nils – und sie besaß erstaunliche Heilkräfte.

Pedro Paez war ein Spanier, der in Goa (Indien) und im Jemen gedient hatte. Im Jemen wurde er mehrere Jahre vom örtlichen Pascha als Sklave festgehalten. Nach seiner Freilassung wollte er seine Glaubensmission in Abessinien erfüllen und führte den jesuitischen Katholizismus im Land der koptischen Kirche ein. Er war immerhin so erfolgreich, dass er sogar in einen Bürgerkrieg verwickelt wurde. Er hatte nämlich den äthiopischen König Za-Denghel bekehrt, und der wurde von seinen Gegnern wegen seiner Ketzerei umgebracht. Paez ließ sich jedoch nicht beirren. Im Jahre 1618, und zwar am 21. April, gelang es ihm, mit dem Kaiser Susenyos, den er ebenfalls bekehrt hatte, bis zu den Quellen von Sakala vorzustoßen. Voller Stolz schreibt Paez in seinem Bericht, dass er »mit größter Freude sah, was weder der persische König Kyros noch Kambyses noch Alexander der Große noch der berühmte Julius Cäsar jemals entdecken konnten«, und berichtet von »zwei runden Quellen«. Auch Herodot hatte darüber geschrieben.

Als Bruce sich auf die Reise machte, war ihm das sicher nicht bekannt, aber als er seinen im Jahr 1790 veröffentlichten Reisebericht *Zu den Quellen des Blauen Nils* schreibt, hatte er davon erfahren,. Darin gibt er sich große Mühe, Paez' Bericht in Zweifel zu ziehen. Als Bruce selbst zu den Quellen des Kleinen Abay vorgestoßen ist, hat er bereits die Tissisat-Fälle des Blauen Nils besucht, einen Ort, den Paez' Begleiter Jeronimo Lobo beschreibt. Mit dem Kommentar dazu gibt Bruce einen Beweis für seine Überheblichkeit. Über Lobos Darstellung gießt er Spott aus, indem er schreibt, die Wasserfälle seien durch die Lügen eines unterwürfigen, fanatischen Priesters herabgewürdigt und geschmäht worden.

Bruces eigener Erfolg, die Quelle des Blauen Nils am Mount Gishe in Augenschein zu nehmen, stellt sich am 4. November 1770 ein. Als sein Führer auf den heiligen Sumpf zeigt, schleudert der Brite die Schuhe von sich, rennt den mit Blumen übersäten Abhang hinunter, fällt ein- oder zweimal hin, rappelt sich wieder auf und steht endlich auf dem durchweichten Rasen, nach dem er so lange gesucht hat. »Es ist leichter zu erraten als zu beschreiben, was mir in diesem Moment durch den Kopf ging, als ich an eben jenem Fleck stand, der dem Genie, Fleiß und Forschungsdrang alter und moderner Völker solche Rätsel aufgegeben hatte ...«

Pflichtbewusst vermisst er die unscheinbaren Quellen – es sind drei und nicht zwei, wie Herodot angenommen hatte – und bestimmt in beachtlichen 20 Sekunden den Breiten- und Längengrad des Orts. Fast gleichzeitig wird er jedoch von einer tiefen Niedergeschlagenheit erfasst. Vielleicht überkommt ihn eine Ahnung, welche endlosen Strapazen auf ihn warten, nicht nur bei seiner Rückreise, sondern auch bei seinen Bemühungen, seine Leistung zu beweisen und zu rechtfertigen. Er hält fest, dass »noch in der gleichen Nacht düstere Gedanken über meinen derzeitigen Zustand ... auf mich einstürmten und mir jeden Schlaf raubten«.

»Im Vergleich zur Entstehung so vieler anderer Flüsse«, fährt er fort, »erschienen mir der Sumpf und die Quellen plötzlich klein und unbedeutend ... Ich hatte den Ursprung von Rhein und Rhone und die eindrucksvolleren Quellen der Seine gesehen und sah die Suche nach den Nilquellen in meinem Kummer nun fast als Zwangsvorstellung einer kranken Fantasie an ... Gram oder besser Verzweiflung überfluteten mich wie ein Sturzbach; ausgeruht, aber nicht erfrischt von einem unruhigen Schlaf erhob ich mich voller Qual aus dem Bett ...«

Die bekannte britische Dichterin Felicia Hemans, die im 19. Jahrhundert gelebt hat, scheint in ihrem Gedicht *The Traveller at the Source of the Nile* aus dem Jahre 1826 an Bruce gedacht zu haben:

The raptures of a conqueror's mood
Rushed burning through his frame;
The depths of that green solitude
Its torrents could not tame,
Though stillness lay, with eve's last smile,
Round those far fountains of the Nile

Night came with stars: – across his soul
There swept a sudden change;
E'en at the pilgrim's glorious goal
A shadow dark and strange
Breathed from the thought, so swift to fall
O'er triumph's hour – and is this all?

Bruces Abreise aus Abessinien wird durch kriegerische Auseinandersetzungen um ein ganzes Jahr verzögert, und sein Rückweg durch die Wüsten im Sudan und 3.200 Kilometer am Nil entlang kostet ihn ein weiteres Jahr voller Strapazen, Krankheit und Not. Er verlässt das Hochland über eine nördliche Route, weit vom langen, kurvenreichen Verlauf des Blauen Nils entfernt. Erst in Sennar trifft er wieder auf den Fluss, und hier erlebt er erneut Unglaubliches, das er in seinem dreibändigen Reisebericht festhält.

In Sennar muss er gegen seinen Wunsch die Lieblingsfrau des Herrschers behandeln, die ein wenig kränkelt. Selbst der sonst so unerschütterliche Bruce staunt über die Körpermasse der Dame: »Sie war unverhältnismäßig dick. Außer einem Elefanten oder Nashorn hatte ich sicher noch nie ein derart massiges Geschöpf gesehen.« Er nimmt ihr Blut ab und verabreicht ihr Brechwurz, und wie man sich denken kann, ist das Ergebnis fürchterlich. Zusätzlich führt er ein wenig von der Zauberei des weißen Mannes vor, zieht seine Ephemeride hervor, seine Tafel zur Berechnung der Gestirne, die er immer bei sich hat, und sagt eine Mondfinsternis voraus, um den Scheich mit seinem Wissen zu beeindrucken.

Da er nun weiterziehen darf, reist er den Blauen Nil entlang bis zu seinem Zusammenfluss mit dem Weißen Nil bei Halfaya in der Nähe des heutigen Khartum. Von dort aus folgt er dem Fluss in nördlicher Richtung bis Hassa, wo er die traditionelle Karawanenroute durch die Nubische Wüste bis Syene (Assuan) benutzt. Als er im Januar 1773 nach drei schwierigen Jahren in Afrika nach Kairo zurückkehrt, sieht er nicht mehr wie ein stolzer Araber aus, sondern wie ein Bettler.

Bruces plastische Schilderungen seiner Heldentaten weckten sofort Zweifel, und er erntete Hohn und Spott. Sehr zu seinem Nachteil wurde er mit Marco Polo, dem vermeintlichen »Mann der Millionen Lügen«, und mit dem Aufschneider Baron von Münchhausen verglichen. Bruces Geschichten von der unbekümmerten Unmenschlichkeit der Abessinier – unter anderem die Anekdote, dass sie aus lebenden Rindern Fleischstücke schnitten und sie roh aßen, wenn sie mit einer Karawane unterwegs waren – riefen Skepsis, Spott und Schlimmeres hervor. Als 1790 endlich sein Werk *Zu den Quellen des Blauen Nils* veröffentlicht wird, bessert sich sein Ruf keineswegs. Erst lange nach seinem Tod, im Jahr 1794, wird sein Bericht als im Großen und Ganzen wahr anerkannt, auch die Anekdote mit den lebenden Steaks, und er selbst gilt seitdem als einer der ersten großen europäischen Afrikaforscher.

Weniger als ein Jahrzehnt nach dem Erscheinen von Bruces Buch nähert sich kein Geringerer als Napoleon Bonaparte dem Nil. Erfüllt vom Hochgefühl des Sieges in Europa und auf dem Höhepunkt seiner Macht und seines militärischen Scharfsinns kam er im Alter von 28 Jahren zu dem Schluss, dass ein Scheinangriff auf Großbritannien und ein tatsächlicher Einmarsch in Ägypten der britischen Oberhoheit im Handel mit Indien Einhalt gebieten würde. Er eroberte zuerst Malta, dann Alexandria und schließlich Kairo, alles innerhalb weniger Monate des Jahres 1798. Damit setzte er der Herrschaft ein Ende, die das Osmanische Reich und die Mamluken (oder Mamelucken), eine der seltsamsten Oligarchien der Geschichte, über Ägypten ausübten.

Man stelle sich Militärsklaven vor, die als Kinder über 1.000 Kilometer entfernt im Kaukasus gefangen, zum Islam bekehrt und ohne Frauen aufgezogen worden waren (daher zur Homosexualität neigten) und mehr als 500 Jahre unbehelligt Ägypten regierten. Jede Generation kehrte in den Kaukasus zurück, um neue Sklavenjungen für die Ausbildung zu »rekrutieren«. Das waren die Mamluken. Dass sie starke Krieger waren, ist unbestritten, aber der modernen Kriegstaktik eines Napoleon hatten sie nichts entgegenzusetzen. Ihre Herrschaft war gebrochen, und Ägypten trat in eine neue Phase seiner langen Geschichte ein.

Napoleon selbst verlässt Ägypten nach weniger als einem Jahr. Seine Flotte ist durch Admiral Nelson zerstört worden und sein Feldzug gegen Syrien gescheitert. Dennoch ist sein Ägyptenabenteuer von bleibender Bedeutung – es bot Gelegenheit zu einer groß angelegten Erforschung des Landes. Die Wissenschaftler, die Napoleon mitgebracht hat, zeichnen die Wunder der Pharaonen und den Verlauf des Flusses auf. Sie finden den Stein von Rosetta – den Schlüssel zur Entzifferung der Hieroglyphen –, untersuchen den Sphinx (der seine Nase bereits verloren hat, aber nicht aufgrund von

Artillerieübungen der französischen Soldaten) und die Pyramiden von Gizeh. Napoleon schickt den Künstler Vivant Denon mit einem Truppenkontingent den Strom hinauf. Denon erstellt – in Bild und Schrift – das erste Verzeichnis der meisten dynastischen Tempel bis zum ersten Katarakt. Seine Berichte und Zeichnungen elektrisieren die Altertumsforscher. Später wird er Direktor des Zentralen Museums der Künste, des heutigen Louvre, und einer der Flügel ist nach ihm benannt.

Eine Generation später wagt sich ein anderer Franzose in der Nachfolge Denons weiter den Strom hinauf, sogar über den Zusammenfluss von Blauem und Weißem Nil hinaus. Wie viele vor ihm hält er den breiteren Arm, nämlich den Blauen Nil, fälschlicherweise für den längeren. Frederic Cailliaud ist Geologe und sucht nach Gold. Er hat Gerüchte gehört von reichen Minen weiter oben am Blauen Nil bis in den Sudan hinein und darüber hinaus. Cailliaud überredet Muhammad Ali, den damaligen türkischen Herrscher in Ägypten, ihn dorthin reisen zu lassen und diese Schätze aufzuspüren. Begleitet wird er von einem unsympathischen Fellow des Trinity College, George Waddington, und einem Amerikaner namens George B. English, einem ehemaligen Pfarrer, Journalisten, US-Marine und derzeitigen Regierungsvertreter – einer zusammengewürfelten Truppe.

Ihre Expedition führt sie im Jahre 1820/21 weit flussaufwärts bis zur alten nubischen Hauptstadt Meroe. Von hier aus segelt Cailliaud den Blauen Nil hinauf bis zur äthiopischen Grenze – zusammen mit Muhammad Alis Sohn Ibrahim, einem der blutrünstigsten Generäle in einer blutigen Geschichte. Es wird geschätzt, dass Ibrahim Ali auf seinem Feldzug 30.000 Sklaven erbeutet; wenn er die ortsansässige Bevölkerung nicht gefangen nimmt, massakriert er sie. Moorehead schreibt, dass sie »erbarmungslos alle Neger zusammentrieben, die sie zu fassen bekamen. Wenn die Dörfler sich zu wehren versuchten, indem sie Pfeile abschossen oder Felsen von den Hügeln hinunterrollten, wurden sie ausgelöscht«.

Schließlich erreichen die Plünderer die Gebirgsausläufer bei Fazughli, wo der Blaue Nil »in einer riesigen Schlucht verschwindet, die selbst zu Fuß unzugänglich war«. Und das Gold? Cailliaud findet nur ein paar Körnchen des Edelmetalls, die der Fluss aus fernen, unerreichbaren Adern herangespült hat. Die Dorfbewohner wissen um den Wert des Goldes, bewahren es in Federkielen auf und treiben damit Handel. Die sagenumwobenen Minen sind jedoch nirgendwo zu entdecken.

Kapitel 3

Der Weiße Nil war praktisch eine Sackgasse, die bei El Ais (etwa 290 Kilometer südlich von Khartum) endete. Dahinter lag das wilde Reich der Nilvölker. Er führte nirgendwohin, war relativ unbedeutend und daher wenig bekannt oder diskutiert, während der Blaue Nil zu jeder Zeit der Geschichte ein wichtiger Verkehrsweg war.

O. G. S. Crawford, Archäologe

Als das 19. Jahrhundert voranschritt, wurde die Erforschung des Nils alltäglicher, wenn auch nicht weniger abenteuerlich. Im Allgemeinen galt jetzt die Route entlang des Blauen und nicht mehr entlang des Weißen Nils als einfacher – vor allem weil in Khartum erkennbar war, dass der Blaue Nil viel mehr Wasser führte als der Weiße Nil und daher eher befahren wurde. Jahrhunderte hatte es sogar eine unausgesprochene Rivalität zwischen Ägypten und Äthiopien gegeben, da die Ägypter fürchteten, die Äthiopier könnten den Abfluss des Nilwassers stoppen, und tatsächlich hatten die äthiopischen Könige mehrmals damit gedroht, Ägypten auf diese Weise auszuhungern.

Doch als die geografische Lage der Länder Ost- und Zentralafrikas mehr und mehr erforscht wurde, erkannte man, dass der Weiße Nil der längere Zufluss war und deshalb – den damaligen Standards entsprechend – als eigentliche Quelle zu gelten hatte. Und jetzt betrat Richard Francis Burton die Bühne.

Burton ist nicht nur eine der faszinierendsten Persönlichkeiten britischer Forschungsgeschichte, sondern vor allem ein brillanter und abenteuerlustiger Geist, der sich im Leben ebenso viele Feinde wie Freunde gemacht hat. Nachdem er von der Universität Oxford geworfen worden ist, weil er nicht zugelassene Fächer wie Arabisch und Mystizismus studiert hat, wendet er seine Kenntnisse zunächst in der Britischen Ostindien-Kompanie und später auf seinen Reisen nach Persien und Arabien an. Als einer der ersten (nicht als *der* erste) Nicht-Moslem(s) besucht er 1853 Mekka, indem er sich als afghanischer Arzt verkleidet. 1854 betritt er als erster Europäer die heilige äthiopische Stadt Harar. Kurz darauf tut er sich mit John Hanning Speke zusammen, um Somalia zu erforschen. Sie sind noch nicht lange unterwegs, da werden sie von Einheimischen angegriffen, und Burton bekommt einen Speer ins Gesicht. Seine beiden Wangen werden von einer tiefen Narbe entstellt, die ihm sein ganzes Leben lang erhalten bleibt und sein ohnehin schon düsteres Aussehen noch betont. Beim selben Überfall zieht Speke sich ins Zelt zurück, um Schusswaffen zu holen. Burton hält den taktischen Rückzug fälschlicherweise für eine Flucht, und in der Folge kommt es zu Spannungen zwischen den beiden. (Speke wird bei dem Angriff allerdings schwer verletzt und gerät in Gefangenschaft.)

Zu jener Zeit hat die British Royal Geographical Society ein ausgeprägtes Interesse, das Rätsel der Nilquelle zu lösen, so dass Burton und Speke sich 1857 von Sansibar aus aufmachen, um das Binnenland kartografisch zu erfassen und nach den Seen im Ruwenzori-Gebirge zu suchen, den vermeintlichen Mondbergen, in denen Herodot die Quelle vermutet hatte. Sie dringen zum Tanganjikasee vor, den Burton anfangs für die Quelle des Weißen Nils hält. Bei genauer Untersuchung des Sees stellt sich seine Vermutung als falsch heraus – der Abfluss des Sees fließt nach Westen, in den Kongo. Speke macht sich allein nach Norden auf, wo er den Quellsee des Weißen Nils zu finden hofft, während Burton mit Malaria kämpft.

An dieser Stelle werden die Dinge heikel. Speke erreicht Mwanza am 3. August 1858, erklärt den See zum Quellsee des Nils und benennt ihn nach seiner Königin Viktoria. Burton reagiert mit Entsetzen, denn für Spekes Annahme gibt es bislang keinerlei Beweise, und vielleicht ist er auch ein bisschen neidisch auf Spekes Entdeckung. In seinem Bericht an die Royal Geographical Society äußert er daher starke Vorbehalte gegenüber Spekes Annahmen und geografischen Untersuchungen und konzentriert sich stattdessen weiter auf den Tanganjikasee. Dies verschärft den Konflikt zwischen den beiden, und als sie im März 1859 nach Sansibar zurückkehren, sprechen sie kaum noch miteinander.

Spekes Annahme war »ein voreiliger und vermessener Schluss«, stellt Alan Moorehead in seinem Werk *The White Nile* (dt.: *Die Quellen des Nil*) fest, der umfassenden Darstellung der Suche nach den Quellen des Weißen Nils. Doch Speke kehrt vor Burton nach England zurück, macht seinen Anspruch gegenüber der Royal Geographical Society geltend und lässt sich im ganzen Land als Entdecker der Nilquelle feiern. Burton kocht, denn sein eigener Glanz verblasst. Nachfolgende Forschungsreisen, die Speke in Gesellschaft eines anderen Reisegefährten namens James A. Grant unternimmt, mit dem er sich besser versteht, scheinen seine »Entdeckung« zu bestätigen. Doch er liefert wieder keine schlüssigen Beweise oder Messungen. Am Ende erweist sich, dass er richtig liegt. Der Viktoriasee wird gemeinhin als Quellsee des Weißen Nils angesehen (neben – als zweitem Quellsee – dem Albertsee, den 1864 Samuel Baker und seine Frau als erste Europäer erreichen). Gegen Ende des 19. Jahrhunderts folgen Forscher, darunter der deutsche Arzt Richard Kandt, noch den Zuflüssen des Viktoriasees und stoßen zu den Quellen des Akagera und seiner Zuflüsse in Ruanda und Burundi vor.

Die Rivalität zwischen Burton und Speke fand ein dramatisches, wenn auch bitteres Ende. Der Streit spitzte sich mehr und mehr zu und spielte sich zunehmend vor den Augen der Öffentlichkeit ab, so dass die *British Association for the Advancement of Science* im September 1864 eine Debatte zwischen beiden ansetzte. Sie hatten jahrelang nicht mehr miteinander gesprochen, und das Verhältnis war mehr als angespannt. Als sich Burton und die Mitglieder der Akademie am Nachmittag des 16. Septembers zu dem mit Spannung erwarteten Treffen einfanden, erschoss sich Speke auf einem Jagdausflug. Stunden später verstarb er. Eine Untersuchung ergab, dass es sich um einen Unfall handelte, aber die Umstände waren zumindest ungewöhnlich.

Sir Richard Burton setzte seine Karriere als Philologe, Forscher und Schriftsteller fort, aber er stand nie wieder so im Interesse der Öffentlichkeit wie während seiner Rivalität mit Speke. Seine Reisen und Beamtenposten führten ihn von Salt Lake City nach Fernando Poo in Äquatorialguinea, Brasilien, Paraguay, Argentinien, Syrien und schließlich Triest. Seine Übersetzung von *Tausendundeine Nacht* verursachte einen Skandal, und er führte das *Kamasutra* und den *Duftenden Garten* in die Weltkulturgeschichte der Erotika ein. 1886 wurde er zum Ritter geschlagen; vier Jahre später starb er in Italien. Seine Frau, die sich mit seinen privaten Interessen nie anfreunden konnte, verbrannte nach seinem Tod alle seine Unterlagen.

Später machten sich andere Forscher wie Sir Samuel Baker, Dr. David Livingstone und Henry Morton Stanley auf, um Burtons und Spekes Positionen zu überprüfen, was uns zu einer interessanten Frage führt: Warum sind Forscher eigentlich so von Flüssen besessen? Warum haben sich Burton und Speke so um den Ursprung des Weißen Nils gestritten, warum hat Livingstone den Verlauf des Sambesi oder Mungo Park den des Niger verfolgt? Dabei setzten sie sich häufig zwanghaft Strapazen aus, die nicht selten mit dem Tod endeten. Mag sein, dass Flüsse der Welt und ihren Grenzen eine Form geben, dass sie Gebiete und Landschaften bestimmen wie kaum ein anderes geografisches Merkmal. Das Gleiche könnte man übrigens von Bergen sagen, die Forscher ebenfalls magisch anziehen und ebenso viele Opfer gefordert haben.

Im Gegensatz zu Bergen sind Flüsse jedoch die großen Gleichmacher: Sie enden alle in Meereshöhe. Es gab früher sogar einmal die Theorie – niedergeschrieben von keinem Geringeren als Herodot –, dass der Nil aus dem Ozean entspringt und wieder in ihn hineinfließt, da der Ozean die ganze Welt umgibt. Vielleicht spüren wir ja eine Verbindung zu den Flüssen, die wir bei anderen Naturmerkmalen nicht empfinden; ihre Läufe ahmen unseren Blutkreislauf nach und ihre Strömungen unseren Puls. Daher ist es sicherlich auch kein Zufall, dass heilige Quellen als heilend, lebensspendend und -verlängernd gelten. Wasser reinigt. Den Ursprung eines Flusses zu finden oder seinem Verlauf zu folgen bedeutet, die Lebensader einer Landschaft zu berühren und mit ihrem Herzen im Einklang zu stehen.

Interessanterweise ist keiner jener ehrgeizigen Pioniere darauf gekommen, sich einfach mit dem Boot den Fluss hinuntertreiben zu lassen, um herauszufinden, wohin er führte. Stattdessen entschieden sie sich alle für Landexpeditionen mit einem großen Gefolge aus einheimischen Helfern und militärischer Eskorte. Flussbefahrungen hat es so gut wie nie gegeben, und sie wurden auch nicht in Erwägung gezogen, zumindest nicht bis zu Beginn des 20. Jahrhunderts. Zu diesem Zeitpunkt entstand erst der Wunsch, den Blauen Nil zu befahren, um die Schluchten zu durchdringen, die seine Geheimnisse bargen.

Die ersten Menschen, die dem Verlauf des Blauen Nils an seinen Ufern folgten, sind vermutlich unbekannt. Umherziehende Söhne und Töchter von Hochlandbauern oder Handwerker, die ebenso neugierig darauf waren, was sie flussabwärts finden würden, und wie ihre europäischen Pendants darauf brannten, zu erfahren, was flussaufwärts lag. Oder wenn man es weniger romantisch und dafür wirklichkeitsgetreuer betrachtet, waren es wahrscheinlich Händler oder sogar Diebe, die hofften, entlang des Flusses entkommen zu können. Ein ähnliches Szenario begegnet uns bei der Frage, wer als Erster dem Colorado durch den Grand Canyon gefolgt ist. Vielleicht war es ja gar nicht John Wesley Powell 1869, sondern ein Goldsucher und Pferdedieb namens James White, der zwei Jahre früher in Utah den Lauf des San Juan nutzte, um sich vor einem Indianerangriff in Sicherheit zu bringen (so heißt es zumindest). Er wurde knapp 650 Kilometer stromabwärts in Nevada angespült und sah ziemlich mitgenommen aus.

Lässt man solche Spekulationen außer Acht, wurde der erste belegte Versuch, den Blauen Nil hinunterzufahren, von W. N. McMillan unternommen, einem wohlhabenden amerikanischen Jäger. Er wollte beweisen, dass der Fluss einen Handelsweg in den und aus dem Sudan und darüber hinaus nach Ägypten darstellen könnte. McMillan ging zweigleisig an die Sache heran: Er stellte einen Norweger namens Burchard H. Jessen an, der von Khartum aus stromaufwärts fahren sollte, während er selbst nördlich von Addis Abeba an der Mündung des Muger (unterhalb der heutigen Großen-Abay- oder Shefartak-Brücke) drei Stahlboote zu Wasser ließ und losfuhr. Er schaffte es bis zu den ersten Stromschnellen, einer S-Kurve mit felsigem Ufer. Dort sank eines der Boote, und ein zweites kenterte. Während die enttäuschte Mannschaft in jener Nacht am Strand kampierte, griff ein Krokodil einen der Somali an. Seine Leute gaben auf, doch McMillan dachte über einen neuen Versuch nach.

Jessen erging es etwas besser. Er und seine sudanesischen Helfer kamen in einem zwölf Meter langen Dampfboot bis nach Famakah (nahe der heutigen sudanesisch-äthiopischen Grenze), das gar nicht weit von dem Punkt entfernt war, an dem Cailliaud 1821 kehrtgemacht hatte. Auf McMillans Anweisung hin und mit seiner finanziellen Unterstützung unternahm Jessen 1905 mit dem Amerikaner H. L. Scott eine zweite Expedition zum Fluss; diesmal begab er sich von Famakah aus über Land in die Schluchten. Geplant war, den Fluss auf seine Befahrbarkeit hin zu untersuchen und McMillan an der Mündung des Guder (von der Muger-Mündung aus weiter flussabwärts) zu treffen, um dort mit neuen, wahrscheinlich flusstauglicheren Booten die erste Befahrung zu wagen.

Auf den ersten 80 Kilometern kommt die 32-köpfige Mannschaft mit doppelt so vielen Maultieren und Eseln sowie einem Kamel stetig voran. Als sie die Schwarze Schlucht erreicht, wird die Sache brenzlig. Einheimische überfallen und töten einen von Jessens sudanesischen Trägern an einem Ort, den der Vermesser trübsinnig Mordinsel tauft. Die Expedition bemüht sich, wie von McMillan gewünscht am Flussufer voranzukommen, ist aber häufig aufgrund unwegsamer Schluchten gezwungen, den Weg oben am Abgrund fortzusetzen. Das Gelände wird immer tückischer. »An einem einzigen Tag brachen Jessens Kamel und vier Esel zusammen und verendeten vor lauter Erschöpfung«, schreibt Virginia Morell in ihrem 2002 erschienenen Buch *Der Blaue Nil*. »Moskitos, Nachtfalter und stechende Insekten plagten sie bei Nacht, Ameisen und Stechfliegen attackierten sie bei Tag. Ihre Kleidung und Schuhe waren zerfetzt. Scott war vor Fieber und Ruhr halb im Delirium, und sie hatten kaum genug zu essen, auch wenn Jessen gelegentlich eine Antilope oder ein Nilpferd schoss.«

Als Jessen schließlich an eine Stelle oben am Abgrund kommt, von der aus er den Flussverlauf mehrere Kilometer weit überblicken kann, sinkt sein Mut. »Der Fluss selbst zeichnet sich durch einen kurvenreichen, felsigen Katarakt nach dem anderen aus, während das Ufer nur aus zerklüfteten, spitzen Felshaufen besteht, hinter denen steile, bedrohlich aussehende Hügel aufragen, auf denen man sicher keinen Halt findet.«

Dann wird Jessen auch noch von 14 bewaffneten Soldaten zu dem örtlichen Herrscher geschafft, wo man ihm Hochachtung bezeigen möchte, aber er ist mit seiner Geduld am Ende. Er kehrt zum Fluss zurück und kämpft sich weiter stromaufwärts. Als er endlich den Guder erreicht, ist McMillan nirgendwo zu finden. Jessen zieht ein paar Kilometer flussaufwärts, verlässt dann den Blauen Nil und kehrt nach Addis Abeba zurück, überzeugt, dass eine Bootsfahrt durch die Schlucht »zu jeder Jahreszeit gefährlich« ist.

Wie sich herausstellt, war McMillan in der äthiopischen Hauptstadt schwer krank geworden. Als er Jessens Bericht hört, gibt er seinen Traum von der Befahrung des Blauen Nils auf. Der Traum vom Fluss als Handelsstraße erleidet das Schicksal, das solchen Träumen immer beschieden ist: Er zerbricht an der Realität, an den Felsen der tückischen Katarakte in der tiefen schwarzen Schlucht.

Noch immer ist der Fluss nicht ganz vermessen worden. Major Robert E. Cheesman, wie Richard Burton Soldat, Vermesser, Naturforscher und Linguist, stellt sich der Herausforderung. Nachdem er viel Zeit in Indien und im Mittleren Osten verbracht hat, wird er 1925 zum britischen Konsul für Nordwestäthiopien ernannt. Zuerst ist er enttäuscht über die Versetzung. Doch seine Neugier wird geweckt, als er entdeckt, dass der Blaue Nil, einer der legendären Flüsse der Erde, auf den Karten als gepunktete Linie vermerkt ist. Konnte es sein, dass er im 20. Jahrhundert noch nicht kartografisch erfasst war? Der Traum eines jeden Forschers, weiße Flecken auf einer Karte auszufüllen, ist in greifbare Nähe gerückt. »Der Verlauf des Blauen Nils stellt die einzige Pionierarbeit in der Forschung dar, die es in ganz Afrika noch gibt«, schreibt er.

Während der nächsten acht Jahre arbeitet Cheesman auf die Verwirklichung seines Traums hin. Er trifft sich mit dem Gouverneur der Provinz Gojam, Ras Hailu, und beschafft sich das stillschweigende Einverständnis des Herrschers Ras Tafari Makonnen, des

Neffen des 1913 verstorbenen Kaisers Menelik II. und späteren Kaisers Haile Selassie. Cheesman beschließt, Jessens Route zu meiden, hatte Jessens doch berichtet, man könnte vom Fluss aus nichts als Himmel sehen und bekäme nichts von der jeweiligen Umgebung mit. Stattdessen versucht Cheesman in einer Reihe von Expeditionen von den Ufern aus, entlang der Nilschluchten, den Verlauf des Blauen Nils zu vermessen.

Cheesmans Route, die er in dem Buch *Lake Tana and the Blue Nile* beschreibt, führt ihn den ganzen Fluss entlang, vom Mount Gishe bis zum Sudan. Es gelingt ihm, den gesamten Fluss bis auf 24 Kilometer kartografisch zu erfassen. Er umrundet sogar den Tanasee, was vor ihm noch niemand unternommen hat. Er steigt von der in 2.700 Meter Höhe gelegenen Quelle bei Sakala hinunter zu den Tissisat-Fällen auf 1.800 Meter und von da aus noch weitere 1.400 Höhenmeter hinab bis zur sudanesischen Grenze. Alles in allem ein sorgfältig durchgeführtes, bislang unübertroffenes Unternehmen von unschätzbarem Wert. Erst in den 1960er-Jahren werden die letzten weißen Flecken auf der Nilkarte durch Vermessungen aus der Luft gefüllt.

Doch nicht jeder, der den Blauen Nil befahren wollte, konnte auf die Hilfe der Regierung, des örtlichen Konsulats oder ferner Akademien zählen. In den 1950er-Jahren entdeckten die ersten Individualreisenden den Blauen Nil und stürzten sich in die ersten von vielen, größtenteils erfolglosen und manchmal lebensbedrohlichen Abenteuer.

Den Anfang machte vielleicht ein Österreicher in den 1930er-Jahren. Er setzte sein Kanu an der Sabara Dildi, der so genannten zweiten portugiesischen Brücke, ins Wasser, kenterte schon nach wenigen Augenblicken und wurde von einem Krokodil getötet, was seine Frau entsetzt mit ansehen musste. 1955 fuhren zwei europäische Paare (Augenzeugenberichten zufolge anscheinend Nudisten) mit Faltbooten an der Shefartak-Brücke los, eigentlich nur aus einer Laune heraus, weil es, wie sie meinten, zum »äthiopischen Abenteuer« gehörte. Mehrere Tage lang steuerten sie die Boote einigermaßen problemlos durch die Stromschnellen, doch nach 30 Kilometern wurden die Krokodilangriffe so beängstigend, dass die vier Reißaus nahmen.

Der unwiderstehliche Drang, den Blauen Nil hinunterzufahren, erreicht seinen Höhepunkt in den 1960er-Jahren, allerdings mit einer ganzen Reihe von Misserfolgen: 1959/60 baut sich Kuno Steuben ein bei den Einheimischen übliches Payrusboot namens *tankwa* und macht sich vom Tanasee aus auf den Weg. Nach den immer stärker werdenden Stromschnellen der oberen Schlucht, die zu den Tissisat-Fällen führen, gibt er die Fahrt mit dem *tankwa* auf. Im nächsten Jahr baut er sich ein selbst konstruiertes Floß aus Holzstämmen, fährt von der Shefartak-Brücke aus 20 Tage und knapp 260 Kilometer lang ohne Zwischenfälle den Fluss hinunter und staunt über die Landschaft.

Er hätte lieber über sein Glück staunen sollen. Eines Morgens kommen vier Oromo in sein Lager, gestikulieren scheinbar freundlich, greifen ihn dann an und stechen ihn nieder. Steuben wehrt sich, verwundet drei der vier Männer, sucht schnell seine Habseligkeiten zusammen und flüchtet mit seinem Floß stromabwärts. In einem Ein-Mann-Überlebenskampf lebt er von Fischen, die er fängt, und kämpft gegen das Fieber an, bis er zusammenbricht. »Als er aufwacht, liegt er in einem weit vom Fluss entfernten Haus auf einer Hochebene«, berichtet Virginia Morell in *Der Blaue Nil*. »Die Dorfbewohner hatten ihn gefunden und gerettet und pflegten ihn mit der Zeit gesund. Sie boten ihm eine ihrer Töchter zur Frau, doch Steuben lehnte ab. Er bat um ein Maultier und einen Führer, und als man ihm beides gab, machte er sich auf den Rückweg zur Shefartak-Brücke.

Steuben ist nicht der letzte Individualreisende, der sich vom Blauen Nil angezogen fühlt. Ein italienischer Geologe soll 1961 von der Shefartak-Brücke aus flussabwärts gestartet sein und wurde nie wieder gesehen. Drei Jahre später überwand ein österreichischer Bildhauer namens Gerhard Heinrich oder Heinrich Gerhard oder auch nur Haas mit einem Holzfloß auf Benzinfässern Stromschnellen und Krokodile. Nach fünf Tagen wurde sein Floß aber bei einem Drei-Meter-Sturz zerstört, und er kehrte zu Fuß und in Badehose nach Addis Abeba zurück.

1965 erfreute sich Arne Rubin aus Schweden, ein 47 Jahre alter ehemaliger UN-Mitarbeiter im Sudan, einer kurzen Glückssträhne. Er ließ sein Boot an der Shefartak-Brücke zu Wasser, fuhr die Schwarze Schlucht hinunter und erreichte nach einer heldenhaften Soloreise den Sudan. Im nächsten Jahr wollte er die Großtat mit einem Landsmann namens Carl Forsmark wiederholen. Diesmal setzte er an der Agam Dildi, der ersten portugiesischen Brücke, unterhalb der Tissisat-Fälle ein. Nach nur 24 Kilometern wäre Forsmark in einem Wasserstrudel fast ertrunken. Die beiden gaben auf, ließen die Boote zurück und begaben sich zu Fuß wieder in die Zivilisation.

In jenen Jahren fanden noch andere, besser ausgerüstete Expeditionen statt, alle mit dem ehrgeizigen Ziel, als Erstbefahrer des Blauen Nils in die Geschichte einzugehen. 1962 folgte eine sechsköpfige französisch-schweizerische Gruppe dem Verlauf des Flusses unterhalb der Shefartak-Brücke in zwei Dreisitzer-Kanus aus Fiberglas. Unter ihnen waren der Kajak-Weltmeister Henry Hedrnka und der Schweizer Olympiateilnehmer Dr. Stanley Walter. Beide kamen schon wenige Tage nach Expeditionsbeginn bei einem Überfall ums Leben. Die übrigen Expeditionsteilnehmer flüchteten bei Einbruch der Dunkelheit, ohne etwas von der Ausrüstung mitnehmen zu können.

1968 kehrte die britische Armee an den Blauen Nil zurück. Sie organisierte eine Expedition, an der sich britische und äthiopische Abenteurer beteiligten, und unterstützte sie mit Flugzeugen und Funkgeräten. Unter dem Kommando des tropenbehelmten Captain John Blashford-Snell wurde ein dreigleisiger Vorstoß auf den Fluss gestartet, angeblich, weil Haile Selassie sie eingeladen hatte, dem Fluss endlich seine Geheimnisse zu entreißen. Und tatsächlich waren sie auf ein heldenhaftes Abenteuer aus. Sie tauften ihr Unternehmen die »Große Abbai-Expedition« oder auch The Last Great First.

Blashford-Snell war aus dem gleichen Holz geschnitzt wie die militärischen Entdecker vergangener Tage. »Eine jugendliche Begeisterung für Waffen und Sprengstoffe führte John Blashford-Snell über Sandhurst zu einer Offiziersstelle bei den Royal Engineers«, schreibt Richard Snailham in seinem Buch *The Blue Nile Revealed.* »Er ist ein großer, breitschultriger, grobknochiger Kerl. Er trägt einen militärischen Schnurrbart und gut geschnittene Anzüge. Bei festlichen Anlässen zeigt er sich häufig in geliehenen Theaterkostümen, die große Generäle wie Wilhelm den Eroberer, Oliver Cromwell oder Marcus Vipsanius Agrippa darstellen.«

Ebenso war ihm eine militärische Begeisterung an taktischer Planung zu eigen. Seine »Sturmboote« waren mit Stahl ausgeschlagene, über fünf Meter lange Schlauchboote, die unbeladen 180 Kilo wogen, von 40-PS-Motoren angetrieben und von einem Bootskommandanten befehligt wurden. Seine Camps hießen *Forward Base I* und so weiter; jeden Abend wurden Sitzungen abgehalten, auf denen er die Unternehmungen des nächsten Tages vorstellte.

Der Angriffsplan lautete: aufteilen und siegen. Der Fluss (der neben diversen äthiopischen Bezeichnungen den Namen Großer Abbai bekam), wurde in drei befahrbare Abschnitte oder Phasen eingeteilt, von denen jede schwieriger als die vorangegangene war. Die erste war die Strecke von der Abay-Brücke bei Shefartak flussabwärts nach Sirba, im Wesentlichen die Route, die Arne Rubin 1965 benutzt hatte. Der (weiter flussaufwärts gelegene) zweite Abschnitt war der vom Tanasee bis zu den Tissisat-Fällen, eine 32 Kilometer lange Strecke mit manchmal schwierigem Wildwasser, aber guten Rettungsmöglichkeiten aus Bahir Dar. Der dritte, mittlere und letzte Abschnitt verlief von der ersten portugiesischen Brücke unterhalb von Tissisat bis nach Shefartak und war das einzige noch unbekannte Stück. So würde eine Expedition mit wechselnden Mitwirkenden zum ersten Mal den gesamten Flusslauf auf äthiopischem Boden befahren.

Die Sturmboote für Phase I wurden nach Engländern benannt, die für Äthiopien von Bedeutung waren, unter anderem nach Major Cheesman. Man startete am 5. August. Nachdem das Team alle technischen Fehler beseitigt hatte, arbeitete es sich durch die drei Flussabschnitte unterhalb von Shefartak: die Schwarze Schlucht mit ihren Stromschnellen und steilen Schluchten, das Breite Tal, wo die Männer auf ein paar Siedlungen stießen, und schließlich die westlichen Katarakte mit Wildwasser und senkrechten Felswänden. Da es noch kein GPS gab, ließ die Ortung auf dem Fluss manchmal zu wünschen übrig. Snailham berichtet, dass ein Teilnehmer »in jedem Ufercamp nachts eine Standortbestimmung anhand der Sterne vornahm, bei der die Abweichung höchstens 45 Meter betrug. Das Dumme war nur, wenn wir seine Messungen mit unseren Karten verglichen, stellte sich heraus, dass wir uns irgendwo auf einem Berghang befinden müssten.«

»Zuflüsse tauchten auf, wo keine sein sollten«, fährt Snailham fort, »und ließen sich nicht blicken, wenn sie hätten auftauchen müssen. Berge waren kaum voneinander zu unterscheiden, und das Hochwasser in der Regenzeit ließ uns über Furten hinwegfahren, ohne dass wir es merkten … Die Windungen, die der Fluss uns darbot, hatten nichts mit der Schlängellinie auf der Karte gemein.«

Dennoch war die Expedition erstaunlich gut ausgerüstet. Flugzeuge warfen immer genügend Verpflegung (wenn auch Soldatenrationen), Benzin und sogar Whisky ab; Wissenschaftler fanden pflanzliche, tierische und archäologische Proben, und obwohl die Stahlboote sich manchmal als sperrig erwiesen und von den Felsen beschädigt wurden, schafften es alle Teilnehmer unversehrt zur Behelfslandebahn bei Sirba Abay. Den größten Verlust auf der ersten Etappe erlitt die Expedition, als eines der stählernen Sturmboote per Hubschrauber abtransportiert wurde, dabei abstürzte und über 200 Meter tief in unwegsames Gelände fiel.

Der Abschnitt vom Tanasee nach Tissisat war im ursprünglichen Schlachtplan der Expedition nicht vorgesehen gewesen, doch bei einem Erkundungsflug über die Strecke wurde sie als befahrbar und als gute Vorbereitung für die nächste Strecke angesehen.

Die Expedition benutzte dreieinhalb Meter lange Avon Redshanks, ein Boot, das die nächste Generation Flussfahrer als untauglich für die meisten Wildwasserflüsse erachtete – das größere, 4,80 Meter lange Avon Pro wurde für viele Jahre das Boot erster Wahl. Das Wildwasserteam stand unter der Leitung von Roger Chapman und hatte neun Mitglieder, die sich auf drei Redshanks aufteilten. Einer der Teilnehmer war der Bergsteiger Chris Bonington, der als Reporter und Fotograf für den *Daily Telegraph* mitfuhr. In typischer Expeditionsmanier erhielt jedes Boot einen Namen: *Faith*, *Hope* und *Charity*.

Am 8. September geht es los, und von Anfang an werden die Fähigkeiten der Männer auf eine harte Probe gestellt. Alle drei Boote kentern, die Besatzung geht über Bord. Ein Teilnehmer ertrinkt beinahe, als er in der Flussmitte von der Strömung gegen einen Felsen gedrückt wird, und kann nur durch eine tollkühne Rettungsaktion herausgeholt werden. Ein Boot, die *Charity*, ist so gut wie verloren, als es mit der Unterseite nach oben einen Wasserfall hinunterstürzt, während Ian Macleod drauf sitzt. Macleod schafft es heil ans Ufer, und das Boot taucht mit relativ geringem Schaden weiter unterhalb wieder auf. Die Befahrung oberhalb von Tissisat geben die Männer auf, die Strecke bleibt bis zum Jahre 2003 unberührt. Trotzdem wird Phase zwei als Erfolg gewertet.

Der nächste Streckenabschnitt, Phase drei, führt in die Katastrophe. An der ersten portugiesischen Brücke wird die Entscheidung getroffen, das Herz der Nördlichen Schlucht zu umgehen, die sich beim Überflug als gefährliche Strecke entpuppt hat. Also schiebt man einfach zwei Redshanks in den Fluss und holt sie am anderen Ende wieder heraus. Die Männer besprechen das weitere Vorgehen und gehen zu Fuß weiter.

Ian Macleod versucht, einen Zufluss namens Abaya zu überqueren, der aus südlicher Richtung in den Blauen Nil mündet, und da verlässt ihn sein Glück. Er hat sich ein Seil um die Taille gebunden und will über den Fluss schwimmen, doch die Strömung reißt ihn nur wenige Meter vor dem anderen Ufer flussabwärts. In Minuten der Panik, bevor das Seil durchschnitten werden kann, lassen seine Kräfte nach. Seine Leiche wird nie gefunden.

Und das Drama ist noch nicht vorbei.

Bei Sabara Dildi, der zweiten portugiesischen Brücke, fahren sie mit vier Booten weiter: den zwei jeweils mit drei Mann besetzten Redshanks, die sie wieder aus dem Fluss geholt haben, und mit zwei motorisierten Aufklärungsbooten der Armee mit einer jeweils zweiköpfigen Crew. John Blashford-Snell sitzt in einem der Aufklärungsboote. An jenem Tag kommen sie gut voran – mehr als 27 Kilometer bis zum ersten Camp. Am zweiten Tag werden sie beim Erkunden einer Höhle mit Felsmalereien von etwa 25 bis 30 *shiftas* angegriffen, umherziehenden Banditen, die schießen und Steine auf die Männer werfen. Chris Bonington wird von einem Stein getroffen, doch sonst passiert nichts. Snailhams Kommentar: »Zum

Glück konnten sie nicht besonders gut zielen, und sie hatten wohl alte Gewehre.«

Am nächsten Tag kampieren sie mehr als 30 Kilometer weiter flussabwärts auf einer Insel. Dort erhalten sie scheinbar harmlosen Besuch von ein paar jungen Männern, die zu ihnen herüberschwimmen. Kurz nach Mitternacht verlässt Roger Chapman sein Zelt, um nach den Booten zu sehen, und stößt auf eine Anzahl bewaffneter Männer, die gerade aus dem Wasser steigen und sich zum Angriff rüsten. Schüsse und Leuchtgeschosse werden abgefeuert und die Angreifer nach einem viertelstündigen nächtlichen Kampf in die Flucht geschlagen. Die Expeditionsteilnehmer halten Wache und bauen vorsorglich ihr Lager ab. Als die Angreifer kurz vor dem Morgengrauen wieder auftauchen, flüchtet sich das Team flussabwärts in einen großen Katarakt, den man im Dunkeln meistert.

Im Vergleich dazu verläuft der Rest ohne große Zwischenfälle. Am 24. September 1968 hat die Große Abbai-Expedition in Shefartak ihren Auftrag erfüllt. Zusammenfassend zitiert Snailham in *The Blue Nile Revealed* seinen Reisegefährten: »Wie Chris Bonington richtig feststellte: Niemand erobert den Blauen Nil. Das Höchste, das man diesem mächtigen, stolz geschwellten Fluss abringen kann, ist das widerwillige Eingeständnis, dass ein paar Menschen und Boote eine kürzere oder längere Strecke auf seinen Wassern gefahren sind. Dabei sind sie nicht unversehrt geblieben; sie behalten Narben zurück, und so mancher kommt niemals mehr wieder.«

In den 1970er-, 80er- und 90er-Jahren gab es weitere Versuche, unter anderem auch mit *Sobek Expeditions*. Aber bis zum Jahr 2003 hatte noch niemand den Blauen Nil vollständig von seiner Quelle in Sakala bis zu seinem Zusammenfluss mit dem Weißen Nil bei Khartum befahren, geschweige denn bis zu seiner Mündung ins Mittelmeer bei Alexandria.

Diese größte Flussexpedition galt es noch in Angriff zu nehmen.

Kapitel 4

Gott hat uns Maultiere gegeben, aber keine Straßen, auf denen wir sie reiten können.

Äthiopisches Sprichwort

Wenn du mein Baby liebst, warte, bis du ihr Bild siehst.

Brian de Palma

28 Jahre nachdem mein bester Freund im Blauen Nil ertrunken war, setzte ich ein Boot in denselben reißenden Fluss. Auf die Woche genau hatte ich 30 Jahre zuvor ganz in der Nähe eine Erstbefahrung des Baro gewagt, und auch dabei war ein Reisegefährte ertrunken. Damals hatte ich mir geschworen, nie wieder zurückzukommen, doch jetzt schob ich das Schlauchboot mit meinem Freund Pasquale Scaturro in die braune Strömung, und beim Gedanken an die Stromschnellen weiter unterhalb drehte sich mir der Magen um.

Der Blaue Nil hatte mich 1973 nach Afrika gelockt. Die Werke von Alan Moorehead und James Bruce hatten mich fasziniert; Mooreheads Buch *The Blue Nile* entführte mich in eine Welt jenseits der Seiten von *National Geographic*. Ich begann einen Briefwechsel mit dem Autor, der Ende der 1960er-Jahre in der Schweiz lebte, und vor seinem Tod schrieb er mir, ich sollte nach Äthiopien reisen und mir die Schauplätze seiner Geschichten selbst ansehen.

Meine Rückkehr an den Blauen Nil kam durch einen Anruf von *MacGillivray Freeman Films* in Bewegung, die von *To Fly* bis *Everest* viele der großformatigen IMAX-Filme produziert hat. Das Unternehmen drehte gerade zusammen mit der in Barcelona ansässigen Firma *Orbita Max* einen neuen IMAX-Film mit dem Titel *Der Blaue Nil.*

Jordi Llompart, der Direktor von *Orbita Max*, hatte in den 1990er-Jahren als Regisseur für das spanische Fernsehen eine Reihe von Sendungen über den Nil gemacht. Er hatte die Idee, einen IMAX-Film über den wichtigsten Strom des Nil-Systems zu drehen und der Frage nachzugehen, was der Fluss für Ägypten und Sudan bedeutet, wo menschliches Leben ohne sein Wasser und fruchtbare Erde aus dem äthiopischen Hochland nicht möglich ist. Es dachte an ein monumentales Unternehmen in einer der härtesten Landschaften der Welt – mit etwa 40 ausländischen Crewmitgliedern, fast sieben Tonnen Ausrüstung und einem Hubschrauber, der mit einer Hightech-SpaceCam-Ausstattung aus Kenia hergebracht werden sollte.

Greg MacGillivray und Jordi Llompart zogen mich schon früh als Berater für den Film hinzu und boten mir eine Stelle als Second-Unit-Regisseur für den äthiopischen Teil des Projekts an, wo wir das legendäre Wildwasser am oberen Blauen Nil filmen wollten. Ich hatte bereits Drehbücher geschrieben und ein paar Dokumentarfilme produziert, aber noch nie Regie geführt, und da jeder gern Regie führen möchte, sagte ich begeistert zu.

Doch dann kamen mir Zweifel. Warum wollte ich an einen Ort zurückkehren, wo sich Tragödien ereignet hatten, die ich erst nach Jahren hatte verwinden können? Ein Grund waren die 45 Meter hohen Tissisat-Fälle, auch die Fälle des Blauen Nils genannt. Ich erinnerte mich, dass ich noch nie solch einen imposanten Anblick fallenden Wassers gesehen hatte. James Bruce entdeckte den Wasserfall auf seiner Suche nach der Nilquelle im Jahr 1770 und beschrieb ihn so:

> Der Fluss ... fiel ohne jede Unterbrechung als eine einzige, etwa 800 Meter breite Wasserwand hinunter, und zwar mit einer Wucht und Lautstärke, die wirklich ohrenbetäubend war

> und mir eine Zeitlang Schwindel verursachte. Ein dichter Dunst oder Nebel umwölkte den Wasserfall, hing sowohl oben als auch unten über dem Fluss und markierte seinen Verlauf, obwohl man das Wasser nicht sehen konnte ... Der Anblick war so erhebend, dass ihn eine Ewigkeit, die auf ein langes Menschenleben folgen würde, nicht aus meinem Gedächtnis löschen oder verfälschen könnte.

Als ich 1973 zum ersten Mal vor dem gewaltigen Manitu der Tissisat-Fälle stand und zusah, wie sich der Dunst gleich einer Wolkenkette im Zeitraffer formte und bewegte, staunte ich darüber, wie genau James Bruce in seiner Beschreibung gewesen war und wie wenig der Anblick sich in mehr als 200 Jahren verändert hatte. Die anderen großen Wasserfälle auf der Welt – Niagara, Iguassu, Viktoria – sind inzwischen alle von Hotels, Souvenirläden und Möglichkeiten zu Rundflügen umgeben. An den Tissisat-Fällen gab es nichts außer der rauen, tiefen Stimme der Natur und einer Architektur, die von den leuchtenden Balken der Regenbögen getragen wurde. Und ich hatte keinen Grund anzunehmen, dass sich das jemals ändern würde.

Die Gischt, die aus der Schlucht nach oben spritzte, bildete einen stetigen Sprühregen, der mir ins Gesicht prasselte. Zu meinen Füßen wogte ein Wald aus nassem grünem Schilf hin und her und erinnerte mich an Seetang auf dem Meeresgrund. Über dem Wasserfall entdeckte ich ein Papyrusboot, das Fischer mit blattlosen Bambusrudern vorwärts bewegten. Ich sah Schwärme kleiner schwarzer Vögel mit spitzen rötlichen Flügeln direkt in die Gischt fliegen und auf den glitschigen Felsen am Abgrund landen, wo das Wasser über den Rand stürzte. Unbekümmert flogen sie wieder davon, durch einen fast runden Regenbogen, der wie ein wirbelndes Feuerwerk in der Gischt schwebte. Als mir das aufspritzende Wasser ins Gesicht sprühte, fühlte ich mich kraftvoller und lebendiger als je zuvor, als wäre ich im Fluss des Lebens getauft worden. Der Abschnitt, den die 1968er-Expedition für zu schwierig befunden hatte – das fehlende Stück auf ihrer Karte – ging mir nicht mehr aus dem Kopf. Die Herausforderung wollte ich gern annehmen. Und so machte ich mich nach meinem Collegeabschluss im Jahr 1972 daran, über den Blauen Nil und die Befahrbarkeit seiner legendären Fluten Nachforschungen anzustellen.

Der amerikanische Grand Canyon, wo ich drei Saisons lang als Guide bei Raftingtouren gearbeitet hatte, war so ein gewaltiger Ort, dass er zum Angelpunkt meiner Persönlichkeit geworden war, um den sich alles andere drehte und an dem sich alles andere messen musste. Als ich die Berichte von der britischen Expedition las, erschrak ich über ihre Unerfahrenheit und Stümperei, über ihr mangelndes Einfühlungsvermögen gegenüber dem Land. Ich konnte mich des Gedankens nicht erwehren, dass ich es besser machen würde. Ich kannte mich mit Wildwasser aus; ich kannte den Grand Canyon; und aus irgendeinem bizarren Grund gefiel mir die Vorstellung, Stromschnellen auf einem von Krokodilen bevölkerten Fluss hinunterzufahren.

Doch es erging mir nicht viel besser. 1974 fuhr ich einen 225 Kilometer langen Abschnitt durch den Grand Canyon des Blauen Nils hinunter und organisierte Essensabwürfe für einen amerikanischen Wanderer, der wie Colin Fletcher in den USA zu Fuß den Grand Canyon Afrikas durchquerte. An dem vereinbarten Treffpunkt in der Mitte des Canyons tauchte er nie auf und wurde auch später niemals wieder gesehen. Im folgenden Jahr ertrank mein Geschäftspartner und bester Freund Lew Greenwald in der Nördlichen Schlucht unterhalb der Tissisat-Fälle. Sein Boot kenterte, und seine Schwimmweste war an der Heckleine befestigt. So wurde er durch eine Reihe von Stromschnellen der Kategorie sechs geschleift. Damals schwor ich mir, nie wieder auf diesem verdammten Fluss zu rudern.

Und doch hatte mich der verführerische Ruf des Flusses 30 Jahre später zurückgelockt. Das Drehbuch für den Film verlangte nach Wildwasseraction, nach fesselnden Fahrten durch riesige Stromschnellen, einem gebrochenen Ruder, vielleicht sogar nach einem gekenterten Boot. Doch als ich Anfang Oktober mit Llompart einen Erkundungsflug über die Nördliche Schlucht unternahm, wurde mir klar, dass ich niemals einen Film in dem Abgrund inszenieren könnte, in dem mein Freund ums Leben gekommen war. Er war abgelegen, dunkel und voller gefährlicher Stromschnellen. Daher fasste ich den Plan, die Wildwasserszenen 3.500 Kilometer weiter südwestlich am Sambesi zu drehen. Ich kannte dort einen Flussabschnitt unterhalb der Viktoriafälle, auf dem ich Anfang der 1980er-Jahre Pionierarbeit geleistet hatte und der inzwischen eine beliebte Strecke für Extremwildwasserfahrten war.

Es gab nur einen Haken: Die Wasserfarbe passte nicht. Der Sambesi war klar und grün, der Blaue Nil dagegen schmutzig braun. Ich ärgerte mich darüber, als wir die Nördliche Schlucht hinaufflogen, aber als wir uns den Tissisat-Fällen näherten, wurde mein Ärger von Vorfreude abgelöst. Anfang Oktober war die beste Zeit, um sich den Wasserfall anzusehen, denn das war genau nach der Regenzeit, und gerade aus der Luft bot sich dann ein besonders schöner Anblick.

Als ich aber hinunterschaute, stimmte irgendetwas nicht ... Der Wasserfall war nicht mehr halb so schön, wie ich ihn in Erinnerung hatte ... Anstelle des strahlenden, 800 Meter breiten Wasservorhangs sah ich, dass nur noch etwa ein Drittel des Basaltrandes vom Wasser bedeckt war. Das restliche Wasser floss anscheinend in einen massiven Betonkanal westlich des Flusses ab. Was war nur mit dem wunderbaren Wasserfall geschehen? Ich drückte die Nase am Flugzeugfenster platt und schaute ungläubig hinaus.

Die Cessna flog die letzten 32 Kilometer flussaufwärts zum Tanasee weiter. In der Nähe einer Straße, die vom See zum Wasserfall führte, entdeckte ich zu meiner Freude riesige, gewaltige Stromschnellen in dem rostbraunen Fluss. Er wand sich auf diesem Abschnitt durch ein Labyrinth aus üppig grünen Inseln und zwischen hohen Basaltwänden entlang, und etwa alle 100 Meter wurde er von klaffenden Wildwasserwunden unterbrochen. Soweit ich wusste, hatte seit dem britischen Vorstoß 1968 niemand mehr versucht, diesen Abschnitt zu befahren. Als sie gleich am ersten Tag kenterten und mehrere Teilnehmer fast Wasserfällen und Stromschnellen zum Opfer gefallen wären, gaben sechs der neun Männer auf (auch Chris Bonington), weil sie die Befahrung für zu gefährlich hielten. Ein kleineres, neu zusammengestelltes Team kehrte zurück und befuhr einige, aber nicht alle Stromschnellen auf diesem Abschnitt, so dass er bis heute ein Geheimnis geblieben war. Vielleicht bot er uns aber genau das, was wir für die Wildwasserszenen im IMAX-Film brauchten.

Zu bald schon flogen wir über den Tanasee hinweg, so dass ich den Hals reckte und auf jenen bravourösen Abschnitt des Blauen Nils zurückschaute.

Vielleicht war dieser wenig bekannte 32 Kilometer lange Flussabschnitt vom Abfluss aus dem Tanasee bis zu den mächtigen Tissisat-Fällen ja wirklich als Schauplatz für die wilden Flussszenen geeignet, bei denen ich Regie führen sollte. Doch dazu musste ich ihn mir erst vom Fluss aus ansehen. Jordi und ein paar andere wollten am nächsten Tag zu einem weiteren Erkundungsflug nach Sudan und Ägypten aufbrechen, aber ich hatte eine Idee. Mit meinem Satellitentelefon rief ich meinen Freund Pasquale Scaturro an. Pasquale leitete gerade eine Besteigung des Kilimandscharo, und ich erreichte ihn in der Nähe des Gipfels. Ich fragte ihn, ob er nach Addis Abeba kommen, sich ein Wildwasserboot plus Ausrüstung besorgen und mich in zwei Tagen am Tanasee treffen könnte. Er raste den Berg hinunter, flog nach Äthiopien, packte ein Schlauchboot in einen Landcruiser und fuhr neun Stunden nach Bahir Dar, wo er um acht Uhr abends vor meinem Hotel auftauchte.

»Lass uns als Erste den oberen Blauen Nil befahren«, sagte ich und hielt ihm die Hand hin. Er schlug ein.

Im Februar 1992 hielt ich im Naturkundemuseum von Denver einen Multimediavortrag über die großen gefährdeten Flüsse der Welt. Nachher kam ein hoch gewachsener Mann mit nussbrauner Haut und eindringlichem Blick zu mir und streckte die rechte Hand aus, an der drei Finger fehlten. Ich bemühte mich, nicht auf den ungewohnten Händedruck zu achten, und schaute ihm in die Augen. Er hatte ein Pioniergesicht – lang, hager und eingefallen – und die Angewohnheit, immer wieder unvermittelt in die Ferne zu blicken, als suche er einen Berg am Horizont. Er stellte sich als Pasquale Scaturro vor. Dem Namen nach kannte ich ihn bereits. Er war Berg- und Flussguide und engagierte sich dafür, den Bío Bío in Chile zu retten, einen außergewöhnlich schönen Fluss, den ich Mitte der 1970er-Jahre befahren hatte. Nun sollte dort ein Damm gebaut werden, der den Flusslauf überschwemmt hätte. Pasquale hatte tausende von Dollar an das *Bío Bío Action Committee* und an die Nachfolgeorganisation *River Conservation International* gespendet, die der Umweltbeauftragte Steve Gates managte. Steve hatte mich schon gefragt, ob ich dem Vorstand beitreten wolle, und ich hatte ja gesagt. Pasquale sagte, dass er Gründungsvorstand war, und so schmolzen unsere sechs Beziehungsecken auf eine zusammen.

Wir gingen in die nächste Kneipe, und bei einem Bier erzählte mir Pasquale von seinen Bergsteiger- und Raftingexpeditionen.

»Hast du die Finger bei einer Expedition verloren?«, fragte ich.

»Nein, nach der Entlassung aus der Air Force war ich in Flagstaff und habe mir ein Haus gebaut, weil ich es mir nicht leisten konnte, eins zu kaufen.«

Er erwähnte auch, dass er in Flagstaff Gary Mercado kennen gelernt habe, der in den 1970er-Jahren mit mir in Äthiopien gewesen war. Er hatte ihm wilde Geschichten von unseren dortigen Abenteuern erzählt, und seitdem wollte Pasquale eine Flussexpedition mit mir machen.

Nach einem Schluck Bier und einer kurzen Pause, um gedanklich umzuschalten, fragte ich Pasquale, was er so machte, wenn er nicht gerade als Abenteurer unterwegs war. Er antwortete, von Beruf sei er Geophysiker und 1991 als Field Manager eines Projekts für *Maxus Energy* in der Ogaden-Wüste in Äthiopien gewesen. Er fügte hinzu, dass er in ein paar Wochen erneut nach Äthiopien reisen werde. Nach seiner Vermessungsarbeit wollte er eine Expedition entlang des Omo durchführen, eines weiteren Flusses, auf dem ich Anfang der 1970er-Jahre Pionierarbeit geleistet hatte. Daraufhin erzählte ich ihm vom Tekeze, einem der größten unbefahrenen Flüsse Afrikas, der sich durch die tiefste Schlucht des ganzen Kontinents ergoss. Ich spielte mit dem Gedanken, mich auf diesen Fluss zu wagen. Ich sagte Pasquale, dass es meines Wissens keinem Forscher bisher gelungen war, die Grand Canyons des Tekeze zu durchqueren, und ich hatte auch keine Hinweise gefunden, dass es irgendjemand jemals versucht hatte. Dann fragte ich ihn, ob er zum Tekeze fahren und ihn sich ansehen könne. Pasquale schaute mich durchdringend an.

»Klar. Wenn ich ihn erkunden kann, mache ich es auch. Und ich will dabei sein, wenn du ihn befährst.«

Pasquale sah sich den Fluss tatsächlich an und begleitete mich 1996 auf der Tekeze-Expedition, bei der wir gute Freunde wurden.

Danach starteten wir zu einer Reihe gemeinsamer Abenteuer rund um die Welt, von Namibia über Neuguinea bis Sambia.

Als mich Greg MacGillivray 2003 fragte, wen ich als Expeditionsleiter für den IMAX-Film empfehlen würde, nannte ich Pasquales Namen. Greg hatte 1996 bei der Produktion von *Everest* von Pasquale gehört, da Pasquale ebenfalls auf dem Berg gewesen war und Rob Hall bei der Rettung eines Teamkollegen geholfen hatte. Greg unterstützte die Idee, Pasquale als Expeditionsleiter anzustellen, doch Jordi, der Hauptgeldgeber der Produktion, hatte noch nie von ihm gehört. Mir war bewusst, dass man für das ehrgeizige Vorhaben Extrembergsteigen und extremes Rafting beherrschen und exzellente Fähigkeiten als Expeditionsleiter haben musste und dass jemand von Weltklasseformat nötig war, um das Projekt zu organisieren und durchzuführen. Unabhängig von unserer Freundschaft war ich sicher, dass niemand besser dafür geeignet war als Pasquale. Er hatte in Äthiopien gelebt und gearbeitet, sprach Amharisch, kannte die Kultur und hatte dort den Omo, den Awash und den Tekeze befahren. Konnte jemand besser für diese Aufgabe geeignet sein?

Dennoch wollte Jordi zuerst sehen, wie sich Pasquale vor der Kamera machte, und verlangte, dass Pasquale ein »Probeband« einreichte. Also bat ich unseren gemeinsamen Freund Paul Maritz, uns zu helfen. Paul war ein As in Multimediadingen. Er übernahm die Regie bei einem kleinen Film – in dem Pasquale auf dem Lake Washington in Seattle Kajak fuhr, auf Pauls Rasen landete und vor die Kamera trat, um sich vorzustellen –, drehte und schnitt ihn. Das Video war fantastisch, doch Jordi wollte sich noch immer nicht festlegen.

Daher traf es sich gut, dass Pasquale während unserer Erkundungstour gerade den Kilimandscharo hochkletterte und in Nullkommanichts in ein Flugzeug steigen und sich mitten in Äthiopien mit mir treffen konnte. An jenem Abend aßen wir mit Jordi im Hotel am Tanasee, und die beiden verstanden sich auf Anhieb. Pasquale unterhielt Jordi mit Abenteuergeschichten, und am Ende des Abends war er offiziell als Expeditionsleiter für die IMAX-Produktion *Der Blaue Nil* angestellt.

Am nächsten Morgen fuhr Jordi zum Flughafen, um in Khartum weitere Erkundigungen einzuziehen. Pasquale und ich zwängten uns in den Landcruiser und fuhren zehn Minuten die Straße hinunter bis zu der Stelle, wo der Blaue Nil aus dem Tanasee fließt. Unterwegs nahmen wir drei Anhalter mit: Andar Gatchew Adungna und Yassab Teffera, zwei örtliche Polizisten, die kein Englisch sprachen, Kalaschnikows schwenkten und Kampfanzüge und schwarze Armeestiefel trugen. Außerdem Girma Tsedalu, einen örtlichen Tourguide. Ein paar Jungen aus der Gegend halfen uns, das Boot klarzumachen, und gegen 9:30 Uhr befanden wir uns in der Gewalt des trüben Blauen Nils. Während die Briten, unsere einzigen Vorgänger, eine 70-köpfige Mannschaft zur Verfügung gehabt hatten, saßen wir zu fünft in einem einzigen Boot. Ich bemühte mich, meine schrecklichen Erinnerungen an diesen Fluss zu verdrängen, ruderte flussabwärts, und wir glitten an Papyrus und Schilf vorbei in einen urwüchsigen Wald.

Zuerst verlief die Fahrt ohne besondere Vorkommnisse. Wir kamen an Kaiser Haile Selassies verlassenem Sommerpalast, einem nicht zu Ende gebauten Hotel für Vogelbeobachter, einer Gerberei und ein paar Häusern mit Blechdächern vorbei. Nach einer Weile erkundigte ich mich, ob es auf diesem Flussabschnitt Krokodile oder Nilpferde gab. Unsere einheimischen Begleiter schüttelten die Köpfe. Wenige Minuten später kamen wir um eine Kurve und steuerten direkt in eine Schar schnaubender Nilpferde.

»Wisst ihr, wie man Nilpferde vom Raft fern hält?«, fragte Pasquale unsere Gastgeber und hob dabei sein Paddel hoch in die Luft.

Dann schlug er mit dem Blatt flach aufs Wasser. Das Klatschen schallte weit über den Fluss.

Yassab grinste nur und schüttelte den Kopf. Dann tätschelte er seine Kalaschnikow.

Etwa eine Stunde weiter stromabwärts zwängte sich der Fluss um eine Kurve und strömte in eine Stromschnelle in Grand-Canyon-Größe. Wir tauften sie Jordi-Fälle und begutachteten sie eine Weile. Dann erklärte ich mich bereit, durch die erste Stromschnelle auf dem oberen Blauen Nil zu rudern — das erste Mal, dass sie jemand nach den Briten befuhr. Wir empfahlen den Polizisten, außen herumzugehen, da sie nicht viel Wildwassererfahrung besaßen und im Boot vielleicht in Gefahr geraten konnten.

Die Stromschnelle war größer und gewaltiger, als ich erwartet hatte. Sie wirbelte das Raft herum, tauchte uns unter und ließ uns über Felsen hüpfen. Doch schließlich glitten wir berauscht vom Erfolg in den Strudel am unteren Ende. Diese Stromschnelle würde sich sicher gut für die IMAX-Leinwand eignen.

Noch ganz berauscht fuhren wir um die nächste Kurve, als ich plötzlich bemerkte, wie ein Stück Treibholz auf uns zuglitt.

»Das ist doch nicht etwa ein Krokodil?«, fragte ich laut. Alle rutschten in die Bootsmitte. Es war eins.

Wir sahen auch eine wahre Vogelpracht: Webervögel, Eisvögel, Schlangenhalsvögel, Kraniche und Reiher. Dazu grüne Meerkatzen und Anubispaviane. Die reine Wonne. Meine Angst vor einer Rückkehr war wie weggeblasen.

Bald entdeckten wir einen schmalen Wildwasserstreifen, der sich quer über den Fluss zog. Da er recht überschaubar wirkte, ruderten wir darauf zu und dachten, wir könnten ohne Probleme hinunterfahren. Dann sagte Pasquale: »Ich glaube, ich sehe Dampf.« Direkt hinter der Wildwasserstelle hing eine Nebelwolke aus zerstäubtem Wasser in der Luft, die sich wie Rauch über ein Feuer erhob. Nur

Wasserfälle und riesige Stromschnellen wirbeln so viel Wasser in die Luft. Also steuerten wir schnell zum Ufer hinüber. Der Streifen entpuppte sich als ein siebeneinhalb Meter hoher Wasserfall, den die Einheimischen Arafame nannten. Wären wir weitergefahren, hätten wir uns ins Unglück gestürzt.

Da Äthiopien rund 70 Millionen Einwohner hat, stellte die Trägerfrage für uns kein Problem dar. Innerhalb weniger Minuten fanden sich 30 Einheimische ein, um uns zuzusehen. Die Hälfte von ihnen heuerten wir an, damit sie uns halfen, das Boot und die Ausrüstung nach unten zu tragen. Kurze Zeit später fuhren wir schon wieder den Blauen Nil hinunter. Bald ergab sich ein Muster: Zuerst kam ein tiefer, stiller Abschnitt, dann ein schnelles Gefälle über einen Wasserfall oder eine größere Stromschnelle. Wir ruderten bis um fünf Uhr nachmittags – da wir uns nur zwölf Grad nördlich des Äquators befanden, ging die Sonne pünktlich um sechs Uhr unter. Eigentlich hatten wir gehofft, es bis zu den Tissisat-Fällen zu schaffen, ungefähr 32 Kilometer Luftlinie. Doch per GPS stellte ich fest, dass wir nur knapp 13 Kilometer zurückgelegt hatten – und die waren nicht einfach gewesen.

Wir legten am westlichen Ufer an und engagierten einen älteren Dorfbewohner, der das Boot bewachen sollte. Unsere Polizeieskorte verfasste auf einer Seite meines Notizbuches ein Schriftstück, in dem die Pflichten des Wächters und der Betrag festgehalten wurden, den wir ihm zahlen würden. Da der Wächter weder lesen noch schreiben konnte, malte einer der Polizisten die Daumenspitze des Wächters mit meinem Kugelschreiber blau an, drückte sie auf das Dokument und rollte sie darauf hin und her, bis ein blauer Fleck auf dem Papier erschien. Das war der Vertrag.

Wir wanderten einen knappen Kilometer die Straße entlang, hielten einen Bus an und rumpelten zum Hotel zurück, wo wir eine warme Dusche, ein kühles Bier und ein Steak genossen. Am nächsten Morgen wanderten wir zum Raft zurück, legten ab und fuhren weiter den oberen Blauen Nil hinunter. Wieder stießen wir auf Wasserfälle und große Stromschnellen. An einem riesigen, steilen Gefälle war ich dafür, nicht die Mitte, sondern einen kleinen Kanal ganz rechts zu befahren. Dazu mussten wir aus dem Boot aussteigen und es über eine Reihe von Untiefen ziehen. Bald fanden wir uns in einem zugewachsenen Kanal, in dem das Raft links und rechts eingequetscht wurde und nur schwer vorankam. Schließlich ging es gar nicht weiter. Per GPS prüften wir unsere Position auf der Karte und stellten fest, dass wir einen winzigen Kanal ausgewählt hatten, der sich mehrere 100 Meter vom eigentlichen Flusslauf entfernte, und dazwischen befand sich Sumpfland. Also brachen wir die Aktion hier ab. Wir hatten 19 Kilometer in zwei Tagen geschafft, die halbe Strecke bis zu den Tissisat-Fällen. Auf dem Abschnitt hatten wir mehr als genug Wildwasser gefunden, das sich auf der IMAX-Leinwand gut machen würde. Jetzt musste ich mir die Tissisat-Fälle genauer anschauen, die aus gutem Grund einen Höhepunkt des Films bilden sollten.

Erst am Sonntag fuhren wir zu den Tissisat-Fällen hinunter, und zu meiner Erleichterung waren sie genau so, wie ich sie in Erinnerung hatte: ein herabstürzendes Diadem aus Wasser, das mir einen feinen Sprühregen ins Gesicht wirbelte. Als Filmszene war vorstellbar, mehrere Boote an der senkrechten Wand des Wasserfalls herunterzulassen, sich seitlich abzuseilen oder wie die Briten im Jahr 1968 ein Geisterboot, also ein unbemanntes Raft ohne Ausrüstung, in den Abgrund stürzen zu lassen. Der Wasserfall war breit genug für ein solches Schauspiel, doch ich wollte trotzdem gern wissen, warum er ein paar Tage zuvor nicht einmal halb so viel Volumen gehabt hatte. Yohannes Assefa, der örtliche Ausrüster für das Projekt und ein außergewöhnlich ruhiger Mensch, fragte nach. Er erfuhr, dass gerade ein 63 Millionen Dollar teures, 450 Megawatt starkes

Kraftwerk, das *Tis Abay II Hydroelectric Project*, hochgezogen und an Werktagen Wasser abgeleitet wurde, aber noch nicht an Sonn- und Feiertagen, da dann der Bedarf geringer war.

Mehr als 90 Prozent der in Äthiopien verbrauchten Energie wird aus Biobrennstoffen gewonnen und fast ausschließlich zum Kochen verwendet. Die Nutzung dieser Brennstoffe hat zu einer massiven Abholzung und Bodenerosion geführt. Nur vier Prozent der Bevölkerung hat Zugang zu elektrischem Strom. Äthiopien liegt aber auf einem 2.500 Meter hohen Plateau und besitzt gewaltige Flüsse und Schluchten, die ein enormes Wasserkraftpotenzial bilden. Daher hätte ich dieses spezielle Projekt normalerweise als ökologischen Segen begrüßt. Ich sah allerdings keinen Grund, sich an den berühmten Tissisat-Fällen, einem der größten Naturwunder der Welt, zu vergehen, wenn man nur eine Stunde in eine beliebige Richtung fliegen musste, wo man mit Leichtigkeit Unmengen tiefer Schluchten als Alternative finden konnte.

Ich wollte es immer noch nicht so recht glauben. Als wir zwischen der Erkundungsreise und den Dreharbeiten in die USA zurückkehrten, suchte ich über Google und Factiva nach weiteren Erklärungen, fand jedoch keine. Nur eine Menge Reiseveranstalter, die für die traditionelle Hochsaison in den kommenden Wochen Touren zu den einzigartigen, majestätischen Tissisat-Fällen anboten.

Ich fürchtete jedoch das Schlimmste und plante die Wasserfallszenen für einen Sonntag nach unserer Rückkehr ein. Einen Monat später war es so weit.

Als wir dann Mitte November in Äthiopien eintrafen, war es keine Überraschung, dass der Film mit einer ganzen Reihe von Dritte-Welt-Unbilden zu kämpfen hatte. Die Dreharbeiten wurden um mehrere entscheidende Tage verzögert, weil der äthiopische Zoll eine enorm hohe Summe in Landeswährung als Kaution verlangte (einer Währung, die nicht in amerikanische Dollar oder eine andere anerkannte Währung zurückgewechselt werden konnte). Es gab mehrmals Schwierigkeiten mit dem Hubschrauber, unter anderem eine ausgefallene Turbine, für die ein Ersatz aus Paris eingeflogen werden musste. Sogar die SpaceCam, eine Hightechkamera für Luftaufnahmen, ging kaputt, so dass ein Ersatzteil samt Techniker aus Los Angeles eingeflogen werden mussten. Außerdem kämpften wir mit unnützen Genehmigungen, die bezahlt werden mussten, Preisen, die ständig exorbitant erhöht wurden, Trägeraufständen und dem üblichen organisatorischen Chaos, das in Ländern am Rand der so genannten zivilisierten Welt an der Tagesordnung ist.

In den nächsten Wochen filmten wir die wichtigsten Teile des Films an verschiedenen Drehorten in der Nähe von Bahir Dar. Es wirkten mit: Saskia Lange, eine spanische Journalistin; Mohammed Megahed, ein ägyptischer Hydrologe; Myriam Seco, eine Archäologin aus Kairo; Michel L'Huillier, Fotograf; Gordon Brown, Kajakfahrer und Kameramann; und Pasquale. Mike Speaks leitete ein Team von Wildwasserexperten und Rafting-Cowboys, die mich bei den Szenen unterstützten, bei denen ich Regie führte.

Wie geplant verbrachten wir die Zeit damit, die großen Stromschnellen oberhalb der Tissisat-Fälle zu filmen. Mein Regiedebüt machte mir einen Riesenspaß, vor allem, dass ich bei jeder Szene »Ton ab. Kamera ab. Action! Und ... Schnitt!« brüllen durfte. Zum Glück konnte ich unter der Anleitung von Kameramann Brad Ohlund arbeiten, der in den letzten 30 Jahren wahrscheinlich mehr IMAX-Filme gedreht hat als irgendjemand sonst. Einmal sah ich vom hinteren Boot aus zu, wie Pasquale eine raue Fahrt durch eine Stromschnelle der Kategorie fünf vorführte und dabei in einen mächtigen Sog gerissen wurde, eine breite wirbelnde Wasserstufe. Einen Augenblick lang fürchtete ich eine Wiederholung des Unfalls, bei dem mein Freund so viele Jahre zuvor ums Leben gekommen war. Doch Pasquale wurde ins Boot gezogen, und obwohl sein Bein zerkratzt war und blutete, tat er den Unfall als Kleinigkeit ab. Ein andermal wurden wir alle verhaftet und unsere Boote beschlagnahmt. Wir ließen uns gerade einen knapp 400 Meter langen Flussabschnitt direkt unterhalb des Sees hinuntertreiben, wo der Blaue Nil vor kurzem eine weitere Ableitung erfahren hatte: ein niedriges Wehr, mit dem der Abfluss aus dem Tanasee reguliert werden kann. Ein paar Stunden später, nachdem wir an den örtlichen Polizeichef appelliert hatten, wurden wir freigelassen und bekamen alles zurück. Wieder einmal waren wir auf eine wenig bekannte Anlage gestoßen, die das ökologische Gleichgewicht durcheinander brachte.

Wir filmten auch wilde Tiere, Kulturgegebenheiten und Lagerszenen rund um den Tanasee und die Felskirchen von Lalibela.

Lalibela ist nach einem abessinischen König benannt und wurde am Ufer des Jordan erbaut, eines Quellflusses, der in den Nil fließt. Als Lalibela im Jahr 1200 n. Chr. in eine königliche Familie hineingeboren wurde, schwebte der Legende nach ein Bienenschwarm über seiner Wiege – eine Prophezeiung künftiger Größe und künftigen Reichtums. Später wurde sein Bruder Harby neidisch auf die Weissagung und versuchte ihn zu vergiften. Ein Diakon, der in Lalibelas Dienst stand, trank jedoch zuerst von der giftigen Flüssigkeit und starb auf der Stelle. Vor Kummer ergriff Lalibela den Kelch und stürzte den Rest hinunter. Doch anstatt zu sterben, fiel er in einen tiefen, drei Tage andauernden Schlaf mit himmlischen Visionen. Nach dem Aufwachen stellte er fest, dass er von einer chronischen parasitären Krankheit geheilt worden war, die ihm zu schaffen gemacht hatte. Außerdem hatten Engel ihn angewiesen, auf Gottes Anordnung hin ein zweites Jerusalem zu errichten. In den nächsten 24 Jahren wurden die Kirchen geschaffen: Das schwere Heben sollen Lalibelas Untertanen übernommen haben, das Meißeln angeblich die Engel.

Mag die Legende auch Engel als Architekten annehmen, die Geschichte weiß, dass die Kirchen von einem christlichen Kaiser der Zagwe-Dynastie erbaut wurden. Und zwar nicht wie üblich, sondern in den Boden aus dem festen vulkanischen Basalt gegraben und gehauen, auf dem sie noch immer stehen. Dadurch machten sie einen übernatürlichen Eindruck – nicht nur wegen ihrer Bauart, sondern auch wegen ihrer künstlerischen und innovativen Vollendung. 800 Jahre nachdem in ihnen zum ersten Mal gebetet wurde, sind sie noch immer Orte des gelebten Gottesdienstes.

Bevor man jedoch das ganze Ausmaß dieser beeindruckenden Leistung begreifen kann, muss man sich die Kirchen genau anschauen. Die Erbauer haben nämlich große Mühe darauf verwendet, ihre wahre Natur zu verbergen. Einige Kirchen sind fast vollkommen in tiefen Gräben versteckt, andere in den offenen Eingängen riesiger ausgegrabener Höhlen. Alle sind durch ein verwirrendes Labyrinth aus Tunneln und Durchgängen mit abgesetzten Krypten, kleinen Höhlen, Taufbecken und Galerien verbunden. Eine kühle, schattige und feuchte, mit Flechten bedeckte unterirdische Welt, in der man nichts hört außer den Stimmen der Priester und Diakone, die ihrer zeitlosen Beschäftigung nachgehen.

Die auffälligste aller Kirchen ist Bete Gyorghis, die Kirche des heiligen Georg. Über zwölf Meter hoch, steht sie in der Mitte einer tiefen Grube und hat den Grundriss eines griechischen Kreuzes. An diesem Quell des Christentums drehte Jordi eine der beeindruckendsten Szenen des ganzen IMAX-Films: Priester mit Talaren und bunten Schirmen wiegen sich in andächtigem Rhythmus und segnen das heilige Wasser, das an den Kirchen vorbeifließt und den Nil nährt.

In der dritten Drehwoche beschloss ich, mir die Tissisat-Fälle anzuschauen, die ich seit der ersten Erkundung einen Monat zuvor nicht mehr gesehen hatte. Ich war schockiert. Wir kamen am Sonntag dorthin, eine Woche vor dem angesetzten Drehtag. Ich gehe den vertrauten Weg zum Aussichtspunkt entlang und sehe so gut wie nichts. Ein dünner Wasserstreifen rinnt über den Rand der dunklen Felswand, die einmal ein atemberaubendes Schauspiel und ein Wahrzeichen Äthiopiens gewesen ist. Auf dem Ein-Birr-Schein der äthiopischen Währung ist der gewaltige Wasserfall stolz abgebildet; überall im Land hängen Poster der Tissisat-Fälle in Amtsstuben und Restaurants. Und nun sind sie verschwunden, zu 90 Prozent in das neue, von chinesischen und serbischen Unternehmern gebaute Stromprojekt abgeleitet. Der Fluss strömt durch Druckleitungen und Turbinen und wird weiter unten wieder in sein altes Bett geleitet, aber der wunderbare Wasserfall ist kahl und traurig zurückgeblieben. Das schien mir ein Verbrechen gegen die Natur, gegen das ästhetische Empfinden, gegen das örtliche Ökosystem zu sein.

Die Dorffrauen und -kinder, die Kalebassen, Webwaren, Limonade, billigen Schmuck und Wanderstöcke an Touristen verkauften, beklagten sich mir gegenüber darüber, wie schlecht jetzt ihr Auskommen sei. Die Fischer vom Tanasee schimpften, dass der See ausgesaugt werde, damit man möglichst viel Wasser ableiten könne. Bei niedrigerem Wasserstand würden die Brutplätze der Fische freigelegt, so dass die Fischpopulation abnehme. Im Hotel stieß ich immer wieder auf wütende Touristen aus dem Westen, die hunderte von Dollars ausgegeben und lange Flüge auf sich genommen hatten, um die Tissisat-Fälle zu sehen, und die sich nun betrogen fühlten. Unter dem radikalen sozialistischen Regime von Mengistu Haile Mariam in den 1980er-Jahren hatte der Tourismus stark nachgelassen, und erst seit der Regierungsübernahme von Meles Zenawi nimmt er wieder zu. Die Tissisat-Fälle waren eine Hauptattraktion – bis jetzt.

Bevor der Ableitungsdamm gebaut wurde, hatte die äthiopische Regierung bei französischen und britischen Beraterfirmen eine

Machbarkeitsstudie in Auftrag gegeben. Die Studie kam zu dem Ergebnis, dass das *Tis Abay II Hydroelectric Project* im Gegensatz zu anderen Wasserkraftvorhaben mit großen Dämmen »geringfügige Auswirkungen auf die Umwelt hat und wirtschaftlich gesehen eine äußerst attraktive Investition darstellt«. Es gelang sogar, das Projekt unter Dach und Fach zu bringen, ohne dass irgendeine internationale Umweltschutzorganisation, ein Journalist oder auch nur ein Weblogger darauf aufmerksam wurde. In dieser Saison waren die Auswirkungen der Ableitungsanlage zum ersten Mal voll zu spüren, und erstmals mussten die Touristen feststellen, dass das, was sie sehen wollten, dank menschlicher Manipulation verschwunden war.

Und es stellte auch uns Filmemacher vor ein Dilemma. Der Aufhänger des Films sollte der kulturgeschichtliche Aspekt des Wassers sein, das nach Ägypten floss und das Land versorgte, und ebenso sollten der spektakuläre Wasserfall und Szenen mit modernen Abenteurern gezeigt werden, die an die Erfolge der britischen Expedition anknüpften. Natürlich hätten wir das Konzept des Films ändern können. Wir hätten einen umweltkritischen Standpunkt einnehmen und den Diebstahl des Wasserfalls durch kurzsichtige, machthungrige Bürokraten anprangern können. Aber so wie der Wasserfall jetzt aussah, war er einfach nur hässlich und als atemberaubender Anblick auf einer großen Leinwand alles andere als geeignet. Also ersannen wir eine Alternative: Wie riefen den für Wasserwirtschaft zuständigen Staatssekretär an und erklärten ihm unseren Film und seinen Zweck. Nach langen Verhandlungen war er einverstanden, den Damm vier Stunden lang für uns zu schließen, damit wir den richtigen Wasserfall filmen konnten.

Als es so weit war, versammelten wir uns alle vor dem Wasserfall und sahen zu, wie er zu seiner früheren Größe anstieg. Er war so atemberaubend wie eh und je. Wir filmten das Abseilen, das Herunterlassen der Boote und den Sturz des leeren Bootes in den Abgrund. Die Szenen wurden fantastisch, aber irgendwie war uns dabei auch traurig zumute, weil wir wussten, dass das alles nicht ganz echt war. Ein paar Touristen wanderten zu den Aussichtspunkten und waren begeistert. Sie ahnten nicht, welches Glück sie hatten und dass das Schauspiel, das sie sahen, wenige Stunden später vorbei sein würde.

Ein paar Tage später war der äthiopische Teil des Films fertig, und ich flog mit Ethiopian Airlines in die Hauptstadt Addis Abeba, von wo aus ich nach Hause flog. Beim Start kreiste der Pilot wie schon seit Jahren über dem Wasserfall, um den Touristen an Bord das überwältigendste Naturschauspiel seines Landes vorzuführen. Doch als sich das Flugzeug neigte und ich die Stelle betrachtete, wo der Nil das größte und steilste Gefälle hat, war nichts dort. Nur eine kalte, düstere, leere Felswand.

Das zweite Kapitel des ersten Buch Moses bezieht sich auf die Flüsse, die durch den Garten Eden fließen: »Und der Name des zweiten Flusses ist Gihon; der fließt um das ganze Land Kusch.« Tatsächlich verläuft der Blaue Nil, der in weitem Bogen vom Tanasee fortführt, um das ganze Land Kusch. Aber heute ist die Quelle dieses Paradieses versiegt, und der Garten aus Gräsern, Schilf, Laub und üppigen Bäumen und Pflanzen, der früher unaufhörlich vom Wasserfall besprüht wurde, ist braun und verdorrt und alles andere als paradiesisch.

Pasquale und die übrige Crew reisten nach Ägypten weiter, wo sie die wesentlichen Szenen in der Nähe von Abu Simbel, dem Tal der Könige, den Pyramiden von Gizeh und dem Sphinx drehen würden. Als die Dreharbeiten für die First Unit Ende Dezember abgeschlossen waren, hatte sich Pasquale entschieden, nach Äthiopien zurückzukehren und den Blauen Nil als Erster von der Quelle bis zur Mündung zu befahren. Eine verrückte Idee, und viele versuchten sie ihm auszureden. Ich machte mir Sorgen und wollte auf keinen Fall einen weiteren guten Freund an den Fluss verlieren. Als einziges anderes Crewmitglied teilte Gordon Brown Pasquales Vision und erklärte sich bereit, ihn auf dieser ausgefallenen Unternehmung, die sich seit Jahrhunderten an den Forschern gerächt hatte, zu begleiten.

Dennoch hatte ich das Gefühl, wenn einer dieser Aufgabe gewachsen war, dann Pasquale. Er war einverstanden, mich regelmäßig per Satellitentelefon über sein Fortkommen zu informieren, regelmäßig E-Mails zu schreiben und ein Tagebuch zu führen. Und nun folgt also die Geschichte einer bescheidenen Raftingexpedition, die das Geheimnis des Nils gelüftet hat, und zwar gebe ich sie so wieder, wie sie mir mein Freund Pasquale Scaturro, der Leiter der Unternehmung, erzählt hat.

Kapitel 5

Über Alexander den Großen sagt man, dass er als Erstes von Jupiter Ammon wissen wollte, wo der Nil entspringt, und wir wissen, dass er ganz Äthiopien von Entdeckern durchsuchen ließ, ohne jedoch seine Quelle zu finden.

Balthazar Tellez, The Travels of the Jesuits of Ethiopia, 1710

Uns Sterblichen ist es nicht vergönnt, den Nil schwach und an seiner Quelle zu sehen.

Charles-Louis de Secondat, Baron de Montesquieu, 1734

Die Expedition war schon ein paar Tage im Gange, als sich Pasquale und sein kleines Team lange nach Einbruch der Dunkelheit in das Dorf Asakwa Bur schleppten. Sie waren nicht nur erschöpft, weil sie den ganzen Tag unterwegs gewesen waren, sondern auch völlig durchnässt, denn am Nachmittag hatte es in Strömen gegossen . Bei Kurt drehte sich alles, Gordon litt unter Rückenschmerzen. Die Blasen an Pasquales Füßen bluteten. »Fühle mich wie ein Zombie – jeder einzelne Knochen tut mir weh«, schrieb Pasquale in sein Tagebuch. Und sie hatten einen Bärenhunger, da sie am Morgen nur ein paar kleine Bananen gegessen und unterwegs auf ein paar Zuckerrohrhalmen herumgekaut hatten. Schon seit Stunden hatten sie keine Bäume mehr gesehen – alle waren vor langer Zeit für Holzkohle oder als Brennstoff zum Kochen zerhackt und verfeuert worden. Vielleicht konnten sie im Dorf etwas Brennholz kaufen, dachte Pasquale.

Doch das Dorf war verlassen. Es sah aus wie ein nicht existierender Ort, wie eine Szene aus der Fernsehserie *The Twilight Zone* (*Unbekannte Dimensionen*), ein Zwischenstopp auf dem Weg zu einem anderen Ziel, den man besser in Zeit als in Längenangaben maß. Pasquale schritt zwischen den *tukul* – Häusern aus Lehm und Stroh – umher und erblickte noch glimmende Feuer, zum Trocknen ausgelegte Wäsche, angebundene Ziegen und Strohmatten mit verteiltem Tongeschirr. Er rief in die Nacht hinein, doch niemand antwortete. Auf ihrer Fahrt den Gilgel Abay hinunter hatten sie erlebt, wie Kinder und Frauen fortliefen und Männer kampfbereit ihre Hirtenstöcke hochhielten. Man hatte ihnen gesagt, dass sie die ersten Westler auf dieser Route seien und die Menschen einfach Angst vor ihnen hätten. Pasquale vermutete, dass die Dorfbewohner vor ihrer Ankunft gewarnt worden waren und sich versteckt hatten.

Dann blieb er vor einem aus Dung gebauten Haus am Dorfrand stehen. Drinnen erspähte er eine Frau. Sie war in ein weißes Tuch gewickelt und hielt zwei kleine schlafende Kinder auf ihrem Schoß. Der Schein einer einzelnen Kerze erhellte ihr Gesicht, das zierlich und rund war wie eine Silberschale. Pasquale beobachtete verblüfft, wie sie in anscheinend tiefster Zufriedenheit an die Decke sah. Wie sehr sie sich doch von ihren Geschlechtsgenossinnen im Westen unterschied, dachte Pasquale. Kein Fernsehen, kein Telefon, kein Internet, kein Radio, keine Bücher, Zeitungen oder Zeitschriften ... keinerlei Reize von außen. Dabei war übermorgen Heiligabend, und die gesamte westliche Welt bewegte sich in einem Irrsinn aus funkelnden Lichtern, Glöckchen und Weihnachtsliedern, alkoholgeschwängerten Feiern, wetteifernden Einkäufen, Geschenkpapier und Bändern, geheucheltem Frieden und gespielter Aufregung. Diese Frau schien in der schlichten Umgebung, ohne Ablenkungen und Blendwerk, von Glück und Ruhe erfüllt zu sein. Danach, dachte Pasquale, strebte er eigentlich auch.

Nachdem die Aufnahmen in Ägypten im Kasten waren, fühlten sich die Crewmitglieder verausgabt und wollten nur noch nach Hause. Sie hatten die Hitze, das Essen und all die ausgestreckten Hände – angefangen bei Bürokraten über Polizisten bis hin zu Straßenkindern – satt und flogen fast alle in nordwestlicher Richtung über das Mittelmeer nach Europa.

An Pasquales verbundenem linkem Unterschenkel eiterte noch immer die Entzündung, die er sich weiter stromaufwärts zugezogen hatte, als er in den Hufeisen-Fällen aus dem Boot geschleudert worden war und sich ihm eine Ruderdolle ins Bein gebohrt hatte. Bei Operationen in Assuan und Kairo war zwar der Eiter punktiert worden, aber die Wunde war noch nicht trocken und schmerzte beim Gehen. Die Ringe unter Pasquales Augen waren so groß, dass sie bis zum Kinn reichten. Die Dreharbeiten hatten länger gedauert als eine normale Expedition. Trotzdem waren Pasquale, Gordon Brown und Mike Speaks mit Air Memphis Richtung nach Addis Abeba zurückgeflogen. Für sie begann jetzt die eigentliche Expedition.

Trotz ihrer Erschöpfung empfanden sie es als ein wenig befreiend, dass sie das Chaos am »Set« hinter sich lassen konnten, als streiften sie eine alte, schwere Haut ab. Statt 40 oder noch mehr Crewmitgliedern und eine Reihe halsstarriger Chefs waren es jetzt nur noch Pasquale, Gordon und ein paar andere, die wie Huck Finn den Fluss hinunterfuhren und dabei hofften, in einen ursprünglicheren Stand der Gnade zurückzukehren.

Pasquale wollte Mike Speaks unbedingt auf dem Nil dabeihaben, vor allem in der Nördlichen Schlucht, die Mike bereits zweimal durchfahren hatte. Das eine Mal hatte er nur knapp überlebt. Doch Speaks ließ sich nicht umstimmen. Er war wider bessere Einsicht an den Blauen Nil zurückgekehrt, um am Film zu arbeiten, aber er hatte keinerlei Interesse daran, an diesem Part der Expedition teilzunehmen. Stattdessen bot er an, bei der Vorbereitung und Logistik der Expedition zu helfen, bevor er Weihnachten nach Hause flog.

Pasquale brauchte noch Teilnehmer für die Expedition, vor allem jemanden, der das zweite Raft rudern würde. Also hatte er Ende November 35 Freunde und Verwandte per E-Mail eingeladen, an der Expedition teilzunehmen. Nur von zweien hatte er eine positive Rückmeldung erhalten. Kurt Hoppe hatte wenig Erfahrung im Rafting, doch er war ein alter Freund und getreuer Partner. Pasquale hatte bei einem geophysikalischen Projekt in Aserbaidschan und Georgien mit ihm zusammengearbeitet. Gemeinsam fuhren sie jeden Sommer den Triple Bypass – eine 180 Kilometer lange Fahrradtour über drei hohe Colorado-Pässe. Kurt war 54 und dabei mager und beweglich. Sein Hemdengeschmack stellte allerdings einen Angriff auf die Ozonschicht dar. Der 50-jährige Mike Prosser war blass und stämmig und hatte einen Hemingway'schen weißen Bart. Er war Inhaber eines Ladens für Raftingzubehör, und Pasquale ging davon aus, dass er ein erfahrener Bootsfahrer war, der ein Raft in extremem Wildwasser steuern konnte.

Pasquale traf sich mit Kurt Hoppe und Mike Prosser in einem Hotel in Addis Abeba. Das muffige, schäbige Ghion Hotel war früher einmal das prächtigste Hotel am Horn von Afrika gewesen. Doch nachdem es 1996 von einer Terroristenbombe getroffen wurde, erlangte es seinen früheren Glanz nie wieder zurück. Heute dient es als günstige Bleibe für Rucksacktouristen, Huren und Wanderarbeiter.

Pasquale war sehr gespannt auf das Treffen mit Kurt und Mike, als er sich im Ghion zu einem Bier setzte und ihnen seine Pläne darlegte. Er hatte vor, die Expedition an der Quelle in Sakala zu beginnen. In der nächsten Woche wollte er dann den Gilgel Abay bis zum Tanasee entlangwandern und mit dem Kajak befahren. Dann würden sie die Rafts am Ausfluss des Tanasees in Bahir Dar zu Wasser lassen.

Kurt und Mike waren mit Pasquales Plan nicht einverstanden. Sie waren um die halbe Welt gereist und hatten fünf Tage in Addis Abeba gewartet. Sie waren heiß darauf, auf den Fluss zu kommen. »Wozu die Eile?«, fragte Pasquale. »Wir wollen doch nicht den Arkansas runterfahren, sondern den Nil!«

»Wir haben nicht viel Zeit«, antwortete Mike. »Unsere Visa sind 30 Tage gültig. Lass uns doch lieber am Ausfluss aus dem Tanasee starten. Die meisten Leute sehen den See sowieso als die Quelle des Blauen Nils an.«

»Er hat Recht«, stimmte Kurt zu. »Der Fluss von Sakala heißt nicht Blauer Nil, sondern Gilgel Abay, also Kleiner Blauer Nil. Erst beim Ausfluss aus dem Tanasee heißt er Blauer Nil. Also ist der Tanasee die Quelle des Blauen Nils.«

Pasquale fühlte sich in die Enge getrieben. Dem Regisseur war es egal gewesen, an welcher Quelle er startete. Gordon Brown war gespalten; ihm passte beides.

Wenn man googelt und »Quelle des Blauen Nils« eingibt, nennen praktisch alle 100.000 Einträge den Tanasee als definitiven Ausfluss. Eigentlich werden als Quellen der meisten großen Flüsse Seen oder Sümpfe mit großen Abschnitten stehenden Wassers angegeben, zumindest von Ingenieuren: der Viktoriasee für den Weißen Nil, der Benguela-Sumpf für den Kongo, der Itascasee für den Mississippi – obwohl alle von Zuflüssen gespeist werden.

Für Forscher ist die wahre Quelle eines Flusses hingegen der am weitesten von der Mündung entfernte Ort, wo Wasser entspringt. Nach dieser Argumentation wäre der in den Tanasee fließende Gilgel Abay als wahrer Ursprung des Blauen Nils anzusehen. Pedro Paez, James Bruce und Major R. E. Cheesman nannten alle einhellig den Ort Sakala als wirkliche Quelle.

Pasquale war derselben Ansicht wie die Forscher und wollte daher die Expedition in Sakala beginnen. Sein Ziel war, als Erster die gesamte Strecke des Blauen Nils zu befahren. Er wollte nicht, dass später jemand anzweifelte, ob er auch an der richtigen Quelle gestartet war – oder schlimmer noch, dass jemand später in seinem Kielwasser segelte, weiter flussaufwärts startete und ihm die Schau stahl. Daher war er fest entschlossen, die Sache wirklich ganz am Anfang zu beginnen und die Befahrung so geradlinig und kompromisslos wie möglich durchzuführen, und zwar die gesamte Strecke bis zum Meer. Nichts – nicht einmal eine 20 Jahre lange Freundschaft, die jetzt auf der Kippe stand – sollte ihn davon abhalten, am einzig wahren Ursprung des Blauen Nils seine Expedition zu starten.

Irgendetwas in Pasquales Sein, in seinen Wurzeln, hatte ihn zu einem Menschen gemacht, der weiter gehen wollte als andere, der für eine Mission, an die er glaubte, Freundschaft, Liebe, Gesundheit und den gesunden Menschenverstand aufs Spiel setzte. Er hatte vollstes Vertrauen in seine eigenen Fähigkeiten und in das hehre Ziel seines Projekts. Mochte auch in 2000 Jahren überlieferter Geschichte niemandem die Befahrung des gesamten Blauen Nils gelungen sein – er traute sich zu, es zu schaffen. Er war in dem Glauben aufgewachsen, dass er schaffen konnte, was andere nicht schafften.

Pasquale wurde am 23. September 1953 in Hollywood als Kind einer deutsch-englischen Mutter und eines sizilianischen Vaters geboren, der kein Wort Englisch sprach. Sein erstes Zuhause war ein winziges Quartier auf dem Sunset Boulevard, direkt neben den Filmstudios. Während seiner ersten acht Lebensjahre bekam er selten Gras oder Bäume zu sehen, nur Beton, Straßenpflaster und Innenstadtgebäude. Er war der zweite von fünf Brüdern, die als ersten Vornamen alle den des Vaters Vincent hatten, und dazu einen sizilianischen zweiten Vornamen. Pasquales amtlicher Name lautet also Vincent Pasquale Scaturro.

Sein Vater, Vincent Scaturro, war Küchenchef und besaß ein kleines italienisches Restaurant. Seine Mutter Audrey Carol Bolton Scaturro war Sängerin, doch sie gab ihren Beruf auf, um die Söhne großzuziehen. Pasquales Vater war katholisch, und die Mutter gehörte der Christian-Science-Kirche an, daher flogen bei ihnen ständig die Fetzen. Mehr als einmal musste Pasquale zusehen, wie die Polizei seinen Vater wegen häuslicher Gewalt verhaftete, und einmal versuchte seine Mutter, seinen Vater mit dem Auto zu überfahren.

Als Pasquale acht Jahre alt war, hatte er einen Lehrer, der sich für ihn einsetzte und ihm die Teilnahme an einem YMCA-Sommerlager bei Big Bear in Kalifornien ermöglichte. Zum ersten Mal schlief er unter freiem Himmel, saß an einem Lagerfeuer, kochte im Freien und paddelte in einem Boot. Er begeisterte sich für die Natur.

Eines Tages wollten ein paar Betreuer den 3.500 Meter hohen San Gorgonio im San-Bernardino-Nationalpark besteigen. Pasquale fragte, ob er mitkommen dürfe, und so nahmen sie ihn und fünf weitere Kinder mit. Beim Aufstieg gaben die anderen Kinder schnell auf, dann kehrten auch die Betreuer einer nach dem anderen um, aus Ermattung oder weil ihnen die Höhe zu schaffen machte. Pasquale weinte vor Erschöpfung, aber der übrig gebliebene Betreuer ermutigte ihn durchzuhalten, und gemeinsam schafften sie es bis zum Gipfel. Da merkte Pasquale erstmals, dass er anders war als andere Jungen, dass er stärker war und Höhe ihm nichts ausmachte. Im Lager erhielt er eine Plakette zur Erinnerung an den Aufstieg, die noch heute an seiner Bürowand hängt.

Als Pasquale elf war, begann seine Mutter Stimmen zu hören, zog sich ganz in sich zurück und verfiel in eine tiefe Depression. Die Ärzte stellten Schizophrenie fest. Pasquales Vater hatte die Familie nach Thousand Oaks umziehen lassen, ungefähr eine Stunde westlich von Hollywood. Er selbst blieb in Hollywood, kümmerte sich um das Restaurant und besuchte sie alle paar Wochen. Als die Mutter in die Psychiatrie kam, mussten die Jungen lernen, auf sich selbst aufzupassen, sich anzuziehen, zur Schule zu gehen und für sich selbst zu kochen. Pasquale zeigte sich der Situation gewachsen, übernahm Verantwortung für seine Geschwister und half ihnen, so gut er konnte. Daneben betrieb er Leistungssport. Er nahm an Laufwettbewerben teil und gewann in seinem ersten Highschooljahr den Zwei-Meilen-Lauf für Ventura County, wobei er den Schulrekord brach.

Mit 14 bekam Pasquale seinen ersten Job als Hilfskellner in einem italienischen Restaurant. Zwischen den Schichten fand er Zeit, *Begrabt mein Herz an der Biegung des Flusses zu lesen*. Er fühlte sich den Indianern verbunden, die niedergemetzelt wurden. Sie waren die Minderheit, die Benachteiligten, die Ausgestoßenen und mussten dafür leiden. Seit der Zeit empfand er Solidarität für alle entrechteten und Dritte-Welt-Völker; er sah sie als eine Art Mitsuchende, die sich entgegen aller widrigen Umstände bemühten, zu überleben und vorwärts zu kommen.

In der Newbury Park High School verliebte er sich in Jody Watkins, die Abschlussballkönigin. Sie heirateten mit 18. Sein Vater machte sich nicht die Mühe, zur Hochzeit zu kommen. Die Mutter, der es dank der Medikamente besser ging, konnte dabei sein. Ein Jahr später wurde Jody mit ihrem ersten Sohn, Tim, schwanger.

Sie zogen nach Texas, wo Pasquale als Geschäftsführer von Tankstellen arbeitete. Doch er war nicht glücklich. Texas war so flach; dies war weder sein Schicksal noch sein Wunsch. Eines Tages – es war zu Zeiten des Vietnamkriegs – fuhr er den Highway entlang und sah eine große Reklametafel: SEE THE WORLD; JOIN THE AIR FORCE. Im Jahr davor hatte er im Einberufungsverfahren für Vietnam die hohe Losnummer 305 gezogen und sich deshalb nicht melden müssen. Doch nun bekam die Vorstellung, Texas zu verlassen und die Welt zu sehen, etwas Anziehendes.

Er fuhr zur Rekrutierungsstelle, erklärte, dass er Pilot werden wolle, und legte die Prüfungen ab. In zwei von vier schriftlichen Prüfungen erreichte er die höchste Punktzahl. Die Militärs waren begeistert, bis sie ein weiteres Testergebnis bekamen, und erklärten Pasquale: »Es gibt ein Problem. Sie sind farbenblind. Sie werden nicht fliegen.« Stattdessen wurde er Staffelführer. Sie schickten ihn per Schiff nach England; Jody sollte nach der Geburt ihres Sohnes nachkommen. Pasquale lernte alles über Napalm, Maschinengewehre und Sprengstoffe. Seine Vorgesetzten waren beeindruckt von seinen Fähigkeiten und ermutigten ihn, Kurse an der Universität von Ipswich zu belegen. Er besuchte einen Geologiekurs und fing Feuer.

Nachdem Pasquale seinen Dienst beendet hatte, schrieb er sich an der Universität von Arizona in Flagstaff ein und machte einen Abschluss in Geologie und Geophysik. Jody und er hatten inzwischen zwei weitere Kinder, Sarah und Adam. Pasquale hatte zwei Jobs am Tag auf dem Bau und kochte zusätzlich abends in einem italienischen Restaurant. Am Wochenende trainierte er das Basketballteam seines Sohnes. Eines Abends gegen elf – er war müde, wollte aber eine Arbeit zu Ende führen – schob er ein Brett in seine Tischsäge und rutschte mit der Hand aus. Plötzlich spritzte es Blut und Fleisch, und Pasquales rechter Hand fehlten drei Finger. Er griff sich die Finger und ließ sich von einem Nachbarn in rasendem Tempo zum Krankenhaus fahren. Doch der Arzt meinte, die Finger seien zu zerfetzt, als dass man sie retten könnte. Zwei Tage später war er wieder auf dem Dach und klopfte Schindeln ein. Wenn er heute von Fremden nach den fehlenden Fingern gefragt wird, erzählt er ihnen von dem Krokodil, das entkommen sei: »Ihr denkt, *ich* hätte gelitten? Da hättet ihr mal das Krokodil sehen sollen.«

1980 ergatterte Pasquale eine Stelle als Geophysiker in einem Forschungslabor der Firma Amoco Oil in Denver. Also zog er mit der ganzen Familie nach Lakewood, einen Vorort von Denver. Dann lebten er und Jody sich auseinander und ließen sich scheiden.

1985 gründete er mit einem Partner zusammen das Unternehmen *Seismic Specialists*, das Öl- und Gasvorkommen in entfernten Gegenden der Welt aufspürte, unter anderem in Äthiopien. Zugleich entdeckte er für sich das Abenteuer als Nebenbeschäftigung. In jungen Jahren hatte er sich Unabhängigkeit, Selbstvertrauen, Führungsqualitäten und Liebe zur Natur angeeignet. Er hatte nie als professioneller Guide für ein Geschäftsunternehmen gearbeitet, unternahm nun aber privat Bergbesteigungen und Flussfahrten. Schon bald bestieg er die Gipfel des Himalaja und stürzte sich die größten Flüsse der Erde hinab.

Alles in Pasquales Leben führte auf den Blauen Nil zu; und inzwischen hatte er genügend Wissen und den unbändigen Wunsch, die Sache wirklich durchzuziehen.

Kapitel 6

Ich war verzückt vor Freude. Es ist leichter zu raten, als zu beschreiben, was mir in diesem Moment durch den Kopf ging, als ich an eben jenem Fleck stand, der dem Genie, Fleiß und Forschungsdrang alter und moderner Völker solche Rätsel aufgegeben hatte, und das fast 3.000 Jahre lang. Ich mag nur ein einfacher Brite sein, doch hier habe ich aus eigener Kraft über Könige und ihre Armeen triumphiert.

James Bruce of Kinnaird

Am Sonntag, den 21. Dezember 2003 fuhren Pasquale und sein Team die lange, holperige Straße zur Hochebene hinauf, auf der Sakala liegt. Die unbefestigte Straße war in den 1960er-Jahren von Haile Selassie als Zugang zu den heiligen Quellen erbaut worden, und was die Anzahl und Tiefe der Furchen betraf, suchte sie ihresgleichen. Für jemanden, der häufig in seinem Leben über eine längere Zeit hinweg Unannehmlichkeiten erdulden musste – zum Beispiel wochenlang in engen Zelten verschiedener Basislager in extremer Höhe daraufwarten, dass sich das Wetter besserte –, brennen Pasquale verhältnismäßig schnell und häufig die Sicherungen durch. Der Fahrer des Landcruisers erwies sich als langsam und nachlässig, daher riss ihm Pasquale nach der ersten Pinkelpause das Lenkrad aus der Hand. Von da an rasten sie die Straße entlang und flogen über die Risse und Schlaglöcher.

In Tillili machten sie Halt, um Bier und Proviant zu kaufen. Tillili war eines der typischen äthiopischen Dörfer, die an einer Durchgangsstraße lagen, bettelarm und voller Läden mit Wellblechdächern, schrottreifer Fahrzeuge und Kinder, die schon früh gelernt hatten, bei den Durchreisenden, vor allem Lkw-Fahrern, zu betteln. Als Pasquale und sein Team anhielten, strömte eine Schar schmutziger Kinder auf sie zu, die ihnen Erdnüsse und gebackenen Mais, Kämme und Bananen, Sandalen aus Autoreifen, Kochtöpfe und Samentütchen verkaufen wollten. Andere baten nur um Almosen. Sie waren so hartnäckig, dass sich Pasquale und die anderen kaum bewegen oder bei dem Lärm verständigen konnten.

Später am Tag erreichten sie die Gegend, die Ghion genannt wird. Im Osten erhoben sich die jadegrünen Hänge des 3.619 Meter hohen Mount Amadamit und dahinter der 4.052 Meter hohe Mount Choke. Im Norden zog sich eine Kette erloschener Vulkane weit in die Ferne. Im Westen ragte, nur etwa anderthalb Kilometer entfernt, ein stumpfer Berg namens Gishe auf. Dort quoll das Wasser aus der Erde, das später zum Blauen Nil wurde. Im Süden bahnte sich der Blaue Nil einen kurvenreichen Weg durch eine wellenförmige Landschaft.

Da es dämmerte, als sie ankamen, suchten sich die vier Männer – Pasquale, Gordon, Mike und Kurt – einen Lagerplatz in einer Senke oberhalb des heiligen Geburtsortes des Flusses, einer flachen Stelle auf einer Wiese mit kurzem Gras. Pasquales Höhenmesser zeigte 3.017 Meter an. Nicht viele *ferengis* (Ausländer) waren bisher an den abgelegenen Ort vorgedrungen, daher war die Gastfreundschaft herzlicher und devoter als unterwegs. Mehrere Familien, auch ein paar Dutzend Kinder, sammelten im trüben Abendlicht Holz und entzündeten ein großes Feuer für Pasquale und seine Mannschaft, ohne etwas dafür zu verlangen.

Die vier Männer hatten einen langen Tag hinter sich und legten sich früh schlafen. Mitten in der Nacht wachte Pasquale auf und sah etwas, das er in seiner krakeligen Schrift festhielt:

Tagebuch 1. Tag

Zwei kleine Mädchen schlafen auf dem Boden neben dem Lagerfeuer. Anscheinend sind sie angewiesen worden, bei uns zu bleiben und dafür zu sorgen, dass das Feuer die ganze Nacht lang brennt, damit wir nicht frieren. Kannst du dir vorstellen, zwei deiner jüngsten Töchter bei Fremden zu lassen, damit sie sich um ein Feuer kümmern? Was für eine Unschuld und Höflichkeit!

Die Männer brannten darauf, aufzubrechen. Am nächsten Morgen – Montag, den 22. Dezember – gab es zum Frühstück daher nur eine Banane und einen schnellen Kaffee – außer für Mike, dessen Magen Probleme bereitete. Er hatte seit drei Tagen nichts gegessen.

Sie wanderten einen knappen Kilometer bis zum Dorf, um dort Träger für die Strecke von der Quelle bis zum Tanasee zu engagieren. Bei dieser Gelegenheit besuchten sie die Kirchen St. Michael und Abuna Zera Baruk aus dem 17. Jahrhundert und trafen den ehrwürdigen Hohepriester Mergeta (Heiliger Lehrer) Berhane Tsegaye. Er verlangte die Zahlung von 1.000 Birr, damit sie die Quellen besuchen durften, die unter der Hoheit der Kirche standen, wie er ihnen versicherte. Pasquale bot im Gegenzug 100 Birr an. Mergata breitete seinen Talar aus und schüttelte den Kopf. Pasquale bot 200 Birr an, Mergata schüttelte erneut den Kopf und erwiderte: »Wissen Sie, die Dreifaltigkeit bestand aus dreien.« Pasquale verstand den Wink und bot 300 Birr, die der Priester annahm. »Ich bin hier der Verantwortliche, und Sie können die Quellen jetzt besuchen.«

Im Glauben, ihre Schuld abgegolten zu haben, machten sie sich auf den Weg durch das Riedgras, eine dünne Linie aus Schilf und Binsen bis zur Quelle hinauf. Das Wasser entsprang in einem schilfbedeckten, mit Felsen und Holz eingezäunten Sumpf und wurde durch ein dünnes, rostiges Metallrohr in eine kleine Steinhütte geleitet. Von da aus rieselte es in ein Taufbecken. Pilger in weißen und grünen Gewändern, die gekommen waren, um Heilung, Segnung oder Wohlstand zu erlangen, schlenderten umher und warteten auf die mittäglichen Waschungen.

Als Pasquale sich bückte, um durch die niedrige Holztür einzutreten, hörte er, wie das Wasser drinnen im Becken plätscherte. Außerdem hörte er ein anderes Geräusch, rau und tief: »*Yellum! Yellum!* (Nein! Nein!)« Ein Mann in zerlumpter Uniform lief brüllend auf die Amerikaner zu und schwenkte eine Bibel als Waffe. Er schob Pasquale beiseite und verlangte Eintrittsgeld.

»Aber wir haben schon beim Hohepriester bezahlt«, wandte Pasquale ein.

»Können Sie das beweisen?«

Pasquale war das Diskutieren leid und zahlte weitere 200 Birr. Diesmal bat er um eine Quittung. Als er sich dann wieder bücken und eintreten wollte, hielt ihn der Wächter am Arm fest und fragte ihn, ob er auch rein sei.

»Klar bin ich rein«, antwortete Pasquale. »Was genau soll das heißen?«

»Haben Sie heute schon etwas gegessen?«

»Hm, eine Banane zum Frühstück.«

»Dann sind Sie nicht rein. Sie dürfen nicht eintreten.«

»Das ist nicht Ihr Ernst, oder?«

»Wenn Sie das *tabal*, das heilige Wasser, berühren und nicht rein sind, werden Sie sterben.«

»Ich hab heute Morgen nichts gegessen«, meldete sich Mike zu Wort. »Ich hab schon seit Tagen nichts gegessen.«

Der Wachmann ließ Mike vorbei. Pasquale gab Mike eine gelbe Kunststoff-Flasche und bat ihn, ein bisschen *tabal* einzufüllen. Mike bückte sich und trat ein. Er füllte das klare Wasser in die Flasche, als wäre es ein Flaschengeist, und spritzte sich ein paar Tropfen über den Kopf. Dann ging er wieder nach draußen und überreichte Pasquale die volle Flasche. Pasquale umwickelte sie fest mit Klebeband, damit sie nicht auslief und nicht jemand versehentlich daraus trank. Mit einem Kuli schrieb er auf das silberne Band »Heiliges Wasser aus der Quelle von Gish Abay« und steckte die Flasche in seinen Rucksack. Er wollte das heilige Quellwasser den ganzen Nil hinunter bis nach Ägypten und zum Mittelmeer tragen.

Pasquale setzte sich den Rucksack auf und stellte sich mit gespreizten Beinen über den kleinen Bach, der ebenso ungeduldig und gespannt auf die Reise zu sein schien wie er. »Auf geht's!«, rief er. Doch Mike Prosser erklärte, dass er die anderen nicht auf der Wanderung entlang des Flusses begleiten würde. »Was soll das heißen?«, fragte Pasquale sichtlich enttäuscht.

»Ich kann nicht so weit gehen«, antwortete Mike und stieg in den Landcruiser. Er wollte die anderen am südlichen Ufer vom Tanasee treffen, wo sie mit dem Raften beginnen würden.

Inzwischen mühte sich Gordon mit seinem Rucksack ab, der mit einer Kamera, persönlichen Dingen, einer Hängematte, einem Wasserfilter, ein paar Töpfen, Büchern und weiteren Gegenständen voll gestopft war. Er wog 36 Kilo. Pasquale schlug ihm vor, das schwere Gepäck von Trägern tragen zu lassen, aber Gordon schnaufte:»Niemand trägt mein Zeug außer mir selbst«; und klinkte seine Brustgurte ein. Dabei musste er sich so weit vorbeugen, dass er fast umkippte. Pasquale zögerte und zweifelte einen Moment lang an Gordons Urteilsfähigkeit. Es war einfach nicht ratsam, auf einer größeren Expedition schon so früh und so lange ein so schweres Gewicht zu tragen. Pasquale hätte das nicht geschafft, dabei war er körperlich topfit, wenn auch einige Jahre älter. Aber vielleicht war Gordon ja kräftiger, als er aussah.

Um 10.23 Uhr setzten Pasquale, Gordon und Kurt die ersten Schritte den kleinen Graben hinunter, durch den ein winziger Bach mit grün schimmernden Rändern plätscherte. Nach monatelanger Planung, Vorbereitung und Organisation war das hier offiziell der erste Tag ihrer Expedition. Man konnte sich nur schwer vorstellen, dass das Wasser des niedlichen Bächleins nur ein Stück weiter flussabwärts eine der tiefsten Schluchten der Welt geschaffen hatte und dass es für das Leben und die Zivilisation im weit entfernten Ägypten verantwortlich war. Zuerst wanderten sie in nordöstlicher, dann westlicher Richtung, immer entlang des gewundenen Bachs, und sprangen alle paar Meter über das kressebewachsene Quellgewässer. Sie durchquerten ein Tal voller Gänseblümchen, Weiden und anderer Laubbäume, das von grünen Bergen eingerahmt war. Dunkle Rinder mit geschwungenen Hörnern weideten am Wasser; Frauen in weißen Kleidern wuschen Wäsche. Nichts schien sich seit dem 18. Jahrhundert verändert zu haben, als James Bruce das Tal durchwandert hatte.

Ungefähr anderthalb Kilometer weiter flussabwärts ließ Gordon mit einem dumpfen Aufprall seinen Rucksack fallen. Selbst für jemanden mit einem Stierrücken war er zu schwer. Sie stellten zwei weitere Träger an, teilten Gordons Gepäck auf und setzten den Weg fort.

Später am Tag begann es heftig zu regnen, und sie steckten die Köpfe in ein kreisrundes Haus aus mit Lehm ausgefüllten Flechtwerk. Es hatte ein hohes, wie ein Bienenkorb geformtes Dach. Drinnen wurde das dunkle Strohdach von vier dicken Holzpfeilern getragen. Der hintere Teil war mit gespanntem Sackleinen abgetrennt, von Zeit zu Zeit lugte ein schüchternes Kind dahinter hervor. Holzschemel, Kürbisflaschen und große Tonschalen lagen auf dem Boden. Eine Frau hockte vor einer steinernen Feuerstelle und kochte *buna* (Kaffee) über einem fladenförmigen Dungfeuer. Sie winkte die Fremden herein, und sie nahmen auf dem harten Lehmboden Platz.

Sie wuschen sich zeremoniell die Hände, als die Frau Wasser darüber in eine Schüssel goss. Auf ihrer Stirn und ihren Wangen, an auffälliger Stelle also, hatte sie sich koptische Kreuze eintätowieren lassen. Die Frau griff in einen grob gehauenen Schrank und holte mehrere winzige Tassen heraus, die sie mit frischem Kaffee füllte. Pasquale setzte seine an die mit Blasen bedeckten Lippen. Die Männer hatten großen Durst. Kurt nahm einen Schluck und spuckte ihn sofort wieder aus. Der Kaffee war stark gesalzen, was nach äthiopischem Geschmack das Kaffeearoma verstärkt.

Das Familienoberhaupt war eine fröhliche Seele namens Taruna Falade. Er hatte ein langes, ovales Gesicht. Pasquale fand ihn sympathisch und fragte ihn, ob er in den nächsten Tagen ihr Führer sein wolle. Doch Taruna scheute sich davor, fand es zu gefährlich und wollte sie für kein Geld der Welt begleiten.

Also machten sie sich nach der Kaffeepause und vielen herzlichen Dankeschön wieder auf den Weg. Die Vegetation wurde immer spärlicher. Jetzt wuchsen nur noch ein paar Eukalyptusbäume; die in den 1920er-Jahren als billiges Brenn- und Baumaterial in Äthiopien eingeführt worden waren. Wenige Minuten später tauchte Taruna mit einem Lederreisekorb voller *injera* (ein säuerliches Fladenbrot) hinter ihnen auf und teilte ihnen mit, dass er es sich anders überlegt hatte sie führen wollte. Er wolle nicht, dass die Hyänen seine neuen Freunde erwischten.

Sie wanderten, bis die Dämmerung einsetzte und der Fluss im Zwielicht aufleuchtete. Bald suchten sie das Ufer nach Brennholz ab, um mit einem Feuer die wilden Tiere zu vertreiben, fanden jedoch keines. Inzwischen waren sie in einer fast völlig entwaldeten Gegend angelangt. Ein Jahrhundert früher war Äthiopien noch zu 40 Prozent von Bäumen bedeckt; heute sind es noch vier Prozent.

Sie beschlossen, noch ein paar Kilometer weiterzugehen, um einen bestimmten Lagerplatz am Flussufer zu erreichen. Pasquale fragte Taruna, wie lange sie noch gehen mussten, da es schnell dunkel wurde.

»Ungefähr eine Viertelstunde«, war Tarunas Antwort.

Eine Dreiviertelstunde später war es vollkommen dunkel, eine finstere, mondlose Nacht. Sie hatten nur eine einzige Stirnlampe dabei. Bald stießen sie auf eine drei Meter hohe, wackelige Brücke, die über einen Zufluss des Gilgel Abay führte. Es war dunkel, die Brücke war schlammbedeckt und glitschig. Kurt rutschte aus und fiel fast in den reißenden Fluss.

»Das hat doch keinen Sinn, Pasquale«, beschwerte er sich. »Die Expedition hat noch nicht mal richtig angefangen. Wenn einer von uns in den Fluss fällt, ist sie schon vorbei.«

Direkt hinter dem Dorf Asakwa Bur beschloss Pasquale, das Lager aufzuschlagen. Noch immer regnete es in Strömen. Kurt hatte Hüftschmerzen, und alle fühlten sich wie erschlagen. Sie waren über 22 Kilometer am Nil entlanggewandert. Sie hatten zwar noch immer kein Brennholz gefunden, aber zum Teufel mit den Hyänen. Pasquale wickelte sich in eine Zeltbahn und fiel in einen tiefen Schlaf.

Als der nächste Tag, der 23. Dezember, anbrach, war das Licht trüb und milchig. Sie fanden genug Holz, um einen Tee zu kochen, und setzten den Weg flussabwärts fort. Das Flussbett war von 15 Zentimetern auf sechs Meter Breite angewachsen und schlängelte sich so sehr, dass sie die Schlaufen abkürzten, indem sie gerade Strecken gingen. Irgendwann führte Taruna sie plötzlich in südöstlicher Richtung. Als sie mehrere Stunden lang marschiert waren und den Fluss nicht zu Gesicht bekommen hatten, zog Pasquale sein GPS hervor und prüfte die Koordinaten. Offensichtlich hatten sie die falsche Richtung eingeschlagen. Pasquale fragte Taruna, warum. Er antwortete, dass er sie auf dem kürzesten Weg nach Bahir Dar, der Stadt am südlichen Ufer des Tanasees, bringen würde.

Pasquale schrie den erschrockenen Führer an, dass er nicht nach Bahir Dar gehen, sondern dem Verlauf des Flusses folgen wolle. Also machten sie kehrt und gingen den Weg zurück. Als sie endlich den Fluss wieder sahen, bluteten Pasquales wunde Füße. Kurt hatte Schmerzen, litt unter der Hitze und schleppte sich mit Müh und Not vorwärts. Taruna gab Kurt seinen Schirm gegen die Sonne.

An einer kleinen Holzbrücke wurden sie von der örtlichen Miliz angehalten, die sie nur durchlassen wollte, wenn sie Genehmigungen vorlegen könnten. Pasquale zog einen zerknitterten roten äthiopischen Ausweis hervor, den er 13 Jahre zuvor erhalten hatte, als er im Land nach Öl- und Gasvorkommen gesucht hatte. Er zeigte ihn blitzschnell vor, steckte ihnen mit einem umwerfenden Lächeln 50 Birr zu, und sie wurden weitergewunken.

Da sie keinen Proviant mehr hatten, pflückten sie zu Mittag Zuckerrohr und stolperten weiter. Ihr Ziel war die Piccolo-Abay-Brücke, die erste Straßenbrücke über den Blauen Nil. Dort wartete Mike Speaks mit zwei Kajaks auf sie: mit Gordons butterfarbenem, 2,40 Meter langem Eskimo-Salto-Kajak und mit einem Schlauchkajak von Aire.

Den Fluss zu ihrer Linken, stapften sie weiter, doch bei Einbruch der Dunkelheit waren sie noch immer acht Kilometer Luftlinie von der Brücke entfernt. Und dann verloren sie den Fluss. Ein alter Viehhirte bot ihnen an, sie gegen Bezahlung zur Brücke zu führen. Pasquale bezahlte ihn widerwillig – hier schienen alle auf sein Geld angewiesen zu sein. Gegen zehn Uhr abends erreichten sie den Jamma, einen großen, von rechts kommenden Nebenfluss. Er war pechschwarz, und als sie hindurchwateten, blieben sie vor Schreck über ein Geräusch wie angewurzelt stehen. Es klang wie das Klagen von Geistern. Zitternd standen sie mitten im Fluss auf einem Felsen und sahen zu, wie eine schreiende Eselherde mit Kaffeesäcken im Dunkeln an ihnen vorbeitrabte.

Kurz vor Mitternacht erreichten sie die Piccolo-Abay-Brücke, wo der alte, verlässliche Speaks sie mit einem Feuer, kaltem Bier, Pasta zum Abendessen und den Kajaks erwartete. Nachdem sie alles gierig hinuntergeschlungen hatten, ging Speaks zum Landcruiser, um nach Bahir Dar und von dort aus nach Hause zurückzukehren. Da sie ohnehin nur zwei Einerkajaks hatten, humpelte Kurt erleichtert zum Landcruiser. Er ließ sich nach Bahir Dar mitnehmen, von dort würden sie mit den Rafts weiterfahren.

Kapitel 7

Bogart: *Hat's Ihnen gefallen?*
Hepburn: *Was denn?*
Bogart: *Über die Stromschnellen zu hopsen.*
Hepburn: *Das hätte ich mir nicht träumen lassen ...*
Bogart: *Ich kann absolut verstehen, wenn Sie ein bisschen Angst bekommen haben. Bis jetzt hat jeder Mensch Angst bekommen, wenn er das noch nicht mitbekommen hat.*
Hepburn: *Ich hätte mir nicht träumen lassen, dass eine große Gefahr ein so wunderbares Erlebnis sein kann!*

Aus dem Film African Queen, USA 1951

An Heiligabend schoben sich Pasquale und Gordon morgens mit ihren schmalen Kajaks stromabwärts. Sie fuhren ein paar kleine Stromschnellen hinunter, zogen sich mühselig durch Untiefen und zerkratzten die Kajakböden an den spitzen Lavafelsen. Nach etwa drei Kilometern fuhr Gordon ans Ufer und verkündete: »Wir können nicht weiterfahren. Ich mache mir an den Felsen den ganzen Kajak kaputt.«

»Wir können uns aber nicht trennen«, gab Pasquale vom Fluss aus zurück. »Steig wieder ein ... Der Fluss wird gleich größer, das Wasser von vielen Nebenflüssen kommt dazu.« Widerwillig setzte sich Gordon wieder ins Boot. Tatsächlich nahm die Wassermasse nach ein paar weiteren Kurven zu, und fast war es, als glitten sie einen richtigen Fluss voller Stromschnellen hinunter. Schließlich wussten sie, dass der Gilgel Abay auf den ersten 56 Kilometern

834 Meter abfiel oder, anders gesagt, 24 Höhenmeter pro Kilometer. Im Vergleich dazu fällt der Colorado im Grand Canyon nur 3,6 Meter pro Kilometer.

Eine größere Herausforderung erwartete sie am Nachmittag, als sie an eine Stromschnelle kamen, die stufenweise auf einen natürlichen Trichter zufloss und in einer weißen Gischtwolke zwischen zwei Felsen verschwand. Nachdem sie die Örtlichkeit in Augenschein genommen hatten, meinte Pasquale, dass nur ein Verrückter versuchen würde, sie hinunterzufahren. Prompt paddelte Gordon hinein und meisterte die Stromschnelle der Kategorie fünf mit Leichtigkeit. Danach kletterte er zurück und half Pasquale, seinen Schlauchkajak umzutragen. Sie tauften die Stromschnelle Gordito-Fälle und waren sicher, dass bisher noch niemand diesen Nilabschnitt befahren hatte. Er war einfach zu steil, zu schroff und technisch zu anspruchsvoll. Es sei denn, man war wirklich kaltblütig – wie Gordon Brown.

Am Abend kampierten sie auf einer hübschen kleinen Insel, wo Pasquale seine Blasen versorgte. Aus den Vorräten, die Mike Speaks mitgebracht hatte, bereitete Gordon ein Weihnachtsessen zu. Es gab Skippy Super Chunk Peanut Butter auf trockenen Brötchen, Sardinen, Marsriegel und Bananen. Nach dem Essen kochte Gordon Tee und brachte Pasquale eine dampfende Tasse. Während sie schweigend an ihrem Tee nippten, kramte Pasquale sein Tagebuch hervor und kritzelte ein paar Gedanken hinein.

> TAGEBUCH 3. TAG
> Endlich auf dem Fluss. Schön, mit Gordon zusammen zu sein.
> Guter Kamerad. Man kann prima mit ihm auskommen.

Als sie spülten und aufräumten, schwammen ein paar Kinder zur Insel herüber. Pasquale verscheuchte sie; er wollte Heiligabend ein wenig Ruhe haben. Doch dann schwamm ein junger Mann mit einer kleinen Axt auf der Schulter herbei. Er hatte O-Beine, und seine bloßen Füße waren breit wie Teller und voller verhärteter Schwielen. Pasquale fragte ihn, ob er etwas Brennholz hacken würde, und der junge Mann sammelte Treibholz und zerkleinerte es für sie. Pasquale gab ihm ein paar Birr, und er schwamm wieder fort.

Kurz darauf kehrte er zurück. Diesmal hatte er drei Eier und eine Kürbisflasche mit Milch dabei. Pasquale wurde wütend. Es war Heiligabend. Er hatte es satt, ständig bedrängt zu werden. Überall in Äthiopien, überall in Ägypten – wohin er sich in den letzten zwei Monaten auch gewandt hatte, immer hatte jemand versucht, ihm etwas zu verkaufen, ihn anzubetteln oder sonst irgendwie an sein Geld zu kommen. Genervt scheuchte er den jungen Mann fort.

Als Pasquale dann aber im Schlafsack lag, zu den Sternen hochsah und dem Gequake der Frösche lauschte, konnte er nicht einschlafen und bekam ein schlechtes Gewissen. Sie waren weit entfernt von jedweder Siedlung, von Dörfern und Straßen, in einer abgelegenen Gegend. Niemand hatte hier schon einmal einen weißhäutigen Menschen gesehen. Also hatte ihn der junge Mann vielleicht gar nicht bedrängen, sondern ihm ein Geschenk machen wollen. Pasquale fühlte sich elend. Zum ersten Mal auf der Reise kam es ihm so vor, als hätte er etwas vermasselt und das Falsche getan. Er hatte zugelassen, dass er vor Erschöpfung und Frust einen anderen Menschen angeschrien hatte. Dabei hatte er sich immer etwas darauf eingebildet, alle Leute mit Würde und Respekt zu behandeln. Das war fast der schlimmste Heiligabend, den er je erlebte, dachte er.

Im Morgengrauen zündete Pasquale das Feuer wieder an, das ihr freundlicher Besucher vom Vorabend aufgeschichtet hatte, und kochte Kaffee. Da trat der junge Mann aus dem morgendlichen Dunst. Zögernd blieb er am Lagerrand stehen, doch diesmal winkte

Pasquale ihn lächelnd her. Der junge Mann reichte ihm die drei Eier und die Kuhmilch, die Pasquale mit Freuden trank. Sie war gut – sahnig und frisch. Er kochte die Eier und bot seinem Gast eine Tasse Kaffee an. Sie tauschten auf Amharisch ein paar Nettigkeiten aus, bis der junge Mann sich erhob und gehen wollte. Pasquale umarmte ihn, reichte ihm die Hand und bot ihm 100 Birr an, die der Besucher mit einer leichten Verbeugung ablehnte. Dann verschwand er und wurde nicht mehr gesehen.

Das war wirklich ein sehr schöner Weihnachtsmorgen, dachte Pasquale.

Es war außerdem ein ruhiger Weihnachtsmorgen. Ohne großes Aufheben beluden sie ihre Boote und fingen an zu paddeln. Ungefähr drei Kilometer weiter flussabwärts hörte Pasquale plötzlich das Summen eines Moskitos. Merkwürdig, dachte er. So hoch oben kann es eigentlich keine Moskitos geben. Er drehte sich um und schlug nach der vermeintlichen Mücke, doch das Geräusch kam immer näher. Die Grünen Meerkatzen am Ufer kreischten und stoben auseinander, und um die Kurve flog ein einmotoriger Hubschrauber. Über Pasquale und Gordon blieb er stehen. Pasquale zog das Funkgerät aus dem wasserdichten Rucksack und schaltete es ein. »Fahrt rechts ran. Fahrt rechts ran!«, sagte eine Stimme. »Ich komme, um euch abzuholen.« Pasquale erkannte Jack Tankard, den fröhlichen, zerzausten Kameramann für Luftaufnahmen vom Hauptdreh.

»Wir wollen nicht abgeholt werden«, brüllte Pasquale ins Funkgerät.

»Ihr müsst aber. Wir brauchen noch ein paar Pick-up-Shots. Fahrt rechts ran.«

Jack war ein Gleichgesinnter. Er hatte überall auf der Welt Filme gedreht, und trotz seiner 56 Jahre leuchteten seine lustigen hellblauen Augen auf, wenn er unbekannte Orte entdeckte und neue Schauplätze filmen durfte. Pasquale schätzte ihn sehr. Also steuerte er das Boot ans Ufer, und Gordon folgte ihm.

Der Hubschrauber landete in einer riesigen roten Staubwolke, und Pasquale erkannte das Modell, einen französischen A-Star mit kenianischer Registrierung. Heraus stieg Simon Everett, Bruder des Schauspielers Rupert Everett und Pilot beim Dreh. Bei Pasquale schrillten die Alarmglocken, denn er wusste, das hatte nichts Gutes zu bedeuten. Während der ersten Drehtage hatte sich die Turbine in Simons Helikopter beim Anlassen festgefressen, und über Nairobi musste eine neue Turbine aus Frankreich eingeflogen werden, die in Bahir Dar eingebaut wurde. Der Zwischenfall hatte den Zeitplan für die Luftaufnahmen so sehr zurückgeworfen, dass sie nicht fertig geworden waren.

Simon brüllte Pasquale durch den Rotorenlärm zu: »Ich soll euch abholen. Ihr müsst eure Ausrüstung hier lassen und mitkommen. Die Boote könnt ihr den Einheimischen schenken.«

»Wie ich schon sagte, wir wollen nicht abgeholt werden«, brüllte Pasquale zurück. »Und schon gar nicht lassen wir etwas hier. Mit unserer Ausrüstung fahren wir noch den ganzen Nil runter. Wir sind nicht zum Filmemachen hier. Der Film ist fertig. Außerdem ist Weihnachten, verdammt noch mal.«

Simon sah verbissen aus. Jack betätigte sich als Vermittler und bot an, die Ausrüstung mit dem Hubschrauber nach Bahir Dar zu bringen und nach den Pick-up-Shots in ein paar Tagen wieder herzufliegen.

Schließlich war Pasquale einverstanden. Also ließen sie die Luft aus dem Schlauchkajak, rollten es zusammen und banden Gordons Hartschalenkajak unter dem Hubschrauber fest. Sie hoben ab und flogen zuerst flussaufwärts, um die Befahrung der Gordito-Fälle und andere spannende Szenen zu filmen. Aus der Luft sah es so aus, als würde die Zickzacklinie des Gilgel Abay das ganze Plateau zusammenhalten, dachte Pasquale, wie Narben auf der Wange eines Zigeuners.

Dann luden sie erneut alles in den Helikopter und flogen nach Bahir Dar. Dort stiegen sie in einen Hoteltransporter um und fuhren zur Stromschnelle »Springende Eidechse« hinunter, wo sie die Rafts aufpumpten und sich in gemächlichem Tempo durch ein Labyrinth üppig bewachsener Inseln treiben ließen, während Brad Ohlund vergeblich nach einem Krokodil Ausschau hielt, das er hätte filmen können.

An dem Abend nahmen sie das Weihnachtsessen – mittelmäßige Spagetti – innerhalb der rissigen, fleckigen Wände des Tana Hotels ein. Am Ufer des Tanasees, einer Stätte des frühen Christentums, gab es keine funkelnden Lichter, keine Tannenbäume, Adventskränze oder Weihnachtslieder. Pasquale saß mit Kurt und Mike zusammen und trank mit ihnen zur Feier des Tages äthiopischen Guder-Wein, der dickflüssig war wie Hustensaft und fast ebenso wohl schmeckend. Simon hockte ganz in der Nähe an der Theke und genehmigte sich die letzte Milch der frommen Denkungsart, einen Scotch on the rocks.

Irgendwann vor Mitternacht ging Pasquale in das Zimmer, wo die Expeditionsausrüstung lag, und ließ sich auf das harte Bett fallen. Der Raum war heiß und feucht, und als Pasquale langsam einschlief, schienen die Moskitos ein Weihnachtslied zu singen.

Am nächsten Morgen wachte er mit Halsschmerzen und Schnupfen auf. Am liebsten wäre er im Bett geblieben und hätte sich einen dringend benötigten Ruhetag gegönnt. Aber mehr noch wollte er die Filmverpflichtungen hinter sich bringen, damit die Expedition fortgesetzt werden konnte.

Sie verbrachten fast den ganzen Tag an den Jordi-Fällen. Pasquale und Gordon fuhren fünfmal hinunter, während der Hubschrauber über sie hinwegflitzte und die Luftaufnahmen für die IMAX-Leinwand machte. Als sie das Raft nach oben zurücktrugen, kam ein Wachposten der örtlichen Miliz auf sie zu. Pasquale befürchtete das Schlimmste, nämlich dass er Geld oder Papiere verlangen würde. Doch stattdessen reichte ihm der Mann – er hieß Demaka Ashegri und hatte einen sanften Blick – einen Wurfsack, in dem ein 20 Meter langes Sicherheitsseil lag. Sie hatten ihn im November verloren, als die Crew die Stromschnelle gefilmt hatte. Pasquale war so beeindruckt, dass er Demaka und seinen Bruder als Wachen für den Tag anstellte und sie um die Hälfte überbezahlte.

Als sie am Abend zurückkehrten, sahen sie, dass Simon seinen Hubschrauber ohne Ankündigung oder Genehmigung auf dem Dach des knarrenden, alten Tana Hotels abgestellt hatte, weil der Flughafen erst um 8 Uhr morgens aufmachte und er früh aufbrechen wollte. Simon schleppte große Plastikkannen mit Kerosin eine alte Leiter hinauf, um den Hubschrauber aufzutanken, verschüttete aber das meiste des wohlriechenden Inhalts. »Das ist doch ein Pfuscher«, sagte Pasquale zu Gordon etwas abfällig.

Am nächsten Tag sollten die letzten Luftaufnahmen gemacht werden. Beim Frühstück versicherte Simon Pasquale, wenn sie bis vier Uhr nachmittags fertig seien, würde er ihn und Gordon genau zu der Stelle am Gilgel Abay zurückbringen, an der er sie aufgelesen hatte. Er gab ihm sogar die Hand darauf.

Pasquale und Gordon wollten das Drehen schnell hinter sich bringen, also stellten sie Umtrageszenen nach, wanderten eine Nachbildung des Quellbachs entlang und fuhren noch einmal unter der ersten portugiesischen Brücke hindurch. Gegen halb drei hatten sie kein Filmmaterial mehr, und Brad verkündete, dass sie fertig seien. Pasquale fühlte sich zwar noch ein wenig schlapp, war aber erleichtert und freute sich darauf, an den Fluss und zu seinem eigentlichen Projekt zurückzukehren. Gordon und er verließen die

Schlucht, um Simon wie verabredet auf dem Landeplatz zu treffen, und Pasquale gab ihm per Funk Bescheid, dass sie gleich kämen. Simon meldete sich mit merkwürdiger Stimme und sagte nur: »Sorry, Jungs. Ich muss weg.« Und dann flog er davon wie ein Zugvogel.

Pasquale brüllte vor Wut. Er drückte immer wieder auf die Taste des Funkgeräts, doch genauso gut hätte er Rosenblätter in den Grand Canyon werfen und auf ein Echo warten können. Simon war fort.

Gordon und er rasten zum Hotel zurück und packten wütend ihre Sachen für die Rückfahrt zu der Stelle, wo sie die Expedition abgebrochen hatten. Am nächsten Tag rumpelten sie zwei Stunden lang dieselbe holprige Straße bis zur Piccolo-Abay-Brücke hinauf. Von dort aus legten sie zum zweiten Mal den Abschnitt zurück, den sie drei Tage zuvor bereits geschafft hatten.

Am Montag, den 29. 12., entdeckte Pasquale hinter einem Schleier aus Schilf und Gräsern ein zurückgewichenes Binnenmeer. Endlich paddelten sie in die sumpfige, insektenverseuchte Mündung am Südufer des Tanasees. Acht Stunden später erreichten sie in einer dichten Fliegenwolke das Tana Hotel am südlichsten Punkt des Sees.

Am 30. Dezember bekamen Kurt Hoppe und Mike Prosser schließlich das, wofür sie gekommen waren: Sie durften endlich den Blauen Nil hinunterfahren. Das Team setzte die Boote an der Betonbrücke direkt unterhalb des Sees aus, wo der Große Abay, wie er von den Einheimischen genannt wird, aus dem Tanasee fließt. Mike Prosser steuerte das eine Boot, Pasquale das andere, während Gordon das Doppelblatt-Paddel seines Kajaks wie Windmühlenflügel durch die Luft wirbelte. Ihre äthiopische Unterstützung – Alemu, Baye und Yibeltal – war ebenfalls mit von der Partie; außerdem der

Teenager Thomas, eine Aids-Waise, mit dem Mike sich in Bahir Dar angefreundet hatte. Sie fuhren den oberen Abschnitt entlang, am Nilpferdbecken vorbei und ungefähr zum zwölften Mal die Jordi-Fälle hinunter.

Abends machten sie an den Arafami-Fällen Halt. Immerhin konnte man das Ganze jetzt eine richtige Expedition nennen, und alle waren gut gelaunt. »Keine Ahnung, warum, aber ich liebe diesen Fluss«, sagte Pasquale. Wenn man versucht, der Faszination des Blauen Nils auf den Grund zu gehen, läuft man wie beim Übersetzen eines Gedichts Gefahr, dass die unerklärbare Seele des Flusses verloren geht, sein wunderschönes, gefährliches Spiel mit der Freiheit. Pasquale konnte nur sagen, dass die Anziehungskraft des Nils überwältigend war und er unaufhaltsam in seine Strudel gesogen wurde.

Silvester fuhren sie weiter den oberen Blauen Nil hinunter. Eine der großen Stromschnellen warf Mike fast aus dem Boot. Pasquale merkte, dass Mike im Raften nicht so erfahren war, wie er angenommen hatte. Dennoch war er auf ihn angewiesen: Er brauchte unbedingt zwei Rafts auf der Expedition, allein schon der Sicherheit wegen. Und in ganz Äthiopien würde er keinen anderen finden, der ein Raft steuern konnte.

Am Abend ruderten sie zu einem Lagerplatz direkt oberhalb der Tissisat-Fälle in der Nähe des Dorfes Tis Abay. Yohannes, der zu Fuß zu ihnen gestoßen war, briet ihnen als Silvesteressen eine frisch geschlachtete Ziege am Spieß. Sie entzündeten ein Lagerfeuer, und um Mitternacht tranken sie Sekt.

In jener Nacht rief mich Pasquale mit dem Satellitentelefon an und wünschte mir ein frohes neues Jahr. In seiner Stimme schwang ein Enthusiasmus mit, der über 16.000 Kilometer weit nachhallte. Pasquale hatte ein schwieriges Jahr hinter sich. Er hatte die Halbe-Jahrhundert-Marke überschritten, und ihm hatte ein genaues Ziel gefehlt. Er hatte mit dem Gedanken gespielt, um die Welt zu segeln, nach Namibia zu ziehen und dort die Ökolodge zu bewirtschaften, die er zusammen mit einem Partner besaß, oder Fotograf zu werden oder wieder ins Öl- und Gasgeschäft einzusteigen. Aber in dieser Expedition hatte er seine Bestimmung gefunden. Er freute sich auf die Aufgabe, die vor ihnen lag, eine stürmische Fahrt durch eine weglose Wildnis, die weder geografische oder historische noch soziale Grenzen kannte. Den gesamten Lauf des Blauen Nils hinunterzufahren war ein gewaltiges Vorhaben, überreich an Herausforderungen und Gefahren. Sein einziger Vorsatz für das neue Jahr bestand darin, dieses Ziel zu verwirklichen.

Kapitel 8

Wenn das oberste Ziel eines Kapitäns darin bestünde, sein Schiff zu schützen, würde er es für immer im Hafen behalten.

Thomas von Aquin

Das Glück bringt wohl ein Boot auch steuerlos zurück.

William Shakespeare, Cymbeline, Akt IV, Szene 3

Im Gegensatz zu den meisten Menschen schlief Pasquale am Neujahrstag nicht lange, und er grübelte auch nicht über die Zukunft, den Sinn des Lebens oder die Vergänglichkeit allen Seins nach. Schon im Morgengrauen klappte er seinen geschundenen Körper auseinander wie einen Liegestuhl und machte sich an die Arbeit. Dies war der erste Tag eines neuen Jahres und zugleich der erste Tag ihrer Expedition durch den gefährlichsten Abschnitt des Nils. Der Super Bowl des Raftings stand ihnen bevor.

Sie begannen damit, die Boote bis hinter Agam Dildi, die erste portugiesische Brücke, zu tragen, die ein paar 100 Meter hinter den Tissisat-Fällen stand. Gordon allerdings trug sein kleines Boot hinter den riesigen Wasserfall und setzte es direkt vor dem breiten, rauschenden Wasservorhang in den Fluss. Er paddelte ein paar Meter weit, stieg wieder aus und seilte sich und sein Boot über einen siebeneinhalb Meter tieferen, kleineren Wasserfall ab. Als Nächstes fuhr er die Kategorie-fünf-Stromschnellen zwischen dem Wasserfall und der Brücke hinunter, eine Strecke aus schierem weißem Wahnsinn, die kein vernünftiger Fahrer jemals in Erwägung ziehen würde. Doch Gordon gefiel Pasquales Vorstellung einer »kompromisslosen« Befahrung. Er war schon früher mit dem Kajak zum Rand des 36 Meter tiefen Abgrunds des großen Wasserfalls gefahren und hatte sich dort abgeseilt. Jetzt fehlte ihm nur noch das letzte Stück. Ohne fahrende Kameras und jubelnde Zuschauer fuhr er einen der beeindruckendsten Wildwasserabschnitte der Welt hinunter, wo der 800 Meter breite Blaue Nil sich auf die Breite eines Lkws zusammenzwängt.

Wieder vereint, steuerte die Flottille weiter flussabwärts und kam am Zuflussrohr der Wasserableitungsanlage vorbei. Ihr Nachtlager schlugen sie auf einer parkähnlichen grünen Wiese auf. Als der Tagesstress abfiel, erschien Solomon und zerrte eine Ziege ins Lager, an den Vorderbeinen wie eine Schubkarre. Er schnitt ihr die Kehle durch und zerteilte sie in kleinere Stücke, die Yohannes dann am Spieß briet. Kaum zog der Rauch durchs Lager, waren Rufe zu hören. Am anderen Ufer tauchte eine schnatternde Schar zerlumpter Kinder auf. Sie waren dürr wie Windhunde und sahen aus wie die Lost Boys. Pasquale sprang in sein Schlauchboot, ruderte hinüber, zählte 50 Birr ab und gab sie den Kindern. Dann forderte er sie heraus: Wenn sie bis sieben Uhr Bier besorgen könnten, würde er es ihnen zu einem hohen Preis abkaufen. Das war eine schwierige Aufgabe, denn das nächste Dorf lag acht Kilometer flussaufwärts.

Um sieben Uhr waren die Kinder nirgendwo zu sehen. Um halb acht rechnete Pasquale nicht mehr mit ihnen. Um acht nagten die Männer gerade an den letzten Ziegenknochen, als die *lost boys* am anderen Ufer angelaufen kamen, barfuß von Stein zu Stein. Pasquale ruderte erneut hinüber, lud sie ein und brachte sie ins Lager, wo sie stolz zwölf Flaschen Bier und zwei Flaschen Guder-Wein aus ihren Jutesäcken zogen. Pasquale war so beeindruckt, dass er sie, ohne zu zögern, als Träger anstellte. So begleiteten sie die Expedition während der nächsten zwei Tage.

Allmählich wurden die seelenlosen Wände der Schlucht immer dunkler und enger, und der Fluss raste schnell wie ein Pfeil. Die Umgebung wirkte äußerst bedrohlich.

Sie waren in der gefürchteten Nördlichen Schlucht angekommen. Weil die Wände so schwarz waren, absorbierten sie die Hitze und verwandelten den Canyon in einen Ofen. Gegen Mittag fanden sie einen einzelnen schattigen Baum, einen üppigen Feigenbaum. Seine Stämme waren zu einem gordischen Knoten zusammengewachsen, und die ganze Oberfläche war von Axthieben verschandelt.

Die Männer kauerten sich in den Schatten und ließen sich Kräcker mit Thunfisch und Sardinen und danach Kräcker mit Nutella schmecken. In diesem Moment tauchte eine riesige Rinder- und Eselherde auf, umringte sie und strebte zum Wasser wie Bettler zum Geld. Es war einfach zu viel – der Gestank, die vorwärts drängenden Kühe –, daher kürzten sie die Mahlzeit ab und setzten den Weg flussabwärts fort.

An den Katzenfisch-Fällen krümmte sich der Fluss wie ein Katzenbuckel, fauchte links über einen Wasserfall, miaute in der Mitte durch einen Irrgarten und goss sich rechts wie Milch eine Schnelle der Kategorie drei hinunter. Gordon entschied sich für die rechte Seite und meisterte sie elegant. Mike Prosser folgte seinem Beispiel. Pasquale versuchte es als Letzter, kam aber von der Bahn ab und schoss wie eine Kugel durch die Stromschnelle. Er krachte gegen einen Felsen und wurde in den hinteren Teil des Boots geschleudert. Die Kinder aus der Gegend hatten vermutlich noch nie einen weißen Rafter gesehen und waren davongesprungen wie Klippspringer. Sie lugten aber hinter den Büschen hervor und sahen Pasquale zu. Er konnte ihr Lachen hören, als er auf seinen Sitz zurückkroch.

Auch Kurt tauchte völlig durchnässt aus der Stromschnelle auf. Schon bei mehreren Stromschnellen war er von Kopf bis Fuß nass geworden und davon alles andere als begeistert. Insgeheim machte er sich Sorgen, dass er sich Schistosomiasis oder Bilharziose zuziehen könnte, die gefährliche, von Schnecken übertragene Krankheit, die man sich in langsam fließenden tropischen Gewässern holen kann. Obwohl Kurt nur mit schnell fließendem Sprühwasser bespritzt worden war, war er beunruhigt.

An diesem Abend töteten sie wieder eine Ziege. »Keine Ahnung, wie viele Ziegen wir noch essen müssen«, schrieb Pasquale in sein Tagebuch. Es war nicht einfach, Schlaf zu finden, wenn einem das sehnige Ziegenfleisch wie ein Stein im Magen lag.

Am nächsten Tag gab Kurt seinen Entschluss bekannt, dass er die Expedition verlasse. Er wollte mit den Lasteseln nach Bahir Dar zurückwandern und von dort aus zuerst nach Addis Abeba, dann weiter in die Staaten fliegen. Kurt machte sich Sorgen wegen seines Vaters und dessen schlechtem Gesundheitszustand, der vielleicht eine Operation erforderlich machte. Er hatte versucht, seinen Vater per Satellitentelefon zu erreichen, doch ohne Erfolg. Pasquale war enttäuscht und sorgte sich auch ein wenig, ob Kurt sicher nach Bahir Dar zurückkam. Aus irgendeinem Grund musste er an die Geschichte von der Separation Rapid im Grand Canyon denken. Sie wurde 1869 auf John Wesley Powells erster Expedition entlang des Colorado benannt. Nachdem es mehrmals brenzlig geworden war, hatten drei Expeditionsmitglieder beschlossen, den Weg lieber zu Fuß auf der Nordseite fortzusetzen, als weiterhin das Risiko einzugehen, auf dem gefährlichen Fluss zu verunglücken. »Wenn wir so weitermachen wie bisher, werden wir sicher alle sterben«, sagte einer der Männer zu Major John Powell. Jede der beiden Gruppen war überzeugt, die vernünftigere Variante zu wählen. Doch während Powells Expedition unversehrt in die Zivilisation zurückkehrte, wurden die drei Wanderer nie wieder gesehen. Später nahm man an, dass sie von Shivwit-Indianern umgebracht worden waren. Sie hatten sie anscheinend für Bergleute gehalten, die ein paar Wochen zuvor eine Hualapai-Frau ermordet hatten.

Kurt drückte Pasquale lang und innig an sich und wünschte ihm viel Glück. Später gab er zu, dass er gedacht hatte, er würde seinen Freund vielleicht zum letzten Mal sehen. Dann wandte er dem Fluss den Rücken zu und machte sich auf den gewundenen Weg aus der Schlucht hinaus.

Ein paar Stunden später kam Pasquale der Gedanke, dass Kurt vielleicht wirklich die klügere Entscheidung getroffen hatte, denn sie hatten den »Handschuh« erreicht. Als er sich an das umgedrehte Boot klammerte und das untere Ende der Handschuh-Fälle herabstürzte, hatte er plötzlich ein Déjà-vu. Er erinnerte sich daran, wie er in kaltem Wasser an einem umgedrehten Boot gehangen hatte, die Finger in die Wasserabläufe gekrallt, und davon überzeugt gewesen war, dass direkt vor ihm ein Wasserfall lauerte.

Ich kann einfach nicht glauben, dass das noch mal passiert, dachte er. Der Unterschied bestand darin, dass er jetzt 15 Jahre älter und 15 Pfund schwerer und der Blaue Nil 15-mal reißender war.

O Mann, das bringt mich noch um. Das hier ist genau wie der Selway.

Es war im Sommer 1987.

Von Kennern als wildester Fluss der unteren 48 Staaten bezeichnet, gilt der Selway in Idaho auch als einer der schwierigsten. Auf den 76 Kilometern von der Paradise Guard Station bis zu den Selway Falls hat er 45 Stromschnellen zu bieten und ist dafür berüchtigt, Rafter zu verschlucken. Manche behaupten, Lord Grizzly würde noch sein Unwesen treiben; niemand bezweifelt jedoch, dass Klapperschlangen, Wölfe, Schwarzbären, Pumas, Dickhornschafe, Cutthroatforellen, Mücken und Moskitos hier zu Hause sind. Auch das Wetter ist berüchtigt – Schnee und Eisregen können auch im Juni fallen. Selbst Lewis und Clark, die legendären Pioniere, die als Erste Amerika von West nach Ost durchquerten, wurden hier von Angst ergriffen. Als sie 1805 die jetzige Grenze zwischen Montana und Idaho erreichten und die unwirtliche Umgebung des Selway ins Auge fassten, wandten sie sich lieber nördlich in Richtung Lolo Pass.

Im Sommer des Jahres 1987 führte der Selway reichlich Wasser. Der Lowell-Messer am Startpunkt zeigte knapp 2,30 Meter an, was einen hohen, gefährlichen Wasserstand bedeutete. Aber Pasquale hatte den Passierschein erst nach mehreren vergeblichen Versuchen bei der Jahresverlosung gewonnen und wollte ihn unbedingt nutzen. Also ging es mit ein paar Freunden und drei Rafts los. Sein Freund Kimball Gardner, ein Mormone aus Wyoming, führte das zweite und Gary Hall das dritte Boot. Sie setzten die Boote in champagnerklares Wasser. Zwei Tage lang fuhren sie spritzige Stromschnellen hinunter und schwelgten in der Schönheit des mit Kiefern bestandenen Granitcanyons.

Dann kamen sie an die Ladle Falls, die als schwierigste Stromschnellen des ganzen Flusses gelten. Sie erkundeten die Falls von allen Seiten. Diese hatten nichts von irgendeiner Logik – der Fluss umspülte einzelne Felsen, teilte sich in zwei oder drei willkürliche Richtungen und floss wieder zusammen wie bei einem Squaredance von Verrückten. Nur nach genauer Beobachtung konnte Pasquale erkennen, ob eine Passage weiterführte oder unvermittelt in eine Illusion oder einen Felsen mündete, oder schlimmer noch, in den kraterähnlichen Spalt eines Lochs. Pasquale war versucht, sich die Passage auf Papier aufzumalen, die Hydraulik zu analysieren und die Gewichtsverteilung seines Bootes aufzuschlüsseln. Doch am Ende ging er nur flussaufwärts zurück, zog seine Schwimmweste enger und stürzte sich in den Mahlstrom.

An der ersten Felskante wurde Pasquales Boot komplett unter Wasser gezogen; zwei seiner Freunde, Brenda Gallagher und Riley

Skeen, wurden aus dem Boot geschleudert. Paquale ließ die Riemen fallen, packte Brenda und zog sie in den Bug, griff nach Riley und wuchtete ihn ins Heck. Dann nahm er die Riemen und ruderte auf die rechte Flussseite, um hoffentlich vor dem nächsten großen Gefälle ans Ufer zu gelangen.

Es gelang ihm nicht, da die Strömung einfach zu reißend war. Also drehte er das Boot, hielt den Bug flussabwärts und bereitete sich darauf vor, die Löcher vorwärts anzugehen.

Doch auf einmal blieb das Raft direkt über einem Loch ruckartig stehen. Es hing fest und vibrierte wie das Seil eines Wasserskiläufers. Pasquale drehte den Kopf und sah, was los war. Riley hatte den Wurfsack mit der Sicherheitsleine zum anderen Boot hinübergeworfen, wo Kimball ihn aufgefangen und das Seil am Rahmen befestigt hatte, während Riley sein Ende an Pasquales Rahmen geknotet hatte. Das 20 Meter lange Seil war gespannt, und die Folge war ein Pendeleffekt, der Pasquales Boot gegen eine Wand schwenkte.

Das Boot krachte gegen die Wand. Das Ruder an der Wandseite drehte sich mit dem Griff nach oben und wurde gegen den Felsen gepresst. Pasquale sprang auf den Bootsschlauch an der Wand, damit das Boot nicht von der Kraft des Flusses an der Wand hochgedrückt wurde. Dank seines Gewichts und des gespannten Seils schien es zu klappen. Im selben Moment sah er, wie Kimball ein Messer schwenkte, und brüllte ihm zu: »Nicht das Seil durchschneiden!«

Kimball schnitt das Seil durch.

Das Boot kroch wie ein Affe die Wand hinauf. Riley fiel zuerst hinaus. Dann Brenda. Pasquale balancierte auf dem Schlauch und hoffte, die Bewegung des Bootes mitmachen zu können und darauf stehen zu bleiben, selbst wenn es sich umdrehen sollte.

Plötzlich schnellte das festgeklemmte Ruder zurück und schlug Pasquale auf den Kopf. Er spürte noch, wie ihm eine heiße Flüssigkeit über die Wangen rann. Dann kippte das Boot um, und alles wurde schwarz.

Pasquale klammerte sich an das äußere Seil des Boots, als es in ein riesiges Loch geschleudert wurde. Eine Weile drehte sich das Raft wie ein Korken in einem Strudel immer wieder um sich selbst, dann schoss es wieder heraus, während Pasquale sich noch immer daran festklammerte. Mit Armen und Beinen hievte er sich auf den Boden des umgedrehten Bootes. Er steckte die Finger in die Wasserabläufe und hielt sich auf den nächsten fünf Kilometern fest. Die Fahrt war so rau und wild, dass er das Gefühl hatte, die Arme würden ihm abgerissen. Es war eiskalt. Es fing an zu regnen. Schließlich wurde das Boot in ein Kehrwasser gewirbelt. Pasquale sprang mit einem Seil ans Ufer und sicherte das Raft.

Erschöpft fiel er zu Boden. Ungefähr eine halbe Stunde später tauchten die anderen Rafter auf. Riley war leichenblass; er hatte mit dem Gesicht nach unten in der Strömung getrieben und war fast ertrunken, als die anderen ihn herausfischten.

»Du siehst ziemlich übel aus, Pasquale«, stellte Kimball fest. Die Haut über Pasquales Auge hing von einer klaffenden Wunde herunter. Er konnte kaum sehen. Riley schüttete Tequila auf die Wunde und flößte Pasquale einen Schluck ein, während Gary Hall und Kimball seine Wunde nähten. Acht Stiche mit einer einfädigen Zehn-Pfund-Test-Angelschnur. Es hat eine Narbe hinterlassen, aber heute meint Pasquale, dass er mit der Narbe besser aussieht.

Kapitel 9

»Es war nur wenige Sekunden, bevor sie die nächste Stromschnelle erreichten, wie der letzte ein Abschnitt voll garstiger Felsen, brodelnder Strudel und schräg herabstürzenden grünen Wassers, wo das Auge schnell und der Verstand noch schneller sein musste, wo die Hand sicher, kraftvoll und geschickt sein musste und der Wille stark.«

Cecil S. Forester, Die »African Queen«

Jetzt, auf dem Blauen Nil, war Pasquale wieder kurz davor, in ein Riesenloch geschleudert zu werden. Nachdem er gerade auf dem umgekippten Raft durch den »Handschuh« gewirbelt war und Alemu von einem Felsen gerettet hatte, fürchtete er das Schlimmste. Doch plötzlich trug die launische Strömung das Boot auf das östliche Ufer zu. Pasquale sprang ins Wasser, griff nach der Bugleine und warf das Seil um den nächsten Felsen. Es zog sich straff, als das Raft zu stehen kam und zu vibrieren anfing wie Luft in einer Flasche, wenn man auf den Rand bläst. Alemu klammerte sich noch immer an den Boden und zitterte vor Angst. Pasquale versuchte, das Raft ans Ufer zu ziehen, doch es gelang ihm nicht. Das Wasser schlug auf die Bootsseite ein. Irgendetwas würde gleich nachgeben. Entweder rissen die D-Ringe ab, an denen die Bugleine befestigt war, oder der Druck riss Löcher in das Boot, oder das Seil riss in der Mitte durch …

In diesem Moment tauchte ein rettender Engel in Gestalt von Baye aus dem Wald auf. Er griff neben Pasquale nach dem Seil, und sie zogen zusammen. Baye war ein Bauernsohn und der einzige Äthiopier auf der Expedition, der aus einer ländlichen Region stammte, daher war er stärker und vertrauter mit der Wildnis als die anderen. Gemeinsam gelang es ihnen, das Boot ans Ufer zu ziehen, wo sie es auf die richtige Seite drehten und festmachten.

Erst jetzt begriff Pasquale, wie nahe er an einer Katastrophe vorbeigeschlittert war. Das war eine der größten Dummheiten, die er je gemacht hatte – jemanden hinter einem Boot in den Fluss springen zu lassen, ohne zu wissen, wie gut er schwimmen konnte, sondern einfach davon auszugehen, dass er es konnte ... und dann hinterherzuspringen. Er hätte das Boot einfach loslassen sollen.

Doch er wusste auch, dass man aus Fehlern lernt. Aus guten Erfahrungen lernt man nichts. Alles ist Versuch und Irrtum. Wer nie einen Fehler gemacht hat, kann kein guter Anführer sein.

Er fragte sich, warum er das alles zugelassen und was ihn zu diesen Entscheidungen getrieben hatte. Zuerst einmal war das Funkgerät nicht in Ordnung gewesen. Er hätte sich nie auf das Funkgerät allein verlassen dürfen, ohne sich zu vergewissern, ob es auch richtig funktionierte. Er hätte einen Plan für solche Geräteausfälle aufstellen müssen, mit dem man brenzlige Situationen vermeiden konnte.

Das Erlebnis rief in Pasquale lauter Erinnerungen wach, nicht nur an den Selway. Es gab noch eine schlimmere: an den Alsek in Alaska. Sie verfolgte ihn noch immer.

Es war im Sommer 1993. Pasquale organisierte eine Expedition entlang des Alsek, eines der größten und reißendsten Flüsse im westlichen Kanada und in Alaska, der durch den Wrangell-St.-Elias-Nationalpark floss. Er lud seine zukünftige Frau Kim und seinen ältesten, damals 19-jährigen Sohn Tim dazu ein. Außerdem ein paar Freunde, unter anderem Mike Rhodes, einen Kunden aus dem Geophysikbusiness und langjährigen Freund, sowie Mikes Verlobte Harriet Nicholson, die rothaarig und sehr lebhaft war und es kaum abwarten konnte, zwischen Grizzlybären zu raften. Pasquale hatte den außergewöhnlich schönen Tatshenshini, einen Nebenfluss des Alsek, viermal befahren, jedoch nie den Alsek selbst, der noch spektakulärer sein sollte.

Sie flogen nach Haines in Alaska, Sitz des Reiseveranstalters Sobek, der auf vielen wilden Flüssen Alaskas erste Expeditionen organisiert hatte. Pasquale traf dort einen älteren Guide, der mit der Hand eine detaillierte Karte zeichnete, die Pasquales topografische Karten ergänzen sollte. Der Guide erklärte ihm, dass die einzige Stromschnelle, die Anlass zur Sorge gab, Lava North hieß, der Kategorie vier bis fünf zuzuordnen war und Riesenlöcher aufwies. Er markierte sie auf allen Karten. Der Guide versicherte Pasquale, dass er sie von weitem sehen würde, weil das Wasser dort in die Luft schoss wie Flammen, und dann sollte er ans rechte Ufer fahren und die Gegebenheiten erkunden. Die Stromschnelle sei befahrbar, aber man müsse die Passage vom Ufer aus festlegen.

In Pasquales Boot saßen Kim, Mike sowie Harriet, die keine Erfahrung mit Wildwasser hatte, aber bereit für ein Abenteuer war. Pasquale ruderte das erste Boot, und sein Sohn, der schon mehrere Flüsse in Colorado befahren hatte, folgte ihm. Ein drittes Boot wurde von seinem alten Kumpel Kimball Gardner geführt, der ihn auf dem Selway genäht hatte.

Kimball machte sich Sorgen wegen der Bären und hatte einen brandneuen Revolver eingeschmuggelt. Es war eine 488er-Magnum, Spezialanfertigung, ein Ding, das Dirty Harrys 357er-Magnum wie eine Spielzeugpistole aussehen ließ.

Nicht registrierte Handfeuerwaffen sind in Kanada nicht zugelassen. Es ist illegal, Waffen oder Alkohol über die Grenze zu bringen. Aber am Alsek gibt es viele Bären. Im Einzugsgebiet dieses

Flusses leben mehr Grizzlybären als sonst irgendwo auf der Welt. Als Pasquale und seine Crew also zum Alsek-Startpunkt im Kluane-Nationalpark im Yukon-Territorium fuhren, versteckten sie bei der Grenzüberquerung zwei Gewehre, die Magnum und ein paar Flaschen Yukon Jack unter den wasserdichten Kisten.

Am Startpunkt heuerten sie ein paar Einheimische an, die die Trucks nach Haines zurückfahren sollten. Kimball musste ihnen unbedingt seine neue Magnum vorführen. Was sie nicht wussten, war, dass der kanadische Truckfahrer nach ihrer Abfahrt zu dem nächsten öffentlichen Telefon fuhr und die Polizei anrief.

Die Fahrt war herrlich. Sie trieben durch das größte nicht polare Gletschersystem der Welt: In dieser Region des südöstlichen Alaska gibt es mehr Eis als in der gesamten Brookskette über dem nördlichen Polarkreis. Sie kamen am Mount Kennedy und Mount Fairweather vorbei und glitten dann in eine von Eisbergen übersäte Binnenbucht. Sie rutschten und schoben sich durch ein Labyrinth aus schimmerndem Treibeis, riesigen spitzen Vielecken, die sich langsam in der Strömung drehten und wie Diamanten glitzerten.

Plötzlich tauchte ein Hubschrauber hinter dem Gletscher auf und kreiste tief über den Booten. Eine dröhnende Stimme befahl ihnen, ans Ufer zu fahren.

Der Hubschrauber landete, und drei Beamte der Royal Canadian Police sprangen mit gezogenen Pistolen und angelegten Gewehren heraus. Der Anführer kam mit energischen Schritten herüber und verkündete: »Wir müssen Ihre Boote überprüfen.«

Sie lasen den Raftern ihre Rechte vor, erklärten, sie hätten eine unter Eid geleistete Aussage, dass sich unregistrierte Schusswaffen auf den Booten befänden, und präsentierten einen Durchsuchungsbefehl. Kimball, der noch im Boot saß, ließ seinen Revolver heimlich vom Heck aus ins Wasser fallen.

Kim saß in Pasquales Boot und hielt die Karten für die Route. Als sie aufgefordert wurde, den Polizisten Rede und Antwort zu stehen, legte sie die Karten auf den Sitz.

Die Polizisten durchsuchten die Boote und fanden die zwei Gewehre. Sie wollten wissen, wo der Revolver war. Kimball antwortete: »Wir haben keinen Revolver.«

»Wir wissen, dass Sie einen haben. Es gibt einen Zeugen. Wenn Sie die Waffe verstecken und wir sie finden, landen Sie im Gefängnis. Machen Sie Platz, ja?«

Sie durchsuchten die Boote erneut von vorn bis hinten und prüften jede Tasche und jede Naht. Schließlich gaben sie auf, schrieben eine Vorladung fürs Gericht und stiegen in den Hubschrauber. Gewehre und Alkohol wurden beschlagnahmt. Als die Rotoren sich zu drehen begannen, entstand ein solcher Wind, dass die Karten aus Pasquales Boot in den Fluss geweht wurden, wo sie schnell davontrieben.

Als der Hubschrauber außer Sicht war, zog Kimball seine Magnum aus dem Wasser. Pasquale war wütend, weil sie das Weatherby-Gewehr verloren hatten. Was ihn jedoch noch viel mehr aufregte, war der Verlust der Karten. Auf ihnen war alles Wichtige für die Expedition eingezeichnet gewesen, von den Lagerplätzen über die Wanderwege und Umtragestellen bis zu den gefährlichen Stromschnellen namens Lava North.

Sie setzten ihren Weg ohne Karten fort. Pasquale zermarterte sich das Hirn, um sich an die markierten Orte zu erinnern. Er wies die beiden anderen Bootsführer an, aus Sicherheitsgründen hinter ihm zu bleiben, da sie nun alles vorher erkunden mussten.

Am nächsten Tag wurde das Wasser schneller und fast unmerklich immer aufgewühlter; auf der Oberfläche erschienen winzige Wirbel, die aussahen wie mit einer Feder gemalt. Dann wurden es immer mehr, und sie reichten tiefer ins Wasser. Hinter einer Kurve sah Pasquale schließlich Sprühwasser einer Stromschnelle am Horizont. *Das ist sie*, dachte er. Sofort rief er den anderen Bootsführern zu, dass sie ans rechte Ufer fahren sollten.

Als er noch gegen die starke Strömung ankämpfte, drehte er den Kopf flussaufwärts und sah seinen Sohn Tim mitten auf dem Fluss auf die Stromschnelle zutreiben. »Fahr rechts rüber!«, brüllte Pasquale. Und Tim brüllte zurück: »Ich kann nicht! Die Strömung ist zu stark!«

Schweißperlen traten Pasquale auf die Stirn. Auf keinen Fall wollte er, dass sein Sohn auf dem eiskalten Fluss in eine riesige Stromschnelle gespült wurde, ohne dass ein Rettungsboot in der Nähe war. Also schwenkte er sein eigenes Raft herum und fuhr auf die Flussmitte und Tim zu. Dadurch wurde er jedoch an der schlimmsten Stelle in die Stromschnelle getrieben und rutschte in das größte Loch, das er je gesehen hatte. »Festhalten!«, schrie er Kim, Mike und Harriet zu, als das Boot untertauchte, durch das Wasser gewirbelt wurde, am anderen Ende des Lochs wieder hochkam und umkippte.

Ein Kokon aus eiskaltem Wasser hüllte sie ein. Die Luft wurde Pasquale aus den Lungen gepresst, und tausend Eispickel hämmerten auf seinen Körper ein. Erst nach etwa 50 Metern gelang es ihm, auf den Boden des Rafts zu klettern. Von dort aus packte er Mike und zog ihn an Bord. Als er den Blick über den Fluss schweifen ließ, sah er Kim ans rechte Ufer robben, aber Harriet war nirgendwo zu sehen.

»Wo ist Harriet?« Sein Ruf zerriss die kalte Luft.

»Ich glaube, ich habe sie hinter uns gesehen. Ich glaube, sie ist in ein Kehrwasser gekommen«, keuchte Mike.

Im Glauben, Harriet befände sich in Sicherheit – sie trug eine Schwimmweste und war vermutlich im Kehrwasser –, zog Pasquale die Ruder aus den Dollen und benutzte sie als Paddel, um an Land zu kommen. Er setzte am Strand auf und drehte das umgekippte

Boot um, als Tim zu ihm ruderte. Er war gut durch die Stromschnelle gekommen.

»Hast du Harriet gesehen?«, fragte Pasquale.

»Nein, ich dachte, sie wäre bei euch, Dad.«

Trotzdem nahm Pasquale an, dass alles in Ordnung war. Außerdem war Kimballs Boot immer noch flussaufwärts, wo er ans Ufer gefahren war, um die Lage zu erkunden. Also richtete Pasquale das Boot auf und machte Feuer für seine zitternden Bootskollegen und für Harriet, wenn sie wieder auftauchte.

Schließlich stieß Kimballs Boot zu ihnen. Eine seltsam geformte Plane war am Bug festgemacht.

In der Plane lag Harriets Leichnam.

Als das Boot umgekippt war, war sie mit dem Kopf gegen die Ruderdolle gestoßen und hatte das Bewusstsein verloren. Kimball hatte sie gefunden, als sie mit dem Gesicht nach unten im Kehrwasser trieb.

Nach dem ersten Schock ging Pasquale die Abfolge der Ereignisse in Gedanken immer wieder durch. Es war nicht ein einziger großer Fehler gewesen, sondern eine ganze Reihe kleiner Schnitzer, die sich aufeinander getürmt und so zur Katastrophe geführt hatten. 1963 präsentierte der Meteorologe Edward Lorenz der New York Academy of Science ein Papier, in dem er behauptete, dass ein einziger Flügelschlag einer Möwe durch eine allmähliche Energiezunahme für immer das Wetter verändern könnte. Auf einer Expedition bedeuteten Einzelheiten und ihre stufenartig anwachsenden Folgen Himmel oder Hölle.

Nach Harriets Tod brauchte Pasquale zwei Jahre, bevor er wieder in ein Boot stieg.

Kapitel 10

Für die Jugend ist der Tod mehr als jenes unentdeckte Land.
Maya Angelou

Pasquale dachte über den Unfall auf dem Alsek nach, als er am Ufer des Blauen Nils hinaufkletterte und zu Gordon und den anderen zurückkehrte. Wieder einmal hatten ihn kleine, leichtsinnige Fehler an den Rand einer Katastrophe gebracht. Er schwor sich, dass das nie wieder geschehen sollte.

Gordon hatte keine Ahnung, dass etwas schief gegangen war, und wartete unbekümmert auf das Okay, damit er das nächste Raft hinunterschicken konnte. Nun aber trugen sie zusammen das zweite Raft, die IMAX-Kamera, die Filmdosen und den Rest der Ausrüstung zum unteren Ende des »Handschuhs« hinunter. Alle waren völlig erschöpft, und die Luft knisterte vor Anspannung. Sie fanden einen Platz auf einem hohen Vorsprung am Westufer und bauten wortlos das Lager auf. Die Äthiopier waren in gedrückter, stiller Stimmung, und Pasquale hatte das Gefühl, dass sie verstimmt waren, weil er sie einer solchen Gefahr ausgesetzt hatte. Vielleicht machten sie sich auch Sorgen wegen der Gefahren, die ihnen noch bevorstanden.

Pasquale war ebenfalls nervös. Auf diesem Flussabschnitt hatte es bereits eine Reihe von Todesfällen gegeben, und bisher hatte ihn keine Expedition ohne einen Zwischenfall überstanden. War der heutige Vorfall nur ein Vorgeschmack auf das Martyrium, das sie in den nächsten drei Tagen erwartete? Sie befanden sich in einer kilometertiefen Schlucht mitten im Nirgendwo, auf einer der gefährlichsten Wildwasserstrecken der Welt, und das mit einem unerfahrenen Team, das größtenteils nicht schwimmen konnte.

Vielleicht hatte Mike Speaks Recht gehabt, als er sagte, dass Menschen nicht in die Nördliche Schlucht gehörten. Vielleicht hatte Kurt recht daran getan, die Expedition zu verlassen. Das waren seine Gedanken, als er sich Mühe gab, einzuschlafen.

Das Morgenlicht weckte Pasquale auf. Sein ganzer Körper schmerzte, und sein Finger war immer noch taub. Langsam bereiteten sie alles für den Tag auf dem Fluss vor.

Vorsichtig arbeiteten sie sich flussabwärts. Die Schlucht wurde noch enger, während sie die Boote behutsam auf das eindringliche Rauschen zusteuerten, das die nächste große Stromschnelle ankündigte, die Crux hieß. Aus der Entfernung war die Gischt einer sich brechenden Welle zu erkennen, die den Anfang des Wildwassers markierte. Direkt hinter der Horizontlinie wurde der Flusslauf von einer senkrechten Wand unterbrochen und die Stromschnelle in eine scharfe, unübersichtliche Rechtskurve gelenkt.

Hier bestätigte sich die Angst, die Pasquale während der letzten Wochen gequält hatte: Sie befanden sich in einer möglicherweise ausweglosen Situation. Auf keinen Fall konnten sie aus der Schlucht herauskommen, dazu waren die Felswände zu steil. Wenn es keine Möglichkeit gab, die Stromschnelle zu überwinden, saßen sie fest. Ohne Ausweg.

Als sie am oberen Rand der Stromschnelle ans Ufer ruderten, sahen sie mit Schrecken, dass der gesamte Fluss über die Kante in eine gigantische Enge stürzte und auf der anderen Seite wieder herausschoss. Dann krachte er gegen eine schwarze Klippe am Westufer, toste in eine S-Kurve und ans Ostufer, wo er in einer neun Meter langen Unterhöhlung verschwand. Auf der anderen Seite sprudelte er wieder hervor und bildete ein gewaltiges weißes Wasserkissen, von wo aus sich der Strom weiterwälzte, bevor er, auf dem Weg zur nächsten Stromschnelle, um die Ecke verschwand.

Zu allem Übel konnte an der Stromschnelle auch nicht umgetragen werden. Auf beiden Seiten schnitten die Wände wie riesige Beile in die Strömung.

Es blieben also drei Alternativen: erstens zu versuchen, den grauenvollen Abschnitt zu befahren. Zweitens die Rafts als Geisterboote hinunterzuschicken, wie sie es mit dem Boot am »Handschuh« gemacht hatten, was beinahe zu einem Unglück geführt hatte. Mit dem Unterschied, dass die Boote dieses Mal voll beladen wären. Sie wogen jeweils 450 Kilo, und daher würde es noch schwerer sein, sie an Land zu ziehen. Und drittens könnten sie mit strategisch befestigten und gespannten Seilen versuchen, die Boote in den Mahlstrom hinunter abzuseilen, während sie sich am Rand auf spitze Felsen stellten und sich an winzige Vorsprünge in den Felswänden klammerten.

Schnell und einmütig entschieden sie, die Boote auf dem oberen Stück der Crux abzuseilen, dann hineinzuspringen und zu versuchen, über den zweiten Teil bis in die Unterhöhlung zu rudern. Pasquale würde es als Erster probieren, und falls er Erfolg hatte, würde ihm ein nervöser Mike Prosser folgen. Pasquale hatte 120 Meter einer zehn Millimeter dicken, fest gebundenen Schnur zur Verfügung, eines der belastbarsten Kletterseile, die je hergestellt worden sind, und dazu mehrere Rollen und Karabinerhaken. Mit Gordons Hilfe bastelte er ein ausgeklügeltes Sicherungssystem zusammen und verankerte es an einem hausgroßen Felsen. Gordon stand oben am Felsen und führte das lange Seil durch zwei Rollen und Karabinerhaken. Mike und die Äthiopier sollten zur Sicherheit drei weitere Seile halten. Als sie das Raft hinunterließen, fiel es in das erste Loch, tauchte unter und voller Wasser wieder auf, so dass es nun noch ein paar 100 Kilo schwerer war. Dann merkten sie, dass sie sich mit der Entfernung verschätzt hatten und das Seil nicht lang genug war. Pasquale sprang ins Boot und band zwei weitere Seile an den Rahmen, so dass es nun insgesamt sechs waren.

Dann rief Gordon. Seine Rollen und Karabinerhaken hatten sich durchgebogen und schließlich geöffnet. Zwei waren gebrochen. Das Boot rutschte in einer Wahnsinnsgeschwindigkeit den Fluss hinunter. Gordon versuchte es mit dem Seil festzuhalten, doch es zerscheuerte schnell seine Lederhandschuhe. Es roch nach verbrannter Haut, als die anderen ebenfalls zogen, so fest sie konnten. Das Boot schwenkte mit Pasquale an Bord in die Flussmitte hinaus, blieb dort aber hängen. Während der nächsten zwei Stunden zerrte die Crew das Boot mühselig ans Ufer. Es hatte die halbe Strecke der Crux hinter sich gebracht.

Sie beschlossen, das zweite Boot hinunterzulassen, es aber mit noch mehr Seilen zu sichern und näher am Ufer zu halten. Diesmal ließen sie es jeweils Zentimeter für Zentimeter an den Uferfelsen hinunter, ruhten sich einen Moment aus und machten dann weiter. Es dauerte ungefähr eine Stunde, bis sie den Liegeplatz des ersten Boots erreicht hatten. Gordon kehrte nach oben zurück, kletterte in seinen Kajak und paddelte durch eine unbekannte Wasserspalte. Auf halbem Wege kenterte er, schlug mit dem Helm gegen einen Felsen und wurde verkehrt herum weitergeschleudert. Pasquale sprang in das erste Boot, ließ sich in die Unterhöhlung hineintreiben, landete im Kissen und trieb sicher ins Kehrwasser am unteren Ende.

Jetzt war Mike an der Reihe. Er kämpfte mit aller Kraft gegen die Strömung an, verlor jedoch die Kontrolle und wurde in die Unterhöhlung gespült, wo er herumgewirbelt und seitlich wieder ausgespien wurde. Er tauchte kopfschüttelnd und mit schreckgeweiteten Augen wieder auf. Pasquale war beunruhigt. *Zwei riesige Stromschnellen und beinahe zwei Katastrophen*, dachte er.

Aber es wurde noch schlimmer. Ein bisschen weiter unterhalb machte der Fluss eine scharfe Linkskurve und stürzte sich in eine weitere Reihe steil abfallender Stromschnellen. Sie fuhren ans Ufer, und die Lage zu erkunden, und Pasquale plante eine Passage für Mike, der so unruhig war, dass er heftig zitterte.

Gordon machte mit seinem Kajak den Anfang und schoss durch die Stromschnelle, so glatt und sauber wie eine Nadel. Als er durch war, hielt er das Paddel hoch, das Blatt nach oben gerichtet – das Zeichen, dass das nächste Boot folgen konnte. Pasquale schob sich in die Strömung hinaus und rief Mike zu: »Komm mir nach!«

Pasquale rutschte in die Stromschnelle – und kam nicht weit. Wassermassen krachten über das Boot, doch es gelang ihm, es gerade zu halten und nach einer Pause hindurchzusteuern. »Wow. Größer, als ich dachte«, wollte er Mike zu verstehen geben, als er sich zu ihm umdrehte, um seinen Start zu verfolgen. Mike verpasste sein Ziel und geriet seitlich in einen Wirbel. Pasquale sah zu, wie sich das Raft hochkant auf den Schlauch stellte und einen Moment lang zu überlegen schien, auf welche Seite es fallen sollte.

Schließlich fiel es auf die richtige Seite zurück und wurde sofort in das Loch gesogen. Es tauchte komplett unter Wasser. Als es wieder an die Oberfläche schoss, waren nur noch Alemu und Solomon an Bord, die aufgeregt gestikulierten und aus Leibeskräften schrien.

Mike war verschwunden.

Noch mehr schlechte Erinnerungen schlichen sich aus den dunklen Winkeln seines Gedächtnisses in Pasquales Gedanken.

Im Oktober 1993, also noch im selben Jahr wie die Fahrt auf dem Alsek, nahm Pasquale mit zwölf Bergsteigern an einer Expedition auf den Pumori teil, den pyramidenförmigen Berg im Westen des Mount Everest. Mit 7.161 Metern sollte er Pasquales persönlicher Höhenrekord werden. Er ist einer der schönsten Berge der Welt und der erste Gipfel, den Trekker sehen, wenn sie sich der Khumbu-Region im Nepal nähern. Zugleich gilt er auch als der gefährlichste Berg des Himalaja. Auf dem Pumori sind mehr Menschen ums Leben gekommen als auf jedem anderen Berg in Asien.

Die Expedition wurde von Tim Brill geleitet, der Expeditionsarzt war Greg Gordon aus Santa Fe, Bergsteiger, Anfang 40. Damals war Pasquale noch der Meinung, dass man zu alt für eine Expedition wäre, wenn man die 40 überschritten hatte.

Der Aufstieg war schlecht organisiert. Das Team sprach sich nur wenig ab; Lasten wurden nicht verteilt, und einzelne Teilnehmer zogen allein los. Dennoch erreichte Pasquale nach einem tagelangen Aufstieg eines frühen Morgens bei extrem kaltem und windigem Wetter vom Camp drei aus den Gipfel. Greg Gordon war dicht hinter ihm. Danach kämpften sie sich zum Camp drei auf dem Ostsattel zurück, der den Everest mit dem Pumori verband, und verbrachten dort die Nacht.

Am nächsten Morgen zog Pasquale sich an und machte sich zum Abstieg fertig. Greg lag in seinem Schlafsack. Als Pasquale ihn wachrüttelte, schaute er zu ihm auf und sagte: »Pasquale, du musst bei mir bleiben.«

Pasquale hatte es eilig aufzubrechen. Er war vollkommen erschöpft und durchgefroren. Wenn man sich bei den Witterungsverhältnissen zu lange in einer solchen Höhe aufhielt, bedeutete das den Tod. Aber er konnte Greg nicht zurücklassen, also stellte er sein Gepäck ab und half Greg, aufzustehen und sich fertig zu machen.

Gemeinsam kletterten sie langsam den Berg hinunter und erreichten nach ein paar Stunden Camp zwei. Die anderen Teilnehmer, die vor dem Gipfel aufgegeben hatten, waren schon abgestiegen.

Sie ruhten sich aus. Greg war so erschöpft, dass er sich kaum rühren konnte. Er hatte kein Wasser und nichts mehr zu essen, also schmolz Pasquale etwas Schnee, gab ihm zu trinken und überließ ihm seine letzten Kekse.

Schließlich war Greg kräftig genug, um aufzustehen. Das Wetter verschlechterte sich zusehends, und der Schnee wirbelte so heftig, dass man kaum etwas sehen konnte. Greg flehte Pasquale an, ihn nicht zu verlassen, und sagte: »Bitte geh nicht vor mir, sonst verlierst du mich.« Pasquale versprach ihm, bei ihm zu bleiben und nur wenige Schritte hinter ihm zu gehen.

Langsam stiegen sie auf der gewundenen Route den Berg hinunter, bis sie an eine senkrechte Fels- und Eiswand kamen. Ein Seil lief an der 150 Meter tiefen Wand hinunter, etwa alle 15 Meter war es mit einem Felshaken befestigt. Pasquale und Greg hakten sich mit den Karabinern ihrer Klettergurte ein und begannen den vertikalen Abstieg.

Pasquale war direkt über Greg, doch er machte sich Sorgen, weil sich Greg nach vorn beugte und aussah, als würde er jeden Moment einschlafen.

»Pass auf!«, rief er hinunter. »Pass gut auf!«

Sie schafften es bis zum ersten Absatz und ruhten sich kurz aus. Dann hakten sie sich in das zweite Seil ein, das an einer reinen Eiswand befestigt war. Wieder ging Greg als Erster. Bevor sich Pasquale in Bewegung setzte, prüfte er kurz, ob der Karabiner an seiner Taille richtig eingerastet war. Plötzlich hörte er einen Schrei. »Aaaaah!« Greg fiel hinunter. Er stürzte an der Eiswand entlang, landete auf einer Fläche mit tiefem Schnee, rollte den Hang hinunter. Dabei wurde er immer schneller und überschlug sich. Dann verschwand er.

Greg hatte vergessen, sich wieder in das Seil einzuhaken.

Pasquale fluchte. Er riss seinen Rucksack herunter, band ihn am Sicherheitsseil fest und kletterte mit beiden Eispickeln 90 Meter hinunter, an einer Blutspur entlang. In einem Haufen Granitfelsen fand er Greg. Tot.

Sein Kopf war zertrümmert; die Arme lagen verdreht und gebrochen hinter dem Rücken. Er sah aus wie ein Haufen Knochen.

Pasquale war erschüttert, aber er wusste, was er zu tun hatte. Er kletterte wieder nach oben, holte seinen Rucksack, stieg ins Basislager hinunter und berichtete dort, dass Greg tödlich verunglückt war. Ein anderes Team, das vom berühmten Bergsteiger Henry Todd geleitet wurde, kletterte auf den Berg und fand Gregs Leiche. Sie begruben ihn in einem Biwaksack unter einem Hügel aus Fels und Eis.

Als Pasquale darüber nachdachte, was passiert war, schwor er sich, nie wieder an einer Expedition mit unerfahrenen Teammitgliedern teilzunehmen. Und er schwor, dafür zu sorgen, dass weder er selbst noch ein anderer Teilnehmer zu sehr erschöpft wurde, um die notwendigen Entscheidungen zu treffen.

Dann dachte er über das Abenteuer an sich nach. In weniger als einem Jahr hatte er zwei Todesfälle miterlebt. Vielleicht sollte er die Expeditionen ganz aufgeben.

Kapitel 11

O Gott! wie qualvoll schien mir's, zu ertrinken!
Welch grauser Lärm des Wassers mir im Ohr!
Welch scheußlich Todesschauspiel vor den Augen!

William Shakespeare, Richard III., 1. Akt, 4. Szene

Jetzt, auf dem Blauen Nil, wo er es mit einem fragwürdigen Partner und unerfahrenen, vollkommen erschöpften Teammitgliedern zu tun hatte, drehte Pasquale sein Boot zu Mikes führerlosem Raft um und fragte sich, ob das Unglück erneut vor der Tür stand. Er ruderte, so fest er konnte, doch es gelang ihm nicht, das andere Boot zu erreichen. So musste er hilflos zusehen, wie Alemu und Solomon in Todesangst den Fluss hinunter- und auf die nächste scharfe Kurve zusausten.

Nach einer Weile tauchte Mike 20 Meter hinter dem Boot auf, das Gesicht eine Maske des Schreckens. Er war auf den Grund des Flusses gezogen, wie Wäsche herumgeschleudert und wieder an die Oberfläche gedrückt worden, als seine Lungen gerade platzen wollten. Er schwenkte die Arme aufgeregt in Alemus und Solomons Richtung, doch sie hatten keine Ahnung, was sie tun sollten.

So laut er konnte, schrie Pasquale Alemu und Solomon zu, dass sie Mike ins Boot ziehen sollten, aber er war zu weit weg. Mike schwamm verzweifelt auf sie zu und war schließlich nur noch eine Armlänge von ihnen entfernt. Jetzt packten beide Mike an der Schwimmweste und zerrten an ihm. Allerdings wog Mike 100 Kilo, ungefähr so viel wie sie beide zusammen, und war daher einfach zu schwer für sie. Alemu gab es auf und kletterte auf die Ruder zu, doch Pasquale brüllte: »Vergiss die Ruder! Mike muss ins Boot!« Also versuchte Alemu es weiter, und diesmal zerrten sie ihn über das Heck ins Boot. Pasquale musste zweimal hinschauen – Mike hatte keine Hose mehr an! Er war unten herum völlig nackt. Anscheinend hatte ihm der Fluss eine kleine Spende abverlangt; Mikes Shorts waren im Strudel weggesaugt worden.

Mike wurde im Bauch des Bootes herumgeschleudert, als das führerlose Raft seitlich in die nächste Stromschnelle sauste. Es wurde auf den Kamm der nächsten Welle getragen, schwankte und schien umkippen zu wollen, setzte dann jedoch auf der richtigen Seite auf und sauste um die nächste Ecke.

Gordon nahm die Verfolgung des fortgetriebenen Boots auf, und Pasquale folgte dich hinter ihm. Sie jagten es fast einen Kilometer weit durch mehrere Stromschnellen in einer immer schmaler werdenden Schlucht. Eng stehende Bäume ragten oben über die Schlucht und bildeten ein Dach, welches das Tageslicht verdeckte.

Schließlich landete Mikes Boot in einem Kehrwasser, so dass Gordon und Pasquale es festhalten konnten. Mike hockte mit angezogenen Beinen darin, hatte den Kopf zwischen die Hände gesteckt und schüttelte den Kopf.

Die Äthiopier starrten Mike an, wie er nackt und zitternd im Boot saß, und ließen ein unsicheres Lachen vernehmen. Pasquale fuhr sie an: »Hört auf!«, und fragte Mike, ob alles in Ordnung war. Den Kopf noch immer zwischen den Händen, antwortete Mike: »Ich glaube es einfach nicht ... So nah war ich dem Tod noch nie.«

»Willst du weitermachen oder ausruhen?«

»Ausruhen.«

»Willst du dir eine andere Hose anziehen?«

»Nein. Ich muss mich nur ausruhen. Einfach ausruhen.« Er hob den Kopf und hatte die Augen geschlossen. Sein Gesicht zitterte wie das Fell eines Pferdes, das von Fliegen gestört wird. Während der nächsten 20 Minuten blieb er zusammengekauert im Boot sitzen. Schließlich kroch er ans Ufer. Er holte Shorts aus seinem Gepäck, zog sie an und stolperte zu seinem Boot zurück. »Wir müssen weiter«, sagte Pasquale. »Wir müssen noch einen Lagerplatz finden.«

Also schoben sie die Boote in die Strömung zurück und ruderten im Licht des späten Nachmittags vorsichtig flussabwärts. Die Schlucht war hier sehr eng, auf beiden Seiten schnitten die Felswände in den Fluss, und es gab keine ebenen Flächen, auf denen man hätte lagern können. Mike beschwerte sich und sagte, wenn sie nicht bald einen Lagerplatz fänden, könne er nicht mehr. Er war vollkommen erschöpft. Alle bekamen Angst.

Beim ersten Einschnitt in der Felswand fuhr Pasquale ans Ufer und fand eine schöne ebene Kiesbank. Also beschloss er, hier zu kampieren. Doch Gordon protestierte: »Hier gibt's keine Bäume. Ich brauche zwei Bäume für meine Hängematte. Wir müssen weiter. Wir finden bestimmt einen besseren Platz.«

Wider bessere Einsicht lenkte Pasquale ein. Je tiefer sie in den Canyon hineinfuhren, desto dunkler wurde es. Mike war am Ende seiner Kraft und bestand darauf, dass sie ans Ufer fuhren und ausruhten. Doch sie konnten nirgendwo anhalten. Der Canyon verjüngte sich immer mehr, und hinter der nächsten Kurve hörten sie ein donnerndes Grollen von unten heraufschallen.

»Mist!«, rief Pasquale.

Sicher, sie hatten mit weiteren Stromschnellen der Kategorie fünf gerechnet, sie aber nicht so bald erwartet. Plötzlich entdeckte er einen Spalt im Canyon. Er schickte Gordon hinüber, um nachzusehen. Gordon kam zurück und erklärte, dass sie dort übernachten könnten, es würde ihnen jedoch nicht gefallen. Der über sieben Meter breite Einschnitt in der Canyonwand war voller Kuhmist.

Diese Schlucht war eine kleinere Version des Grand Canyons von Afrika, und nur an sehr wenigen Stellen konnte man Vieh zum Fluss hinunterführen. Hier war offensichtlich eine, und wahrscheinlich wurden hier seit 2.000 Jahren Rinder getränkt. Der Platz war 15 Zentimeter dick mit Kuhmist bedeckt, und es wimmelte von Fliegen.

Aber sie hatten keine andere Wahl. Gleich würde es ganz dunkel sein. Um die Entscheidung zu besiegeln, sagte Mike: »Pasquale, ich fahre nicht weiter.«

Also breiteten sie blaue Plastikplanen aus und bauten ihr Lager auf. Pasquale rollte seinen Schlafsack im Heck seines angebundenen Rafts aus und schob es so weit wie möglich auf den Fluss hinaus, um von dem Gestank fortzukommen.

Mike hatte seine Unterlage auf der blauen Plastikplane ausgerollt und schlief sofort ein. Etwa zwei Stunden später wachte er wieder auf. Pasquale hörte, wie er sich bewegte, und ging zu ihm hinüber, um mit ihm zu sprechen.

»Pasquale«, sagte Mike, »ich kann nicht mehr. Ich werde um den Rest der Nördlichen Schlucht herumwandern.«

Pasquale dachte über Mikes Worte nach und schaute sich im Mondschein um. Nur ein kurzes Stück weiter flussabwärts war eine eiskalte, gekrümmte Wassersäule zu sehen, die trichterförmig in ein breites Kehrwasser stürzte und gegen eine Felswand krachte. Und während er die Stromschnelle genau betrachtete, fiel es ihm wieder ein: Wahrscheinlich war das hier genau die Stelle, an der Greenwald 1975 ertrunken war.

Am 16. Januar 1975 startete *Sobek Expeditions* den ersten Versuch, mit Rafts durch die Nördliche Schlucht des Blauen Nils zu fahren. Direkt unterhalb der ersten portugiesischen Brücke, Agam Dildi, ließen die sechs Guides zwei Schlauchboote ins Wasser und fanden sich bald in einer Reihe enger, gewundener schwarzer Basaltschluchten voller Stromschnellen der Kategorien fünf und sechs wieder. Den größten Teil der Fahrt verbrachten sie damit, die Boote umzutragen oder abzuseilen. Am zweiten Tag, dem 17. Januar, wachte Jim Slade, Sobeks Chefguide, auf und schrieb in sein Tagebuch: »Habe geträumt, mein Bruder wäre gestorben und Lew wäre mein Bruder. Hoffentlich ist das kein schlechtes Omen oder eine Vorahnung, was uns auf dieser Reise erwartet.« Jim hatte noch nie zuvor vom Tod geträumt.

Später am selben Tag kamen sie weiter unterhalb an eine Stromschnelle, die ihnen leichter als die bisherigen erschien. Der Fluss teilte sich und floss dann wieder zusammen. Sie benutzten die rechte Abzweigung. Dann teilte er sich noch einmal, und das Boot blieb in einem kleinen Wirbel auf der rechten Seite hängen, wo sich das Wasser an einer Wand aufstaute, die schwarz und glatt war wie Öl. Das Weiterfahren schien nicht allzu gefährlich zu sein, und sie hatten das ständige Umtragen satt. Da der Wasserstand relativ niedrig war, hielten sie die Strömung für nachgiebig genug, um das Boot an der Wand entlang- und in die Hauptströmung zu schieben.

Niemand ruderte; die Riemen waren eingelegt. John Yost, Conrad Hirsh, Lew Greenwald und Jim Slade standen alle auf dem Schlauch und schoben das Boot an der Wand entlang vorwärts. Sie kamen gut voran, bis sie auf ein Stück Wand stießen, das ein paar Zentimeter vorsprang. Das Boot blieb an der Grenze zwischen der Hauptströmung des Flusses und der Rückströmung des Kehrwassers stecken. Da die gewaltige Hauptströmung gegen den äußeren Schlauch drückte, wurde das Boot langsam an der Wand hochgeschoben. Die vier Mann Besatzung versuchten, es wieder nach unten zu drücken, doch die Strömung war viel zu stark und das Raft stieg immer weiter. Irgendwann war klar, dass es kentern würde. John stand am nächsten zum Ufer. Er sprang vom Boot und landete auf festem Boden. Das Boot hob sich und stand nun fast auf dem Schlauch. Conrad war der Nächste; er sprang, so weit er konnte, landete aber bis zur Taille im Wasser. Allmählich drehte sich das Boot auf die andere Seite. Jetzt sprang Lew und versank an der Stelle im Wasser, wo die Heckleine schwamm. Er tauchte wieder auf. Die Angst stand ihm im Gesicht geschrieben, und er schrie, dass sich seine Schwimmweste in der Heckleine verhakt hatte.

Nun sprang Jim, doch inzwischen war das Boot umgekippt. Jim trieb, das Boot hinter ihm, hinein in die Hauptströmung und eine steil abfallende Stromschnelle hinunter. Ein paar 100 Meter weiter flussabwärts gelang es ihm, ans linke Ufer zu schwimmen. Als er das Raft auf sich zukommen sah, schwamm er wieder hinaus, hielt es an einem D-Ring fest und zerrte es mit aller Kraft auf eine Kiesbank.

John stand am Ufer gegenüber. Während Jim noch nach Luft schnappte, sprang John in die reißende Strömung und kämpfte sich quer durch den Blauen Nil. Er schaffte es bis zum Boot und erzählte Jim atemlos, dass Lew verschwunden war und ihnen vorher noch zugerufen hatte, er habe sich in der Heckleine verhakt. Umgehend prüften sie die Bug- und die Heckleine. In Letzterer fanden sie eine Kerbe, die aussah, als wäre etwas daran hängen geblieben. Sie sahen unter dem Boot nach, wo man sich bei einer Kenterung leicht verfangen konnte. Dann suchten sie beide Ufer und den Fluss ab, riefen Lews Namen und befürchteten das Schlimmste. Bei Einbruch der Dunkelheit brachen sie erschöpft zusammen.

Bei Tagesanbruch war ihr einziger Gedanke, ihre Suche flussabwärts fortzusetzen. Ein paar Kurven weiter fanden sie Lew. Er trieb im Kehrwasser, die orangefarbene aufblasbare Schwimmweste halb über den Kopf gezogen. Sie konnten nur vermuten, dass sich die Jacke zufällig in der Heckleine verhakt hatte, so dass er durch den nächsten Wasserfall und weiter flussabwärts gezogen wurde, bis er ertrank. Dann musste sich die Jacke wieder gelöst gehaben.

Die Teammitglieder zogen Lews Leichnam an Land und überlegten, was sie tun sollten. Sie hatten eine Strecke von unbekannter Länge vor sich und aller Wahrscheinlichkeit nach noch viele gefährliche Stromschnellen zu überwinden, bevor sie die zweite portugiesische Brücke erreichten. Von dort aus mussten sie einen ganzen Tag lang zu Fuß bis zu einem Ort namens Mota gehen, wo sie ein Flugzeug nach Addis Abeba nehmen konnten, das aber nur einmal in der Woche flog. Also beschlossen sie, Lew am Blauen Nil zur letzten Ruhe zu betten. Der Boden war zu hart, um ihn zu begraben, daher suchten sie eine Mulde, legten ihn hinein und bedeckten ihn mit Steinen. Dann zündeten sie ein kleines Feuer darauf an, für eine Art Feuerbestattung, und vollzogen eine schlichte Zeremonie.

Sie hatten keine Ahnung, dass sie beobachtet wurden. Doch ein Jahr später stieg Lews Frau Karen Greenwald in die Schlucht hinunter und begegnete Dorfbewohnern, die ihr erzählten, dass sie die Beerdigung beobachtet hätten. Sie zeigten ihr die Stelle. Karen nahm Lews sterbliche Überreste mit und brachte sie zu einem jüdischen Friedhof in Addis Abeba, wo er in geweihtem Boden bestattet wurde.

Kapitel 12

Ich werde besiegt werden; ich werde mich nicht ergeben.

Samuel Johnson

Als der Mond die düsteren Wände in den Schluchten des Blauen Nils anstrahlte, sagte Pasquale zu Mike: »Wir haben ein großes Problem, wenn du uns verlässt, Mike. Wir haben dann zwei Boote und nur mich als Bootsführer. Und bis zur Brücke sind es noch 13 bis 16 Kilometer.«

Doch Mike weigerte sich standhaft, das Boot durch die Nördliche Schlucht zu fahren. Er schlug vor, Pasquale solle sein Raft bis zur zweiten portugiesischen Brücke hinunterrudern, dann den ganzen Weg zurückmarschieren und das zweite Raft hinunterrudern.

Pasquale hatte keine Ahnung, wie lange es dauern würde, ein Boot hinunterzusteuern, zurückzuwandern und das zweite Boot zu holen. Aber Mike blieb hart; er wollte um keinen Preis weiterfahren. Pasquale suchte nach Alternativen. Er zog in Erwägung, einen der Äthiopier rudern zu lassen, zumindest zwischen den Stromschnellen. So konnten sie entlang des Canyons Himmel und Hölle spielen, indem Pasquale immer erst ein Boot durch jede Stromschnelle brachte, dann das zweite. Allerdings hatten die Äthiopier keine Erfahrung im Rudern, und selbst bei ruhigem Wasser war dieser Abschnitt gefährlich. Ein falscher Ruderschlag, und das Boot konnte ins Unglück stürzen.

Dann kam ihm der Gedanke, dass sie vielleicht Viehhüter aus der Gegend anstellen konnten, die das zweite Boot samt Ausrüstung bis zur Brücke trugen. So könnte er sein Raft weiterrudern und Gordon in seinem Kajak bleiben. Er fand die Idee nicht schlecht und beschloss, darüber zu schlafen.

Doch er konnte nicht. Der Schlaf wollte einfach nicht kommen, obwohl das Wasserbett sanft in der Strömung schaukelte. Pasquale hatte furchtbares Seitenstechen. Er rollte sich zu einer Kugel zusammen, und lauter sorgenvolle Gedanken schwirrten ihm durch den Kopf. »Ist vielleicht meine Milz wegen der Malaria gerissen?«, fragte er sich in seinem Tagebuch. Er hatte über die Jahre mehrere Malariaanfälle gehabt, und als Nachwirkung konnte ein Milzriss auftreten.

Dann verlagerte sich der Schmerz in den Magen, und Pasquale überlegte, ob vielleicht ein Nierenstein als Ursache dafür in Frage kam. Er hatte das richtige Alter und das richtige Geschlecht, es war heiß, und er war müde. Die Schmerzen waren so stark, dass er nicht aufstehen und sich ein Medikament holen konnte. Also rollte er sich zu seinem Medizinkoffer hinüber und nahm zehn Aspirin und ein paar Percocet-Tabletten, damit der Schmerz nachließ. Zum ersten Mal fragte er sich, ob er körperlich überhaupt in der Lage war, die Expedition durchzustehen. Die Erfolgsaussichten schienen denkbar gering zu sein.

Die Farbe des Himmels wandelte sich von Azur- zu Saphirblau. Pasquales Schmerzen hatten ein wenig nachgelassen, waren aber noch zu spüren, deshalb nahm er noch ein paar Tabletten. Dann stand er auf, ging den Weg hinauf und stieß auf ein paar Viehhirten. Er bot ihnen eine ansehnliche Summe für das Tragen des Bootes und der Ausrüstung an. Sie lehnten ab. Geld taugte in dieser entlegenen Gegend nicht als Anreiz. Im Leben der Hirten spielte es keine Rolle, und die Aufgabe klang nicht gerade verlockend.

Pasquale ging ins Lager zurück und berichtete den äthiopischen Teammitgliedern von seinem Dilemma. Baye sagte: »Ich kümmere mich darum«, schlang sich seine Kalaschnikow über die Schulter und marschierte den Pfad hinauf. Ein paar Minuten später kamen die Hirten den Weg hinunter und stellten sich vor Pasquales Boot. Dicht hinter ihnen folgte Baye mit schussbereitem Gewehr. Die Hirten verbeugten sich und boten ihre Dienste an.

Pasquale ließ die Luft aus Mikes Boot, rollte es zusammen und verpackte die Ausrüstung, damit sie getragen werden konnte. Als er den Hirten das Gepäck übergeben wollte, sträubten sie sich. Baye richtete sein Gewehr auf sie und brüllte sie an, die Hirten brüllten zurück. Schließlich schrie Gordon: »Scheiß auf euch!« Er nahm das zusammengerollte, 90 Kilo schwere Boot, hievte es sich auf die Schulter und kletterte aus dem Canyon. Pasquale schüttelte den Kopf. Anscheinend hatte Gordons Wut schon eine Weile in ihm gekocht. Pasquale war sich bewusst, dass er selbst wegen seines heißblütigen Temperaments berüchtigt war, aber er hielt nichts davon, es an den Einheimischen auszulassen. Er hoffte, dass Gordons Wutausbruch eine Ausnahme darstellte.

Gordon erreichte den Grat und ließ sein Bündel auf die Felsen fallen. Dann brüllte er zu den Hirten hinunter, und Baye und Yibeltal schwenkten drohend die Waffen. Endlich packten die Hirten die Ladung, auch das Boot, auf Esel. Die IMAX-Kamera schlangen sie um einen Pfahl und trugen ihn im Safaristil. Mike brach ebenfalls auf und kündigte an, er werde die anderen abends an der Brücke treffen. »Bestimmt bin ich schon Stunden vor euch da.« Er grinste. »Ich bereite schon mal die Gin Tonics vor.«

Pasquale nahm Alemu und Baye, die beiden kräftigsten Äthiopier, zum Beladen der Esel mit, während die anderen Mike auf seinem Fußmarsch begleiteten. Schließlich kehrten Pasquale, Gordon, Alemu und Baye zum Ufer zurück, legten ab und fuhren stromabwärts in einen gewundenen Canyon voller Farnkraut und Wasserfälle hinein. »Einer der schönsten Canyons, durch die ich je gefahren bin«, notierte Pasquale auf. Aber mit jeder Menge riesiger Stromschnellen. Eine, die so genannte »Höhle«, hatte eine Unterhöhlung gegraben, die der Red Wall Cavern auf dem Colorado im Grand Canyon glich. Sie war von gewaltigen Wasserwirbeln übersät. Pasquale rechnete sich eine Chance von eins zu fünf aus, sie zu durchfahren, ohne zu kentern, also nahmen er und seine winzige Crew lieber ein vierstündiges Umtragen in Kauf.

Danach rauschten sie weiter den Fluss hinunter und rasten durch blitzartig auftauchende Stromschnellen mit Namen wie »Zickzack«, »Scharfe Kurve« oder »Güterwagen«. Sie waren alle schwieriger, als Mike Speaks sie beschrieben hatte, wahrscheinlich wegen des höheren Wasserstands. Am späten Nachmittag hörten sie ein Donnern durch die Schlucht hallen, tief grollend und gereizt. So klang nur eine richtig große Stromschnelle, eine extragroße Tasse Schaum.

Pasquale fuhr ans Ufer und sah auf der Karte nach. Seit dem Vorfall auf dem Alsek hatte er immer zwei vollständige Kartensätze dabei. Auf dem Blauen Nil hatte er einen Satz in jedem Boot verstaut.

Er verglich die Topografie mit der auf der Karte und kam zu dem Schluss, dass es sich um die Stromschnelle namens »Schlechte Saat« handeln musste, die letzte dramatische Stromschnelle in der Nördlichen Schlucht. Pasquale kletterte auf einen Aussichtspunkt, um sich den Wasserlauf anzusehen. Selbst aus 15 Metern Entfernung erkannte er die grotesken Pilze, das schroffe Gefälle und die Löcher, die Pforten der Hölle. Der Fluss spielte verrückt, er hatte sich ein flüssiges Chaos verwandelt, das schäumte, wirbelte, zischte und Haken schlug wie ein durchgeknallter Feuerwerkskörper.

Außerdem sah er den großen Nebenfluss Abaya, der hier aus einer engen Nebenschlucht strömte und sich in den Blauen Nil ergoss. Er kannte seine unangenehme Geschichte. Als die Briten 1968 die Nördliche Schlucht aus der Luft erkundeten, befanden sie diese für unbefahrbar, selbst mit Wildwasserbooten. Also entschieden sie, sie zu umwandern. Als sie auf den Abaya stießen, stellten sie fest, dass er zu tief war, um hindurchzuwaten. Daher beschlossen sie, mit einem Seil hinüberzuschwimmen. Dabei ertrank Ian Mcleod.

Es war zu spät, um die Boote umzutragen. Sie mussten hinunterfahren. Eine furchtbare Angst überkam Pasquale. »Ich war unruhig, so unruhig wie wahrscheinlich in meinem ganzen Leben noch nicht«, erinnerte er sich später.

Auf der linken Seite war ein »Cheat Run«, eine Rinne, die stufenartig über eine Reihe kleinerer Wasserfälle führte. Aber sie war nur etwa so breit wie der Gang in einem Linienjet, so dass allenfalls ein Kajak hineinpasste. Gordon fuhr also los, siegte über die Strömung.

Pasquale schluckte, ruderte in den Strom und hoffte, er könnte sich am anderen Ufer entlangschieben. Bei der ersten Welle zog er aber so kräftig an den Riemen, dass er an die Wand krachte, abprallte, herumgewirbelt und in ein Loch geschleudert wurde. Das Boot landete in einem tiefen Wassergraben, prallte dann gegen einen Felsen, der wie ein Ventilator Wasser statt Luft verströmte. Pasquale kam genau im rechten Winkel auf, so dass das Boot in der Mitte einknickte, ihm das rechte Ruder aus der Hand riss und sich aufbäumte, als wollte es ihn unbedingt in die brodelnden Fluten katapultieren. Wie ein Propeller surrte der Fluss ihm in den Ohren. Doch gegen den Willen des Flusses schaffte er es, sich festzuhalten. Er schnappte den fliegenden Riemen auf und drückte ihn in die Dolle, während das Boot ziellos durch die letzten Meter der Stromschnelle rutschte.

Die nächsten fünf Kilometer waren wie ein einziger Wildwassermühlbach. »Das war die längste Wildwasserstrecke, die ich je gefahren bin«, sagte Pasquale später. Schließlich umrundeten sie eine Kurve. Das Wasser strömte schnell und dunkel weiter; und als er aufblickte, sah er in etwa 300 Meter Entfernung Sabara Dildi – die zweite portugiesische Brücke.

Es kam ihm so vor, als hätte ihm jemand einen Sack Blei von den Schultern genommen. Er konnte gar nicht glauben, dass die Expedition tatsächlich die Nördliche Schlucht hinter sich gebracht hatte. Alemu und Baye, die im Bug saßen, drehten sich um, schrien vor Freude darüber, dass sie die Fahrt überlebt hatten, und umarmten sich. Pasquale brach in Tränen aus.

Sabara Dildi war ein merkwürdiges Gebilde. Die Brücke wurde im 17. Jahrhundert von den Portugiesen erbaut, die am Hof von König Fasiladas lebten. Sie bestand aus zwei Steinbögen, die über den Fluss führten, und drei kleiner werdenden Bögen an jedem Ufer. Auf die Brücke führten zwei beeindruckende Zufahrten mit niedrigen Mauern. Nur war der Standort der Brücke äußerst bizarr, denn beide Ufer ragten fast senkrecht neben ihr auf. Die Zufahrten führten nirgendwohin; sie endeten unvermittelt am Fuße eines zerklüfteten, etwa 90 Meter hohen Felsblocks.

Irgendwann war die Brücke einmal zusammengebrochen, und Kaiser Menelik II. ordnete 1908 ihren Wiederaufbau an. Menelik ließ auf der Gojam-Seite (westlich) ein imposantes Tor erbauen, eine Zementtafel erinnerte an seine Leistung. Bei niedrigem Wasserstand, wie Pasquale ihn bei seiner Ankunft erlebte, ragte die Brücke wie ein viktorianischer Eisenbahnviadukt hoch über einer tiefen Kluft auf. Weit oben konnte man an den geschichtsträchtigen Pfeilern den Hochwasserstand erkennen.

Vor nicht allzu langer Zeit erlitt die Brücke einen weiteren schweren Schlag. Ende der 1930er-Jahre wollte die äthiopische Widerstandsbewegung die Italiener in Begemdir (auf der östlichen Seite) davon abhalten, sich mit denen in Gojam zu vereinigen. Ein Gutsherr aus der Gegend grub mit 40 Anhängern einen der mittleren

Bogen aus. Leider stürzte die Brücke zusammen, während sie noch gruben, und alle 40 ertranken. Als Vergeltungsmaßnahme erschossen die Italiener in Mota weitere sechs Widerständler.

Seither ist die Brücke nie richtig repariert worden. Eine hässliche Stahlkonstruktion spannt sich über die Lücke, und die Hirten treiben gleichgültig ihre braunweißen Ziegen hinüber.

Als sie auf die Brücke zufuhren, erkannte Pasquale Michel L'Huillier, den chilenischen Fotografen vom Filmdreh. Er sprang auf der Steinbrüstung auf und ab und winkte ihnen aufgeregt zu. Jordi, der Regisseur, hatte vorgeschlagen, dass Michel die Expedition von Sabara Dildi aus bis nach Khartum begleitete. Auf dieser Strecke gab es keine extremen Stromschnellen, dafür aber einige fantastische Schluchten, in denen Michel Fotos für die Filmpromotion schießen konnte. Michel hatte auf dem Bío Bío in Chile ein wenig Raftingerfahrung gesammelt, daher war Pasquale begeistert, dass er ihn als Unterstützung dabeihaben würde.

Direkt hinter der Brücke fuhr Pasquale ans Ufer, sprang aus dem Boot und umarmte Michel herzlich. Dann blickte er sich um. Er sah zwei weitere westliche Gesichter und mehrere Äthiopier, aber keinen Mike Prosser.

»Wo ist Mike?«, fragte er Michel.

»Keine Ahnung. Ich hab ihn nicht gesehen. Ist er nicht bei euch?«, fragte Michel zurück.

Pasquale erklärte ihm, was passiert war. »Wir haben uns keine 16 Kilometer oberhalb getrennt. Für die Strecke braucht man nicht den ganzen Tag.«

Pasquale kündigte an, dass er nach Mike suchen werde, sobald sie das Lager aufgebaut hätten, und lud das Boot aus. Eine weiße Frau kam zum Ufer hinunter und bot ihre Hilfe an. Sie stellte sich als Zoë Keone vor und ihren Begleiter, einen Ingenieur, als Chris Rollins. Sie erklärte, dass sie für eine Organisation namens *Bridges to Prosperity* arbeitete. Der Gründer, Ken Frantz, hatte durch einen *National-Geographic*-Artikel über die 1999er Sobek-Expedition, die an der Brücke begonnen hatte, von Sabara Dildi erfahren. Neben dem Artikel war ein Foto der kaputten Brücke abgebildet, und ein Junge überquerte mithilfe eines provisorischen, nicht ungefährlichen Seilsystems den tosenden Fluss. Frantz investierte 250.000 Dollar, um die Lücke mittels mit wasserbeständigem Beton überzogenen Stahlträgern zu schließen. Sie passten absolut nicht zur natürlichen Schönheit der Nördlichen Schlucht, und obwohl die Absichten sicher edel gewesen waren, hätten die Einheimischen mit nur einem Bruchteil der Kosten die Brücke mit ortsüblichen Materialien reparieren können. Zoë erklärte, dass sie die Aufgabe hatte, einmal im Jahr die Brücke zu inspizieren. Zufällig traf ihr diesjähriger Besuch mit der Expedition zusammen.

Während sie sich unterhielten, kam ein alter Mann über die Brücke, hüstelte höflich und reichte Pasquale ein zerknittertes Stück Papier. In krakeliger Schrift stand darauf: »Hilfe, Pasquale! Schaffe es nicht. Muss heute Nacht hier draußen schlafen. Schicke Wasser. Schicke Essen.«

Die Nachricht war von Mike.

Pasquale schickte Baye mit Essen und Wasser den Weg hinauf und schlief dann selbst erschöpft ein.

Kapitel 13

Wer den Blauen Nil nicht gesehen hat, wird bereits einen Bach preisen.

Altes Äthiopisches Sprichwort

Das große Ziel meines Lebens ist das Empfinden – zu spüren, dass wir existieren – wenn auch unter Schmerzen – es ist diese sehnsuchtsvolle Leere, die uns antreibt zum Spielen – zu Schlachten – zu Reisen – zu zügellosen, aber heftig empfundenen Unternehmungen jeder Art, deren hauptsächlicher Reiz in der Erregung liegt, die mit der Durchführung untrennbar verbunden ist.

George Gordon, Lord Byron

Die Expedition auf dem Blauen Nil dauerte nun schon zwei Wochen, und Pasquale kamen sie vor wie ein ganzes Leben. Er schlief relativ lange, bis um sieben Uhr morgens. Gegen neun erschienen zwei Einheimische aus dem nächsten Dorf, die einen schmalen Baumstamm über den Schultern trugen. An einem alten Seil hatten sie die IMAX-Kamera zwischen sich aufgehängt, die hin und her baumelte wie eine Leiche. Kurz darauf tauchte auch Mike Prosser auf. Er war so entkräftet, dass er torkelte wie ein Betrunkener. Schließlich brach er zusammen und schlief auf einem Felsen ein.

Während sein Teamkamerad schlief, überlegte Pasquale, ob Mike die Expedition nicht besser verlassen sollte, da hier von der Schlucht aus ein gangbarer Weg nach Mota führte. Nachdem Mike sich fast den ganzen Tag ausgeruht hatte, stand er aber wieder auf und meinte: »Plan mich auf dem nächsten Abschnitt ein.« Auf dem 225 Kilometer langen Stück bis zur Shefartak-Brücke, wo sie erneut versorgt würden, gab es keine nennenswerten Stromschnellen.

Der nächste Tag, der 7. Januar, war ein Mittwoch. Sie verbrachten den Morgen damit, die Boote zu beladen und für die Weiterfahrt in Ordnung zu bringen. Zoë, die sich in Michel verguckt hatte, blieb in der Nähe und bot ihre Hilfe bei einer IMAX-Szene an, die Gordon drehen wollte.

Ohne großes Aufsehen legten sie ab und steuerten den Abschnitt an, dem die Expedition der britischen Armee den Namen »Grand Canyon von Afrika« gegeben hatte. Außer ihm heißen auch noch einige andere Canyons so, zum Beispiel der Fish River Canyon in Namibia, der das gleiche farbenprächtige Sedimentgestein wie der Grand Canyon in den USA besitzt, aber nicht einmal halb so tief ist, und außerdem der Tekeze-Canyon, die nächste Wasserscheide nördlich des Blauen Nils und mit 2.134 Metern Tiefe die tiefste Schlucht auf dem Kontinent. Der Canyon des Blauen Nils ist ungefähr so tief, wie der amerikanische Grand Canyon ist: bis zu 1.600 Meter.

Nach einem ereignislosen Tag legten sie in der stillen Abenddämmerung an einem breiten Strand an, an dem sich ein glitzernder Nebenfluss in den Fluss ergoss. Hier wurden der rote Guder und der Johnnie Walker ausgepackt. Nach dem julianischen Kalender der koptischen Kirche war heute *ganna*, das äthiopische Weihnachtsfest, ein Anlass, das Dreikönigsfest zu feiern und die Tatsache, dass sie die schreckliche Nördliche Schlucht bezwungen hatten. Mehr als die Hälfte der Äthiopier sind orthodoxe Christen, und die Äthiopier, die an der Expedition teilnahmen, waren ziemlich religiös. Während die *ferengis* also in einem klaren Teich badeten, zogen sich die Äthiopier zum Beten zurück. Doch danach wurde zusammen gefeiert. Die Äthiopier aßen zu viel, tranken zu viel und beteten noch einmal, als sie langsam eindösten.

Am nächsten Tag kamen sie in eine Gegend von natürlicher Pracht. Eine 15 Meter hohe Basaltplatte ragte auf der Gojam-Seite über den Fluss. Hier und dort waren die Bäume mit den runden Nestern emsiger schwarz-gelber Webervögel geschmückt.

Die Basaltwand zog sich über viele Kilometer hin und wurde immer höher. Zuerst war sie knapp 20, dann 25 und schließlich stolze 35 Meter hoch. Auf dem Rand turnten schwarzgesichtige Grüne Meerkatzen umher. Auf Flusshöhe glänzte die nasse Basaltlava wie eine schwarze Skulptur.

Sie fuhren um eine lange Kurve und stießen dahinter auf zwei riesige ithyphallische Basaltsäulen, Stücke der Felswand, die der Fluss mit der Zeit abgeschnitten hatte. Sie erhoben sich wie schmale, steile Zwillingstürme zu fast 40 Metern Höhe, waren wunderschön geformt und mit bemoosten Bäumen und Büschen bewachsen. Es gibt Hinweise darauf, dass sich J. R. R. Tolkien von Äthiopien inspirieren ließ, da seine Beschreibungen von Mittelerde auf viele der gespenstischen Felsformationen der abessinischen Hochebene passen. Sogar manche Ortsnamen sind gleich, wie zum Beispiel Gondor. Doch diese Türme kann man nur mit speziell konstruierten Booten erreichen, die es zu Tolkiens Zeit noch nicht gab.

Inmitten der Wildnis war es eine Überraschung, als sie im Felsen plötzlich eine von Menschen gefertigte Wand und zwei Türöffnungen entdeckten, die eine dreieckig, die andere halbrund. Nirgendwo war eine Treppe zu sehen, die vom Fluss aus zu den rund acht Meter hoch liegenden Höhlen hinauf- oder vom oberen Rand der Felswand zu ihnen herunterführte. Wie konnte man sie also betreten? Die einzige Änderung von Menschenhand war ein Absatz aus einem behauenen Stein am Höhleneingang. Nichts gab Aufschluss darüber, wie man zu den Höhlen gelangen konnte. Pasquale taufte sie *Shifta*-Höhlen, da er fand, dass sie ein ideales Räubernest wären.

Am nächsten Tag ließen sie sich durch einen Abschnitt treiben, der »Gorgeous Gorge«, also »Prächtige Schlucht«, getauft worden war: eine Schlucht mit 45 Meter hohen, senkrechten Wänden. Sandsteinfelsen und Tamarisken säumten die Ufer, außerdem ergoss sich ein märchenhafter Wasserfall, sprühte Diamanten in den Sonnenschein und fiel tosend wieder zurück in den Nil. Die Schlucht ähnelte hier dem Cataract Canyon in Utah, durch den einer von Pasquales Lieblingsflüssen, der Colorado, floss, obwohl der Sand wegen des vulkanischen Bodens dunkler war.

Pasquale fühlte sich an seine erste Tour entlang des Colorado im Jahr 1981 erinnert. Damals war er Eigentümer eines Unternehmens der boomenden Ölbranche, und der Inhaber einer Hubschraubererkundungsfirma lud ihn zu einem kleinen Zeitvertreib ein. Pasquale wurde mit einem Privatjet von Denver nach Grand Canyon Village geflogen und am nächsten Morgen mit dem Hubschrauber zum Zusammenfluss von Colorado und Little Colorado. Von dort aus nahm er an einer fünftägigen Raftingtour teil. Während die anderen den Trip nur als eine weitere Trophäe ansahen, mit der sie sich schmücken konnten, war Pasquale tief beeindruckt. Ihm gefiel die Wildheit des Flusses, seine Widerspenstigkeit und seine Ruhe. Anlässlich dieser Tour beschloss er, sich ein eigenes Boot zu kaufen und zu lernen, wie man Flüsse befährt. Drei Jahre später fuhr er den Bío Bío hinunter und stellte sich schon weitere Touren auf der ganzen Welt vor, unter anderem eine Expedition nach Äthiopien.

Pasquale wurde aus seinen Träumereien gerissen, als johlende Schreie von den Felswänden herunterschallten. Solche Schreie werden häufig zwischen Leuten ausgetauscht, die in abgelegenen äthiopischen Gegenden unterwegs sind. Aber diese hier klangen erregt und waren anscheinend aufeinander abgestimmt. Die Männer waren sich nicht sofort über die Bedeutung der Schreie im Klaren, bis es plötzlich Felsbrocken hagelte und lauter kleine Fontänen um sie herum im Fluss aufspritzten. Sie schauten nach oben: Dort hatte, in etwa 70 Meter Entfernung, ein Dutzend wütend brüllender und gestikulierender Männer mit Gewehren zwischen den knorrigen Bäumen und Büschen Aufstellung genommen. Auf das Signal des zerlumpten Anführers hin warf die zusammengewürfelte Truppe weitere Felsbrocken herunter. Wieder spritzte überall im Fluss das Wasser hoch.

Die Expeditionsteilnehmer waren völlig perplex. Zwar war die Expedition der britischen Armee hier von bewaffneten *shiftas* angegriffen worden. Aber ihre eigenen Begegnungen mit den Äthiopiern waren bisher immer freundlich verlaufen. Fast war ihnen der *Shifta*-Terror wie eine Geschichte aus fernen Zeiten vorgekommen, obwohl Pasquale vor der Reise etwas erfahren hatte, das auf das Gegenteil hindeutete. Steve Hammat aus Mount Vernon in Washington hatte ihm von seinem Bruder erzählt, der 1974 auf diesem Abschnitt des Blauen Nils umgekommen war. Inspiriert von Colin Fletchers Buch *Wanderer durch die Zeit*, in dem der Autor von seiner Wanderung durch den Grand Canyon erzählt, hatte Bill Hammat beschlossen, dass er den Grand Canyon von Afrika durchwandern und ein Buch darüber schreiben wollte. Pasquale erhielt folgende E-Mail:

> Bill und Peter (tut mir Leid, sein Nachname fällt mir gerade nicht ein) wollten den Fluss von der Quelle bis zu dem Punkt entlangwandern, wo er zum eigentlichen Nil wird. Zu der Zeit war auch ein deutsches Team auf dem Fluss, aber es hatte Boote, während Bill und Peter zu Fuß unterwegs waren Anscheinend wurden sie von Banditen angegriffen und nie wieder gesehen. Später fand man ihre Ausrüstung, aber keinerlei Hinweis darauf, was wirklich passiert war.

Die Mitarbeiter der Botschaft, die mit Bill und Pete in Kontakt standen, wurden plötzlich nach Hause beordert. Es blieb auch ein Rätsel, wer die Reise finanziert hatte, und der Pilot der Missionsgesellschaft, der die beiden durch Proviantabwürfe unterstützt hatte, wurde in die USA zurückberufen. Es passierten einfach ein paar merkwürdige Dinge, die für sich allein genommen wenig bedeuten. Aber zusammengenommen und in zeitlichem Kontext gesehen bedeuten sie vielleicht ein bisschen mehr.

Steve

Als die Steine herunterprasselten, legten Pasquale und Mike sich augenblicklich in die Riemen und ruderten, so schnell sie konnten. Von oben wurde weiter mit scharfkantigen Basaltstücken nach ihnen geworfen. An der nächsten Kurve beförderte eine Stromschnelle das Boot außerhalb der Sichtweite der *shiftas*. Aus irgendwelchen Gründen machten die Banditen keinen Gebrauch von ihren Gewehren – vielleicht waren die Kugeln teuer und schwer zu ersetzen –, und Pasquales Team überstand den Angriff ohne einen Kratzer.

Da sie sich in Sicherheit glaubten und nun nah am gegenüberliegenden Ufer des fast 200 Meter breiten Flusses blieben, ruhten sie sich einen Moment lang aus und schöpften Atem, wenn auch mit hängenden Köpfen. Im selben Augenblick wurden sie an der Breitseite von einem weiteren Steinhagel getroffen. Diesmal kam er von der näheren Felswand. Sie schauten nach oben und entdeckten eine Schar Dscheladas, die nach ihnen warfen. Ihr tiefes, hundeähnliches Bellen hing in der Luft und hallte zwischen den Canyonwänden wider. »Diese kleinen Biester«, schimpfte Pasquale. »Anscheinend haben die Paviane gelernt, wie man mit Steinen nach jemandem wirft.«

Sie ließen sich wieder in die mittlere Strömung treiben und entschwanden um die nächste Kurve. Während sie sich treiben ließen, suchten sie den Horizont nach Steinwerfern jeder Art ab. Da hörte Michel ein lautes Platschen, schaute hinunter und sah in etwa einem Meter Entfernung ein Tier mit einer Haut wie Gürtelreifen auf sich zukommen. Sein Herz, das bereits aufgeregt pochte, wollte zerspringen. Er stieß einen Schrei aus und neigte sich nach hinten, fast wäre er rückwärts ins Wasser gefallen. Das Krokodil tauchte langsam unter und verschwand.

Das war ihre bisher engste Begegnung mit einem Krokodil.

Die alten Griechen nannten das Tier *kroko-drilo*, »Kieselwurm« – ein schuppiges Geschöpf, das lauernd an flachen Orten herumschlurfte. Das tödlichste noch lebende Reptil, nämlich das Menschen fressende Nilkrokodil, stand immer schon auf der Liste der »größten Feinde des Menschen«. Es ging vor 170 Millionen Jahren als effiziente Tötungsmaschine aus dem Urschleim hervor. Jedes Jahr werden in Afrika mehr Menschen von Krokodilen getötet und gefressen als von allen anderen Tieren zusammen. Sie rauben aus Instinkt und töten jedes Fleisch, das ihnen in den Weg kommt, sei es ein Fisch, ein Nilpferd, eine Antilope oder ein Mensch. Für die Krokodile waren Pasquale und sein Team nur eine Mahlzeit von vielen in der Nahrungskette.

Der Rest des Nachmittags verlief in wachsamer Sorge. In der unerträglichen Hitze suchten sie immer wieder Fluss und Felswände nach möglichen Feinden ab.

Trotz der Verzögerungen hatten sie bis zum späten Nachmittag knapp 50 Kilometer geschafft, eine gute Strecke. Gegen fünf entdeckte Pasquale einen breiten Strand am rechten Ufer und schlug vor, dort anzulegen. Diesmal protestierten Gordon, Michel und Mike und bestanden darauf weiterzufahren, da sicher noch bessere Lagerplätze kommen würden. Leider war dem nicht so. Die

Schlucht wurde immer schmaler, und die wenigen Sandzungen aus den Nebenschluchten waren mit Viehkot bedeckt. Sonst ein Mann schneller, zuverlässiger Entscheidungen, ärgerte sich Pasquale jetzt, dass er sich der falschen Entscheidung der Gruppe unterworfen hatte. »Muss künftig selbst Entscheidungen treffen«, notierte er in seinem Tagebuch. Er war der bei weitem erfahrenste Rafter und außerdem der Leiter der Expedition, aber manchmal ließ er zu, dass seine bessere Einsicht außer Acht blieb.

Als die Felswände kognakfarben wurden, fanden sie einen Platz auf einem steilen Hang zwischen ein paar Bäumen. Gelbäugige Hirten näherten sich und bettelten um *wova medani*, Medizin gegen Malaria. Wer den strahlenden Horizont der Hochebene gewöhnt ist, scheut sich meist davor, an den Ort hinabzusteigen, der mit abergläubischer Ehrfurcht betrachtet wird, und die Malaria ist der Hauptgrund dafür. Ohne Prophylaxe laufen die Dorfbewohner Gefahr, sich Malaria oder eine andere am Fluss verbreitete Krankheit zuzuziehen, sobald sie das kühle Hochland verlassen. Doch die Expedition war einfach zu außergewöhnlich, als dass sie widerstehen konnten, sich das anzusehen.

Obwohl sein eigener Vorrat rasch schrumpfte, öffnete Pasquale eine Packung Lariam, verteilte die Tabletten und erklärte geduldig, wie man sie einnahm.

Die Hirten verbeugten sich dreimal tief aus Dankbarkeit und stiegen wieder den Hang hinauf. Pasquales Mildtätigkeit und sein Interesse am Wohlergehen jener, denen er auf seinen Reisen begegnete, waren in Expeditionskreisen legendär. In jeder Großstadt, jeder Kleinstadt und jedem Dorf, wo er gewesen war, gab es jemanden, dem Pasquale geholfen hatte, indem er ihm ein Fahrrad gekauft, ein Geschäft oder eine Schule gegründet oder Geld oder Schmerzmittel geschickt hatte. Wie eine Art wohltätiger Virus infizierte er jeden, dem er begegnete.

Für einen Schlafsack war es zu heiß, daher breitete Pasquale ein Laken auf seiner Unterlage aus und legte sich darauf. Seine Haut war sonnenverbrannt, also versuchte er es damit, sich auf die Seite zu legen. Das immer heißere und trockenere Wetter forderte allmählich seinen Tribut. Pasquales letzter Tagebucheintrag an diesem Tag lautete: »Sonnenbrand und gebräunt. Gerissene Haut an den Füßen. Gerissene, wunde Finger. Muskeln schmerzen von einer 50-Kilometer-Raftingstrecke an einem einzigen Tag.«

Kapitel 14

Was mache ich hier?

Arthur Rimbaud in einem Brief aus Äthiopien nach Hause

Am nächsten Tag waren sie tief im Grand Canyon von Afrika. Ihre Reise war eine Reise durch die Geschichte. Zu Anfang waren die Felswände am Fluss alle aus Basalt gewesen: Die vielleicht 60 Millionen Jahre alte vulkanische Schicht aus dem Tertiär und dem Quartär bedeckt einen Großteil des ostafrikanischen Hochlands und bildet die oberste Kruste des Ostafrikanischen Grabens. Tagelang hatten sie sich durch 450 Meter hohes Vulkangestein geschlängelt, bis sie schließlich auf geriffelten Kalkstein stießen, der von einem früheren Meer übrig geblieben war. Als Nächstes waren sie durch eine 800 Meter hohe Sandsteinschicht aus dem Mesozoikum gefahren, die sich vor vielleicht 200 Millionen Jahren gebildet hatte und nun ein sanftes Licht verströmte. Als Pasquale die Augen schloss und wieder öffnete, hatte er das Gefühl, auf einem Fluss im amerikanischen Südwesten zu sein.

Heute waren die Wände auf Flusshöhe dunkel und schlugen im steinernen Lehrbuch der Natur eine weitere Seite auf. Sie fuhren zwischen 600 Millionen Jahre altem metamorphem Schiefergestein aus dem Präkambrium entlang. Alles deutete darauf hin, dass dies ein unbehaglicher Ort gewesen sein musste: Die Gesteinslandschaft war gekrümmt, gebrochen und zerrissen; sie wies Falten und Verwerfungen auf, Monoklinen und Synklinen, Eruptivgänge, Lagergänge und Schieferplatten.

Sie kamen an mehreren Krokodilen vorbei, die mit weit aufgerissenen Mäulern in der Sonne lagen, prähistorische Geschöpfe, die gut in die prähistorische Umgebung passten. Andere Krokodile lauerten an den seichten Stellen in Ufernähe und hielten nach Beute Ausschau. Das Team entdeckte außerdem eine viereinhalb Meter lange Felsenpython, groß genug, um ein Kanu oder einen Kajak zum Kentern zu bringen oder einen Menschen ganz zu schlucken. Alemu feuerte Schüsse auf die Python ab, doch sie war zu satt, zu müde, um sich zu bewegen, und blieb um einen Fels gewickelt liegen.

Die meisten Nebenschluchten waren jetzt ausgetrocknet, und die wenigen Akazien sahen schwarz und abgestorben aus, als hätte ein Feuer gewütet. Einmal kamen sie an einer Versammlung von Warzenschweinen vorbei. Sie schnupperten am Nordufer, doch als sie die gelbe Flottille bemerkten, streckten sie die Schwänze wie Fliegenklatschen in die Höhe und trippelten mit possierlichen Schritten in einer Reihe davon.

Als die Männer abends ihr Lager aufschlugen, waren sie noch tiefer in die Vergangenheit eingetaucht. Die Schlucht war an dieser Stelle steil und schmal, die Felsen waren aus Granit, tief in der Erde. Es kam ihnen so vor, als müssten sie nur noch ein klein bisschen tiefer vordringen, dann kämen sie an der anderen Seite der Erde wieder heraus.

Am nächsten Morgen wurde Pasquale von den Geräuschen geweckt, die Yohannes beim Kaffeekochen machte – einer Tätigkeit, die er und die meisten anderen Äthiopier meisterhaft beherrschten, da Kaffee ursprünglich aus Äthiopien kommt. Als Pasquale am Kaffee nippte, spürte er wieder einen Schmerz links unten im Bauch, doch er ignorierte ihn und machte stattdessen die Boote startklar. Sie waren so weit von einem Arzt entfernt, wie man nur sein kann, also musste er wie alle anderen ohne auskommen.

Als sie mit ihren morgendlichen Aufgaben beschäftigt waren, bemerkte Pasquale, wie Yibeltal Gordon mit dem kalten, gleichgültigen Blick einer Eidechse ansah. Nicht lange danach zog Gordon Pasquale auf die Seite und sagte, dass sie sich unterhalten müssten. Pasquale war schon aufgefallen, dass sich Gordons gelassenfreundliches Auftreten mit der Zeit in eine spöttische Überheblichkeit verwandelt hatte, und er hatte auch gehört, dass Gordon den Äthiopiern gegenüber stichelnde Bemerkungen machte, und ärgerte sich darüber. »Ich kann Yibeltal nicht ausstehen«, vertraute Gordon ihm nun an. »Er starrt mich immerzu an. Ich stelle ihn zur Rede, da starrt er mich weiter an. Er ist so arrogant! Ich will, dass er die Expedition verlässt.«

»Nein, Gordon«, antwortete Pasquale. »Das geht nicht. Wir brauchen ihn. Und du verstehst ihn falsch. Die Äthiopier starren einen Weißen nun mal gern an. Am besten ist es, wenn du einfach darüber hinwegsiehst.«

Obwohl er Gordon eine eindeutige Antwort gegeben hatte, ärgerte sich Pasquale über das Gespräch. Gordon hatte eine durch nichts zu erschütternde Unnahbarkeit an sich, als sollte sein Inneres so unantastbar und unzugänglich bleiben wie der Canyon. Pasquale schrieb ins Tagebuch: »Ich bemühe mich, den Frieden zwischen Gordon und Yibeltal aufrechtzuerhalten, aber es wird immer schwieriger. Ich muss Disziplin halten, durchhalten, weitermachen.« Dass ein Expeditionsleiter so handeln muss, hatte er auf dem Everest gelernt.

Pasquale hatte sich zum ersten Mal 1995 auf den Everest gewagt. Das Ziel der Expedition bestand darin, gegen die Umweltverschmutzung vorzugehen, und zwar sollten sie hunderte weggeworfener Sauerstoffflaschen einsammeln, die die Hänge verschandelten. Er kletterte mit dem Neuseeländer Rob Hall zusammen, der ein Jahr später bei dem Unglück ums Leben kam, das Jon Krakauer in seinem Buch *In eisige Höhen* geschildert hat. Pasquale war bis zum Südgipfel aufgestiegen, doch dann schlug das Wetter um, es wurde zu spät, und sie kehrten zum Camp drei auf 7.468 Meter Höhe zurück. Als das Wetter ein paar Tage später wieder aufklarte, stiegen mehrere Expeditionsmitglieder zum Gipfel auf. Pasquale bekam Schüttelfrost und musste den Abstieg beginnen. Vier Jahre zuvor hatte er sich in Äthiopien Malaria zugezogen, und nun erlitt er mitten auf dem Everest einen Rückfall.

Mit Schüttelfrost abzusteigen bereitete ihm die größten Schwierigkeiten, vor allem im tückischen Khumbu-Eisbruch, dessen bewegliche Eisblöcke die meisten Opfer forderten auf dem Everest. Pasquale war so krank, dass er sich zwischendurch aufs Eis legen und ausruhen musste, immer in der Hoffnung, nicht von einem zusammenbrechenden Sérac (einer Eiszacke) erschlagen zu werden. Nur unter größten Anstrengungen gelang es ihm, auftragsgemäß mehrere weggeworfene Sauerstoffflaschen den Berg hinunterzuschleppen. Eine Flasche, die von einer frühen russischen Expedition stammt, brachte er mir mit. Sie steht noch heute in meinem Büro.

Durch diesen Misserfolg ließ er sich nicht entmutigen und kehrte 1998 auf den Everest zurück. Das Wetter war schlecht, aber Pasquale war ein Kämpfer. Als ein Sturm aufzog, machte die Gruppe vor ihm am Südgipfel kehrt. Er hielt durch, und am nächsten Tag trat er die erste Spur der Saison auf der Hillary-Stufe und zum Gipfel.

Es war eine wundervolle Erfahrung. Später beschrieb Pasquale den Augenblick so: »Ich weiß noch genau, wie ich Bishop Rock (benannt nach Barry Bishop, der 1963 als erster Amerikaner den Everest bestieg) überquerte, das letzte frei liegende Granitstück vor dem Gipfel. Ich ging ein paar Schritte, blickte auf und sah etwa 15 Meter vor mir das kleine Dreieck, das die Chinesen ein paar Jahre zuvor hinterlassen hatten. Nach den letzten paar Schritten fiel ich auf die Knie, ballte die Fäuste und rief: »Ja, ich lebe noch! Ich hab's geschafft!«

Je weiter sie flussabwärts durch den Grand Canyon von Afrika trieben, desto deutlicher wurde, dass sie erstmals nirgendwo am Fluss Anzeichen von Menschen oder menschlicher Einwirkung entdecken konnten, selbst durch ein Fernglas nicht. Keine Häuser, keine Rinder, keine Ziegen, keine Farmen, keine Felder ... nichts als urwüchsige Wildnis. Pasquale zog sein Notizbuch hervor und notierte:

> Tagebuch 19. Tag
> In Wirklichkeit kann der Mensch der Erde nicht viel anhaben. Wenn alle Bewohner der Hochebene morgen sterben würden, würde sich ganz Äthiopien vermutlich schnell wieder in eine Wildnis zurückverwandeln. Im Lauf der Welt ist der Mensch klein und unbedeutend.

Da hörte er plötzlich ein Platschen, fuhr herum und sah, wie ein dreieinhalb Meter langes Krokodil von hinten auf Gordons zweieinhalb Meter langen Kajak zuschoss. »Krokodil!«, brüllte er. Hinter sich hörte er ein unverkennbares Klick-Klick, als Alemu seine Kalaschnikow entsicherte und anlegte. Das zweite Schlauchboot war aber direkt hinter dem Krokodil, und alle Boote trieben hin und her schaukelnd die Strömung hinunter. Ein verfehlter Schuss hätte verheerende Folgen haben können. »Nicht schießen«, bat Pasquale Alemu. Gordon wirbelte das Paddel wie ein Rad herum, um das angreifende Krokodil abzudrängen. Das Krokodil war nur noch einen halben Meter entfernt, als Gordon mit der flachen Paddelseite aufs Wasser schlug. Es klang wie ein Gewehrschuss, und das Krokodil verschwand wie ein Geist unter der Oberfläche. Alles war still. Die

Gewehre entsichert und schussbereit, beobachteten die Soldaten das Wasser. Ein Schreiseeadler schwebte träge im Aufwind und stellte beim Kreisen die Flügelspitzen ein, ohne einen Laut von sich zu geben. Dann bemerkten sie, dass sich das Wasser kräuselte, und wie ein U-Boot tauchte das Krokodil direkt unter Pasquales Riemen wieder auf. Pasquale umfasste fest den Griff, schlug dem Krokodil mit dem Blatt auf den Kopf und stieß sich an seinem Rücken ab. Es tauchte unter und kehrte nicht wieder zurück.

Sie fuhren ans Ufer, um eine Kleinigkeit zu Mittag zu essen und die Lage zu besprechen. »Wir müssen unbedingt dicht beieinander bleiben«, wies Pasquale die anderen an. »Sonst wird es zu gefährlich. Wir müssen in Reichweite sein, falls einem von uns etwas passiert.« Gordon hatte nichts dazu zu sagen, war aber einverstanden. Plötzlich tauchte ein splitternackter Äthiopier aus dem Nichts auf, schwarz und mager, blieb stehen und sah ihnen beim Essen zu. Mike holte eine Dose Spam-Dosenfleisch heraus, zog den Deckel ab und bot dem Besucher die Delikatesse an. Der Äthiopier musterte die Dose, steckte den Zeigefinger hinein und nahm ein Stück heraus. Er steckte es in den Mund und schluckte es herunter. Angewidert verzerrte er das Gesicht, warf die Dose in den Fluss und verschwand.

In der Richtung, in die der Mann verschwunden war, weiter oben im Canyon, bemerkte Pasquale eine Rauchsäule. »Lasst uns mal nachsehen«, schlug er vor.

Sie erklommen den kleinen Grat und sahen auf ein verkohltes, kahles Ödland, auf kilometerweite rauchende Verwüstung. Weit hinten erblickten sie Kohlebrenner – Bauern, die trotz des staatlichen Verbots Bäume abholzten und verbrannten, um Holzkohle herzustellen und diese zu verkaufen. Für einen 1,20 Meter hohen Sack Holzkohle, der für etwa einen Dollar das Stück am Straßenrand verkauft wird, benötigt man ungefähr zehn Bäume. *Forest in a*

Sack nennen das die Umweltschützer. Während Äthiopien in Bezug auf Ökologie und Artenvielfalt zu den reichsten Ländern der Welt gehört, ist es wirtschaftlich gesehen mit einem durchschnittlichen jährlichen Pro-Kopf-Einkommen von knapp 100 Dollar eines der ärmsten. In den ländlichen Regionen haben die Familien acht bis neun Kinder, und der Staat meldet ein jährliches Bevölkerungswachstum von 2,4 Prozent. Um ihre Familie zu ernähren, kochen die Frauen mit dem billigsten Brennstoff: Holzkohle.

Für die meisten Menschen in Äthiopien ist Umweltschutz ein langfristiger Luxus, der mit den dringenden Bedürfnissen des Alltags kollidiert. Die nächste Mahlzeit geht vor. Wenn allerdings nicht bald auf Alternativen zu den jetzigen Praktiken umgeschwenkt wird, fällt die Zukunft der verbrannten Gegenwart zum Opfer. Indem man seine eigene Umwelt niederbrennt, opfert man letztlich sich selbst.

Alemu und Baye, Pasquales EPRDF-Soldaten, hatten ihre Kalaschnikows mitgenommen. Jetzt trieben sie die Kohlebrenner zusammen und wollten ihre Brenngenehmigung sehen. Als die Männer nur mit den Schultern zuckten, rang Alemu ihnen die Zusage ab, damit aufzuhören und nicht wieder anzufangen. Er würde in einer Woche zurückkommen und jeden, der sich nicht an die Gesetze hielt, ins Gefängnis werfen. Sie gaben ihm das geforderte Versprechen und gingen fort. Natürlich war das Ganze eine Farce – alle Beteiligten wussten, dass die Männer weitermachen würden, sobald die Boote hinter der nächsten Kurve verschwunden waren.

Im Licht der Dämmerung fanden sie einen Lagerplatz am Rand eines breiten Kehrwassers, einem Ort, an dem sich gern Krokodile aufhalten. Mit dem Suchscheinwerfer, den er immer mit sich führte, schwenkte Pasquale am Ufer entlang, während die anderen das Abendessen zubereiteten. Der Lichtstrahl wanderte über ein Dutzend leuchtend roter Krokodilaugen. Die Reptilien lauerten nur wenige Meter vom Ufer entfernt auf Beutetiere, die den Fluss vielleicht zu einem letzten Abendtrunk aufsuchten. Gordon ging hinunter und brachte seinen Kajak in Sicherheit. Die Ungeheuer mit den Teufelsaugen sollten ihn auf keinen Fall stehlen können.

An den nächsten zwei Tagen wurde der Fluss langsamer, der Wind legte sich, und eine bleierne Sonne senkte sich über sie. Immer wieder blieben sie auf Kiesbänken stecken und mussten die Boote bei knapp 38 °C hinüberziehen. Der Fluss bevölkerte sich mehr und mehr. Sie beobachteten schwarzweiße Mantelaffen, die zwischen den Baumwipfeln hin und her segelten und dabei schrille, kratzende Schreie ausstießen. Sie kamen an Grünen Meerkatzen und Pavianen, Klippschliefern, Wasserböcken, Dikdiks, Hyänen und hüpfenden Klippspringern vorbei. Der Januar war eine gute Zeit zur Wildbeobachtung: Die Dürre im Hochland zwang die Tiere, des Wassers wegen an den Fluss zu kommen. Es gibt ungefähr 830 verschiedene Vogelarten in Äthiopien, von denen ein paar Dutzend nur hier zu finden sind, und davon sahen sie eine ganze Reihe: Heilige Ibisse und Hagedasche (mit Spottrufen), Schmuckreiher, Nimmersatte, Reiher, Bienenfresser so leuchtend blau wie Saphire, Gaukler, Haubenzwerg- und Riesenfischer, eine Familie blaugrauer Perlhühner, Maskenweber und die Schreiseeadler mit ihrer prachtvollen weißen Brust, ihrem weißen Schwanz und weißen Kopf. Überall waren Nilgänse. Bei jedem echten oder scheinbaren Alarm flogen sie auf und flatterten mit Besitz ergreifendem Geschrei um die Boote herum.

Und dann waren da noch die Krokodile ... haufenweise Krokodile. Mehrmals wurden sie angegriffen. Ein Krokodil klammerte sich an Mikes Ruderblatt und hinterließ auf beiden Seiten tiefe Zahnabdrücke. Das gab Pasquale zu denken, und er sorgte sich um Gordon in seinem winzigen Kajak. »Willst du nicht lieber mit dem Kajakfahren aufhören und zu uns ins Raft kommen?«, fragte er ihn.

Doch Gordon wollte nichts davon hören. Er wollte entweder den gesamten Blauen Nil durchpaddeln oder sterben.

Die Nächte wurden allmählich feucht, die Luft wie nasser Samt, und sobald sie die Stirnlampen einschalteten, umsurrten sie Myriaden von Mücken – ein wahres Stechfest. Während Mike dazu überging, im Zelt zu schlafen, das allerdings eher einer Sauna ähnelte, entschied sich Pasquale für Mücken statt Hitze und machte sich im relativ kühlen Freien lang. Am nächsten Morgen wachte er mit einem geschwollenen Auge auf, das er einem der nächtlichen Besucher zu verdanken hatte.

Am Dienstag, den 13. Januar, genau drei Wochen nach Expeditionsbeginn, fuhren sie um 10.50 Uhr morgens unter dem mittleren Bogen der stählernen Großen-Abay-Brücke durch. Nach einem nahe gelegenen Ort auch Shefartak-Brücke genannt, ist sie eine der beiden modernen Brücken in Äthiopien, die sich über die ganze Breite des Blauen Nils erstrecken. Als die Italiener 1935 einmarschierten und einen Großteil Äthiopiens besetzten, hielten sie eine Brücke über den Blauen Nil für notwendig, um ihre Kontrolle über das Land auszubauen. Die Ränder des Canyons liegen an dieser Stelle fast 30 Kilometer auseinander, und so konnte eine lange, sanft abfallende Zufahrtsstraße gebaut und der Norden mit dem Süden – das heißt Addis Abeba mit Bahir Dar und der Quelle des Blauen Nils – verbunden werden.

An den Stützpfeilern warteten mehrere Soldaten, Freunde von Alemu und Baye, und Zelalem mit neuem Proviant aus Addis Abeba. Pasquale wurde von seinen Gefühlen überwältigt, als er unter der Brücke hindurchfuhr. Seinem Ziel, den ganzen Nil zu befahren, war er nun ein großes Stück näher gekommen, und die Strecke hinter ihm würde er wahrscheinlich nie wieder im Leben sehen. Wie viele Menschen hatten die Brücke im Laufe der Zeit wohl überquert? Hatten sie flussab- und flussaufwärts geschaut und sich gefragt, wo der

Fluss begann und wo er endete? Das war für sie das Geheimnis des Nils.

Als sie direkt unter der hohen Brücke anlegten und die Boote festmachten, erfuhren sie, dass der Lkw mit dem Proviant aufgrund eines Missverständnisses schon zwei Tage früher gekommen war und ein Teil des Brots, Gemüses und ein paar Eier bei Temperaturen von 43 °C schlecht geworden waren. Yohannes, der Koch, flitzte die Straße ins nahe gelegene Dorf Dejon hinauf, angeblich, um frische Lebensmittel zu besorgen. Als er dort ankam, stieg er erst einmal für drei Stunden im Bordell ab. Pasquale ärgerte sich über die Verzögerung, verzieh Yohannes aber schließlich. »Er ist ein wilder kleiner Amhare, aber ein großartiger Koch«, schrieb Pasquale in sein Tagebuch.

Mike Prosser packte seine Sachen und verließ die Expedition. Sein Visum lief bald aus, er vermisste seine Familie, er hatte genug erreicht und ein größeres Abenteuer erlebt als erwartet. Trotzdem waren alle traurig, dass er sich so entschied, und sie mussten die Tränen zurückhalten, als sie sich zum Abschied umarmten. Von nun an musste Michel das zweite Raft rudern, was Pasquale Sorge bereitete, denn auf sie wartete die Schwarze Schlucht.

Sie hatte ihren Namen nicht nur wegen der Farbe der Felsen erhalten.

Kapitel 15

Von Jugend an hatte ich mich an die Strapazen und die Ausdauer bei gefährlichen Unternehmungen in tropischem Klima gewöhnt, und als ich die Karte von Afrika betrachtete, hegte ich die kühne, mit Demut gepaarte Hoffnung, dass ich genau wie der unbedeutende Wurm, der sich durch die härteste Eiche frisst, mit Beharrlichkeit das Herz von Afrika erreichen könnte.

Samuel Baker im Mai 1861

In der Mechanik eines Flusses kann es immer ein Element der Ungewissheit geben, das mit rationalem Verständnis nicht zu begreifen ist.

Luna B. Leopold, Walter B. Langbein 1963

Als sie in die Schwarze Schlucht hineinfuhren, schlug das Wetter um. Die Temperaturen stiegen auf mehr als 43 °C, und heiße Winde wehten einen feinen, stechenden Sand in jede Falte und Öffnung. Über dem Canyon hing dichter Dunst. Am ersten Abend regnete es sogar leicht, zum ersten Mal seit vier Monaten. Eines der Geheimnisse des Nils, mutmaßte Pasquale laut, ist die Frage, wie der Blaue Nil, der fast nur durch trockene, kahle Landschaft fließt, das ganze Jahr über solche Mengen Wasser führen kann. Kein schmelzender Gletscher, kein Schneefeld, kein großes Gebirge speist den Strom, kein Regenwald im Einzugsgebiet wie beim Amazonas oder Kongo. Wie die Einheimischen, die die Shefartak-Brücke überqueren, fragte sich auch Pasquale, woher das Wasser kam.

Da sie nun auf Mike Prosser verzichten mussten, zeigte Pasquale Michel und den Äthiopiern, wie sie mit dem zweiten Schlauchboot umgehen und wie sie es führen mussten. Er erteilte ihnen Ruderstunden, doch als sie es nicht sofort lernten, war seine Geduld bald erschöpft. Pasquale wollte auf dem trägen, gewundenen Flussabschnitt schnell vorankommen, doch das zweite Raft taumelte unsicher über das Wasser wie ein kleines Kind, das die ersten Schritte lernte, und hatte Schwierigkeiten mitzukommen. Die Situation wurde noch angespannter, als Pasquale ihnen zuschrie, dass sie die Geschwindigkeit halten sollten, und die anderen zurückschrien. Irgendwann fand Pasquale auch noch heraus, dass Yalew Steine gesammelt und das Boot dadurch zusätzlich beschwert hatte. Als Yalew gerade nicht hinsah, warf er sie in den Fluss.

Pasquale rief seine Frau Kim über das Satellitentelefon an – was die Sache nur noch schlimmer machte. Er war fast drei Monate fort, und sie vermisste ihn. Als sie 1998 heirateten, hatte sie zwar gewusst, dass sie einen Expeditionsleiter zum Mann haben würde, aber dass er so lange fort war, damit hatte sie nun doch nicht gerechnet. »Warum sind wir bloß verheiratet? Damit du die ganze Zeit nicht da bist?«, fragte sie, als er anrief. Die schlimmere Nachricht von der Heimatfront war jedoch, dass sich Kim mit seinem jüngsten Sohn Adam stritt, der mitten in einer Scheidung steckte. Er wollte mehr Geld von einem Treuhandkonto abheben, das Pasquale für den Fall eingerichtet hatte, dass er verunglückte, und Kim hielt es für falsch. Bis nach Mitternacht sprach Pasquale mit den beiden und versuchte zu vermitteln, doch das war nicht leicht, wenn man sich gerade am anderen Ende der Welt aufhielt. Verärgert, um nicht zu sagen wütend legte er sich schließlich schlafen. Hoch über den Felswänden sah er in der Ferne kleine züngelnde Flammen, die Löcher in den Nachthimmel brannten – die Kohlebrenner bei der Arbeit.

Wann immer Pasquale länger als ein paar Wochen zu Hause in Colorado war, packte ihn das Fernweh, und er musste an irgendeinen fernen Ort flüchten. Doch als er jetzt im Schlafsack lag, dachte er an sein Zuhause. Er erinnerte sich der Farben und Gerüche, seiner alten Garage, der Eiche im Vorgarten, die Kim und er bei ihrer Hochzeit gepflanzt hatten. Wenn sie sich stritten, drohte er manchmal, dem Stamm mit der Kettensäge zu Leibe zu rücken, aber er wusste genau, dass er das niemals tun würde.

Jetzt fühlte er sich arm und leer hier an dem fernen Ort. Mochte er sich auch etwas auf seine Unabhängigkeit und seine Distanziertheit einbilden und sich damit trösten, dass er alles im Griff hatte – im Moment wurde alles erschüttert. Bevor er einschlief, vermisste er es, an dem alten Knochen des friedlichen Alltags in Colorado zu nagen.

Die Briten hatten die Schwarze Schlucht nach den hohen, schwefelartigen Gneis- und Schieferwänden aus dem Präkambrium benannt, die zu beiden Seiten des Flusses aufragen. Das dunkle Gestein hat unter anderem zur Folge, dass es den Flusskorridor in einen Ofen verwandelt, und mit der Temperatur stieg die gereizte Stimmung. Es wurde wegen des Kochens, der Hygienebedingungen, der Bootsausrüstung, wegen des Kistenpackens und der Lageraufgaben gestritten – einfach wegen allem. Sie hörten kurz zu streiten auf, als zwei *shiftas* um drei Uhr morgens mit automatischen Waffen das Lager überfielen. Alemu und Baye kehrten ihre überlegene Feuerkraft hervor und vertrieben die *shiftas*. Doch beim nächsten Mittagessen fing das Gezanke wieder an. Diesmal ging es um den gelben Senf. Pasquale wollte wissen, wo er war; Yohannes antwortete, er sei verloren gegangen. Pasquale wühlte alle Küchenkisten durch. Als er den Senf schließlich fand, warf er Yohannes das Glas an den Kopf. Wie sich herausstellte, hatte Yohannes ihn falsch verstanden, was zwischen den *ferengis* und den Äthiopiern häufiger vorkam. Als sich die Wogen geglättet hatten, entschuldigte sich Pasquale bei Yohannes.

Gordon zog immer mehr sein eigenes Ding durch. Als ihm ein Krokodil in eine Stromschnelle folgte, raste er hindurch und noch ein Stück weiter, wendete den kleinen Kajak und paddelte angriffslustig auf das Reptil zu. Auf die Frage nach dem Warum meinte er, Krokodile seien schließlich Raubtiere und würden wie Bären oder Löwen die Schwachen oder Verletzten jagen. Wenn er zum Gegenangriff ansetzte, würde das angreifende Krokodil schon klein beigeben.

Pasquale schüttelte den Kopf. »Was redest du da, Gordon? Das ist absurd. Nimm mal an, ein Krokodil will dich von hinten angreifen – das siehst du gar nicht. Deine Arme sind gerade mal 15 Zentimeter über dem Wasser. Das Krokodil schnappt danach, und wenn es deinen Arm gepackt hat, wirft es sich nach rechts und links, reißt dich aus dem Kajak, und du bist futsch.«

Gordon war nach wie vor vom Gegenteil überzeugt und arbeitete daran, seine Methode in Kehrwassern zu verbessern. Pasquale beobachtete, wie er mit einem kleinen Baumstamm als Krokodil übte. Zuerst wendete er den Kajak und schlug Wellen, während er auf das falsche Krokodil zuraste, dann schlug er mit der flachen Paddelseite auf die Wasseroberfläche und drehte Pirouetten, so dass der Baumstamm eine Heidenangst bekam.

Der Fluss wurde jetzt immer schmaler wie ein Trichter und schrumpfte von 800 Metern auf unter 20 Meter Breite. Die Wände waren mit Quarzpegmatiten verziert. Sie sahen aus wie Zauberstäbe, die im Dunkeln magischen Staub versprühten. Eine hübsche Verpackung für die Hässlichkeit, die sich zusammenbraute.

Am Abend schlugen sie ihr Lager auf einem sandbedeckten Inselchen in der Flussmitte auf. An ebendieser Stelle hatte die französisch-schweizerische Expedition des Jahres 1962 ein grausiges Unglück erlebt: Gegen halb zwei Uhr morgens schliefen die sechs Expeditionsmitglieder tief und fest auf der Insel, als *shiftas* plötzlich das Feuer eröffneten – es war Vollmond. Zwei Männer waren sofort tot; ein dritter wurde verletzt, als er und die übrigen drei Überlebenden in die Boote sprangen und flussabwärts flüchteten. Ein weiterer Kugelhagel folgte, ein Boot wurde durchlöchert und ein Paddel zertrümmert. Die vier kamen mit dem Leben davon.

Nach dem Abendessen verkündete Yohannes, dass er die Expedition verlassen werde. Das dauernde Herumbrüllen gefalle ihm nicht. Pasquale schrie ihn an, dass er auch sofort ohne Bezahlung gehen könne. Yohannes zögerte einen Moment, erklärte sich dann aber bereit, bis zur sudanesischen Grenze zu bleiben. Wieder entschuldigte sich Pasquale.

Am 15. erreichten sie spätnachmittags Castanio's Folly, eine Brücke, die wegen der mächtigen Feigenbaumwurzeln, die sich in Knoten um den Stein schlangen, eher einem alten Fort als einer Brücke ähnelte. 1896 hatte ein äthiopischer Ingenieur italienischer Abstammung namens Castanio von Kaiser Menelik den Auftrag erhalten, die erste moderne Brücke über den Nil zu bauen, um die Hauptstadt mit den reichen Provinzen im Norden zu verbinden. Während Castanio darauf wartete, dass der Stahl aus Mailand eintraf, fuhr er zum Fluss und überwachte den Bau der riesigen Granitpfeiler auf beiden Seiten. Er hatte sich für eine Stelle entschieden, die eine relativ schmale Spannweite von 85 Metern zuließ. Der Stahl traf in der französischen Hafenstadt Dschibuti ein, wurde ausgeladen, verschwand aber auf dem Weg nach Addis Abeba mysteriöserweise. Castanio bestellte ihn neu, doch der Stahl verschwand wieder. Wie konnte sich tonnenweise Stahl in Luft auflösen? Ein weiteres Geheimnis des Nils. Inzwischen hatte der Kaiser die Geduld verloren und stellte Castanio keine Gelder mehr zur Verfügung.

1933 kehrte Castanio an den Fluss zurück und baute an derselben Stelle eine Rollfähre – einen flachen Kahn, der durch ein über den Fluss gespanntes Stahlseil gegen die Strömung bestehen konnte. Castanio befestigte das Stahlseil an den Steinpfeilern, die er vor über 30 Jahren errichtet hatte. Die ausgefransten Enden des Seils schauen noch heute aus den Pfeilern hervor.

Einen halben Kilometer unterhalb der von Castanio ausgewählten Stelle hatten die Italiener nach ihrer Annexion Äthiopiens eine Rollfähre gebaut, die Gojam und Wolega verband. Sie war bis 1974 in Betrieb. Als das sozialistisch inspirierte Militärkomitee namens Derg (»Komitee« auf Amharisch) das kaiserliche Regime stürzte, fiel der Flussübergang dem politischen Chaos zum Opfer, verrottete und besteht heute nur noch aus einem rostigen Seil, das über den Fluss gespannt ist.

Zoë Keone von *Bridges to Prosperity* sah sich den Ort im März 2002 an und traf sich mit Dorfältesten und Kebele-Führern zu beiden Seiten des Nils. Sie schätzte die Dorfbevölkerung, die direkt an beiden Ufern lebte, auf mehr als eine Viertelmillion Menschen. Viele von ihnen hatten Familienangehörige am anderen Ufer, die sie seit 30 Jahren nicht gesehen hatten. Handel zwischen den Ufern gab es praktisch nicht, da man den Fluss wegen der Krokodile und der turbulenten Strömungen nicht überqueren konnte. Wenn man außen herum auf die andere Seite gelangen wollte, brauchte man auf dem Landweg länger als drei Tage mit dem Bus und noch einmal zwei Tage zu Fuß. Also beabsichtigte *Bridges to Prosperity*, wie Zoë Pasquale berichtete, eine neue Rollfähre anzulegen. Eine, die Castanio's Folly einem besseren Schicksal zuführen würde.

Castanio's schien sich als Rastplatz anzubieten, daher beschloss Pasquale, einen Pausentag einzulegen. Er nutzte die Zeit, um ein paar Gedanken im Tagebuch festzuhalten:

Tagebuch 24. Tag

Sehr müde. Ich muss mich beruhigen und mich den anderen gegenüber besser erklären. Vielleicht zu viel Stress. Über zwei Monate von zu Hause weg. Ich bin nicht gern ein Arschloch, aber manchmal bringt es einen weiter, vor allem in einem Land wie Äthiopien, wo Disziplin ein Fremdwort ist. Heiße, lange Tage. Das Verhältnis zwischen Gordon und Yibeltal ist nicht gut – sehr angespannt. Die beiden mögen sich einfach nicht. All das macht mir zu schaffen.

An diesem Tag wuschen sie ein paar Kleidungsstücke, flickten kleine Löcher in den Schlauchboten, luden die Batterien mit Pasquales selbst gebautem Solar-Ladegerät auf, erkundeten die Brückenattrappe und schwammen in einem tiefen Badeloch weiter oben im Nebenfluss Guder Shet. Hier hatten die Briten 1968 die ersten Versorgungsabwürfe erhalten. Und hier musste die Expedition 36 Jahre später auf eine solche Unterstützung von außen verzichten. Was sie brauchten, trugen sie von einer Brücke zur anderen, und damit mussten sie auskommen.

Das Team hatte gehofft, am nächsten Morgen etwas länger schlafen zu können, doch die Sandfliegen kamen schon beim ersten Licht heraus und sprangen über jeden Zentimeter nackter Haut. Bis jetzt waren sie das einzige Lebenszeichen in der Schwarzen Schlucht. Die Männer hatten seit zwei Tagen keinen Menschen gesehen, am Ufer gab es keine wilden Tiere, und selbst Gras und Bäume waren verkohlt und tot.

Durch die Schwarze Schlucht zu treiben war so, als würde man eine imposante schwarze Marmorhalle mit prachtvoll gemeißelten Wänden durchwandern. Die metamorphen Felswände waren 150 Meter hoch, nackt und vom Hochwasser so blank geputzt, dass sie übernatürlich glänzten. Die britische Armee war auf ihren motorisierten Schlauchbooten während der Regenzeit hindurchgefahren, damals war der Wasserpegel 15 Meter höher gewesen.

Die auf Mike Speaks' Karten eingezeichneten Stromschnellen schien es bei niedrigem Wasserstand schlichtweg nicht zu geben. Sogar Wasserfälle verschwanden aufgrund des geringen Wasservolumens. Vielleicht ist die Schwarze Schlucht ja einfacher, als Speaks sie beschrieben hat, hoffte Pasquale. Zumindest fanden sie hier genügend herrliche Strände als Lagerplätze.

Gegen Mittag hielten sie am Zusammenfluss mit dem Fincha Shet an. Eigentlich wollten sie ihre Behälter mit frischem Wasser füllen, doch der Nebenfluss war trüb und braun, schäumte dunkel und stank erbärmlich. Als sie gerade beim Essen waren, tauchten ein paar Weihrauchsammler auf, die nach der eichenähnlichen Hagenia suchten. Ihre Samen werden in der äthiopischen Kaffeezeremonie verbrannt. Die Männer erklärten, dass sich weiter oben am Fincha Shet eine Wasserkraftanlage und eine Zuckerfabrik befanden und die Verschmutzung von deren Abwasser herrührte. Inmitten der unberührten Wildnis sah Pasquale darin ein krasses Umweltverbrechen, und um es selbst besser zu machen, bot er den Weihrauchsammlern seine gebrauchten Flaschen und Dosen an, die sie gern annahmen. Immerhin konnten die Sachen auf diese Weise wiederverwertet werden.

Am Nachmittag bekamen sie wieder wilde Tiere zu Gesicht: zwei Kudurudel, einen Klippspringer und Paviane – was Pasquale zu der Annahme verleitete, dass sich die Schlucht wieder weitete und zugänglicher wurde. Und das hieß eventuell auch, dass die Stromschnellen, die ihnen laut Karte noch bevorstanden, ausgewaschen worden waren . Doch dann stießen sie auf eine Stromschnelle der Kategorie drei. Pasquale fuhr als Erster durch, und Michel sah zu. Dann nahm Michel die Riemen, folgte genau seinem Kurs und legte eine perfekte Fahrt hin. Vielleicht hatte er sich zu viel Sorgen um

Michel und seine fehlende Wildwassererfahrung gemacht, dachte Pasquale. Vielleicht ginge ja alles gut.

Am Abend fegte ein unangenehmer Wüstenwind aus dem Sudan durch den Canyon. Im Licht der untergehenden Sonne verfärbten sich die Felswände in ein bedrohliches Blauschwarz. Die Männer war jetzt nicht mehr weit von der Grenze entfernt, wo Gefahren ganz anderer Art lauerten.

Montag, der 19. Januar, der 27. Expeditionstag, begann wie viele andere, mit neckischem Geplänkel am Lagerfeuer im gedämpften Morgenlicht. Die Schlucht sah genauso aus wie zuvor in tiefster Nacht: steif, abweisend, ungemütlich. Bevor die Sonne aufging, schimmerte eine dicke karmesinrote Linie entlang des Horizonts. Sie blieb sehr lange dort – es kamen ihnen wie eine Stunde vor –, und erst dann erhob sich in der Mitte ein leuchtendes Feld, und die Sonne tauchte über dem Rand auf. Gleichzeitig erschienen ferne Schichten am restlichen Himmel, als würde die rosafarbene Morgenluft durch Glasplatten vom Indigoblau der Nacht getrennt.

Nach dem Kaffee kam Pasquale auf die Idee, einen 1.500 Meter hohen Berg in der Nähe zu erklimmen, um die Aussicht zu genießen und ein paar Fotos zu machen. Eilig stieg er in Sandalen durch spitzes, verbranntes Elefantengras den Berg hinauf. Auf dem Gipfel setzte er sich hin und ließ das Panorama auf sich einwirken. Der Ausblick wurde durch nichts versperrt: überall klare Linien und unbegrenzte Weite. Pasquale konnte meilenweit sehen. Und nirgendwo erblickte er Felder, Bauernhöfe oder Dörfer, nur die Überreste des Kohlebrennens. Die Schwarze Schlucht des Blauen Nils bildete eine natürliche Grenze, welche die amharischen Hochlandvölker von den nilotischen Gumuz und Oromo im Süden trennte. Doch sie hatte auch dazu beigetragen, dass Äthiopien über die Jahrhunderte unabhängig geblieben war. Tatsächlich ist Äthiopien als einziger afrikanischer Staat nie kolonialisiert worden, wenn man

Liberia, das von den Nachkommen freigelassener afroamerikanischer Sklaven gegründet wurde, nicht einrechnet. Äthiopiens harsche topografische Beschaffenheit und die ebenso harschen Bewohner konnten alle Eindringlinge aufhalten – abgesehen von der kurzen Zeit der italienischen Besatzung.

Die italienische Armee drang im Oktober 1935 aus Eritrea ein. Die äthiopische Armee bekämpfte sie im Januar 1936 in der Region Tigray, als Kaiser Haile Selassie gerade vom *Time*-Magazin zum Mann des Jahres gewählt worden war. Nach kleineren Siegen auf äthiopischer Seite erwies sich Italiens überlegene Luftmacht und der nach internationalem Kriegsrecht verbotene Einsatz von Senfgas als entscheidend. Haile Selassie ging ins Exil, und auf den Straßen brachen Anarchie und Gewalt aus.

Während der gesamten italienischen Besatzungszeit leistete der äthiopische Adel Widerstand, einmal durch Zeit schindende Diplomatie und zum anderen durch einen gut organisierten Guerillakrieg. Das faschistische Italien ging dagegen mit brutalen Vergeltungsmaßnahmen vor – Taktiken, die Haile Selassie später übernahm. Als 1937 ein Anschlag auf den italienischen Vizekönig scheiterte, kam es zu bestialischen Übergriffen der italienischen Schwarzhemden in der Hauptstadt. Sie brannten Häuser nieder, enthaupteten wahllos Äthiopier und schlitzten ihnen den Bauch auf, dabei hatten sie eigentlich vor allem Intellektuelle im Visier. Der äthiopische Widerstand errang keine nennenswerten Siege, aber die Rolle, die er bei der Demoralisierung der Besatzer spielte, wies dem mühelosen Sieg der Alliierten über die italienischen Truppen im Januar 1941 den Weg.

Der britische Oberstleutnant Orde Wingate führte den Kaiser an der Spitze der *Gideon Force*, die mit 15.000 Kamelen in Khartum losmarschiert war, aus dem Exil zurück. (Traurigerweise kamen nur 50 Kamele in Addis Abeba an – ein Offizier berichtete, dass »ein Kompass nicht vonnöten war; die Kolonne musste nur dem Gestank der toten Kamele nachgehen.) Nachdem die Alliierten die Italiener nach Eritrea zurückgedrängt hatten, kehrte Haile Selassie auf den Thron zurück. Als Erstes ersuchte er die Vereinten Nationen, Eritrea seiner Regierung zu unterstellen, damit Äthiopien einen Zugang zum Roten Meer erhielt. Sowohl Großbritannien als auch die USA hatten ein ureigenes Interesse daran, das Gebiet am Roten Meer in den Händen von Freunden zu halten, und drängten daher die anderen Mitgliedsstaaten, Haile Selassies Gesuch zu entsprechen. So wurde Eritrea, ohne gehört zu werden, zu einer zweifelhaften Föderation mit Äthiopien gezwungen.

Als der Mittlere Osten, der genau gegenüber von Eritrea auf der anderen Seite des Roten Meeres lag, aufgrund seines Ölreichtums eine immer größere Rolle in der internationalen Politik spielte, wurden Äthiopien und seine Häfen am Roten Meer für die US-Außenpolitik immer wichtiger. 1962 wurde Eritrea offiziell von Äthiopien annektiert, ohne dass die internationale Gemeinschaft auch nur einen Mucks von sich gegeben hätte. Eritrea begann einen Unabhängigkeitskrieg, der 30 Jahre dauerte und mehr als 100.000 Eritreer das Leben kostete. Auf der Tagesordnung der Vereinten Nationen stand er nicht ein einziges Mal. Und die USA sahen nicht einfach nur weg. Da sie Äthiopien als Spionage- und Militärstützpunkt nutzen durften, entwickelten sie im Gegenzug ein militärisches Ausbildungsprogramm für den Staat, das bis 1970 mehr als die Hälfte des amerikanischen Budgets für militärische Unterstützung in Afrika verschlang.

Nur wenige Staatsführer der Neuzeit wurden so sehr mit dem Image ihres Landes in Verbindung gebracht wie Haile Selassie. Abgesehen vom italienischen Intermezzo regierte er fast unangefochten von 1930 bis 1974. Trotz der Aura, die ihn zumindest zeitweise umgab, unternahm Haile Selassie nur wenig, um sein Land voranzubringen, und immer wieder kamen Gerüchte auf, dass unvorstellbare Summen auf Schweizer Bankkonten geflossen seien, während in abgelegenen Dörfern tausende Menschen verhungerten. Im Wesentlichen war das Äthiopien der frühen 1970er-Jahre – kurz vor dem Umsturz, der die Monarchie zu Fall brachte – nicht weniger feudal als das Äthiopien der 1930er-Jahre.

Über die Jahre hatte Haile Selassie Putschversuche, Widerstandsbewegungen und jede andere Bedrohung seiner absoluten Herrschaft mit den gleichen brutalen Mitteln abgewehrt, die schon die Italiener angewandt hatten. Nur wenige lebten lange genug, um seinen Zorn eines zweites Mal auf sich zu ziehen. Rufe nach einer Bodenreform (die meisten Bauern waren noch immer den Launen örtlicher Grundbesitzer ausgeliefert) wurden lauter, als von 1971 bis 1973 in den Provinzen Wollo und Tigray eine schwere Hungersnot herrschte, die schätzungsweise 200.000 Menschen das Leben kostete.

Die Ölkrise brach Haile Selassie schließlich das Genick. Er hatte verfügt, dass alle Taxifahrer in Addis Abeba nur einen Fixpreis von 25 Cent von ihren Fahrgästen verlangen durften, egal, in welchen Teil der Stadt sie fuhren. Das funktionierte gut, solange die Ölpreise niedrig waren. Doch als das 1974er-Embargo die Ölpreise in die Höhe schnellen ließ, machten die Fahrer mit jeder Fahrt Verlust. Frühere Streikversuche waren von der Regierung schnell und effektiv unterbunden worden, trotzdem traten die Taxifahrer nun massenweise in den Streik. Sie machten sich auf das Schlimmste gefasst – zur allgemeinen Überraschung lenkte Haile Selassie aber ein und stimmte einer Subventionierung der Benzinpreise zu.

Das war ein so großer Sieg, dass nur wenige Tage später die Busfahrer streikten. Eine schleichende Revolution hatte begonnen. Wieder gab der Kaiser klein bei und richtete sich nach den Forderungen der Streikenden. Als Nächste kamen die Studenten, Gewerkschaften und Fluglotsen. Sogar 200.000 koptisch-christliche Priester drohten, für eine bessere Bezahlung in den Streik zu treten. Nach und nach ließ der Kaiser Reformen zu, die den jahrhundertealten Feudalismus demontierten.

Selbst das Militär streikte für einen besseren Sold. Mit Erfolg. Die ganze Zeit über reihten sich Demonstrationen, Bauernaufstände, Rebellenkämpfe im Norden und Süden des Landes, Krawalle um Lebensmittel und Brennstoffe sowie Soldatenmeutereien aneinander.

Schließlich brach das Regime des Kaisers, eines der grausamsten im Afrika des 20. Jahrhunderts, zusammen wie ein Kartenhaus. Seine Nachfolge trat nach einigen Diadochenkämpfen der so genannte »Rote Kaiser« oder »Schwarze Lenin« an, Major Mengistu Haile Mariam, der vom US-Militär ausgebildet worden war. Wie es heißt, erstickte er im August 1975 mit einem äthergetränkten Kissen den Mann, den er fast ein Jahr lang gefangen gehalten hatte, den 225. Monarchen in direkter Linie, die bis zu Salomon I., dem Sohn Davids, zurückreichte – Kaiser Haile Selassie I. Die sterblichen Überreste wurden still und heimlich unter einer Latrine verscharrt.

Kapitel 16

Eine Fliege summte – als ich starb – (...)
Mit Blauem – taumelndem Gebrumm –
Zwischen das Licht – und mich –
Die Fenster schwanden mir – und dann
Verlor mein Sehn die Sicht –

Emily Dickinson, übersetzt von Werner von Koppenfels

Zurück auf dem Fluss, stieß die Expedition auf kleine Stromschnellen, die Michel ohne Probleme meisterte. Dann kamen sie an ein Phänomen, das Pasquale »Schwarze Schlucht Teil sechs« nannte: ein riesiges, steiles Gefälle, das es bei Hochwasser offensichtlich nicht gab, denn es war nicht auf der Karte eingezeichnet.

Sie legten am Nordufer an, einer senkrecht emporragenden Felswand, und versuchten, sich von den Booten aus einen Überblick zu verschaffen. Pasquale schaute sich zuerst den Schlund mit mehreren Riesenlöchern an und blickte dann zu Michel. Der war vor Schreck wie gelähmt, so dass er ihm riet, größte Vorsicht walten zu lassen und das Boot immer gerade und in der Mitte zu halten. Die letzten Tage hatten alle, die auf Michels Boot fuhren, darauf verzichtet, Schwimmwesten zu tragen, da der Fluss harmlos und das Wetter heiß gewesen war. Jetzt wies Pasquale sie an, die Westen anzuziehen und festzuzurren. Yohannes, Baye und Solomon, die in Michels Boot saßen, weigerten sich und behaupteten, keine Schwimmhilfen zu benötigen. »Zieht sofort die Rettungswesten an. Das hier ist kein Spiel, sondern bitterer Ernst. Wollt ihr vielleicht in der Stromschnelle umkommen?«, brüllte Pasquale sie an, und sie gehorchten.

Gordon fuhr als Erster und rauschte mit seinem Kajak problemlos durch. Kurz vor dem unteren Ende hielt er zum Zeichen, dass man durch die Mitte fahren sollte, das Paddel senkrecht in die Höhe. Pasquale legte schon von der Felswand ab, als er sah, wie Gordon das Paddel herunternahm und damit auf das rechte Ufer zeigte.

In den vier Wochen, die Pasquale und Gordon nun schon gemeinsam durch große Stromschnellen fuhren – inzwischen mussten es über 100 sein –, hatten sie nie über die Zeichen geredet, die sie sich auf dem Fluss gaben. Pasquale fuhr in die dunkelgrüne Zunge der Stromschnelle hinein, hielt sich ganz rechts und dachte, er folgte Gordons Anweisungen. Anstelle einer sauberen Fahrt durch die Mitte fiel er einen dreieinhalb Meter hohen Wasserfall hinunter, zuerst in ein Riesenloch mit extrem starkem Sog, dann in ein zweites. Über das Schlauchboot brach eine Wildwasserlawine herein, und ein brausender Wirbelsturm warf es herum. Pasquale ließ die Riemen fallen und sprang auf die hohe Seite des Boots. Endlich schoss es auf der anderen Seite hervor, und alles war noch heil. Er drehte sich schleunigst um und warnte Michel, der direkt hinter ihm fuhr: »Steuere in die Mitte zurück! Komm mir nicht nach ... Fahr zurück! Nicht auf die Seite ... sonst kentert ihr!« Doch es war zu spät.

Das Raft fiel in das erste Loch, wurde seitlich herumgeschleudert und schoss wieder heraus. Dann tauchte es in das zweite Loch, das im rechten Winkel zur Strömung lag, verschwand in einer zischenden Schaumhöhle, trieb auf der anderen Seite der Welle und blieb stehen. Ein paar furchtbare Sekunden lang blieb das Boot auf dem Kamm hängen, und Pasquale rutschte das Herz in die Hose. Das Boot hing am Rand der Welle fest, alle Insassen wurden herausgespült. Dann kippte es um.

Im Fluss sah es aus wie auf einem Flohmarkt. Michel und seine Crew hatten ihre Ausrüstung nicht festgebunden, deshalb schwammen jetzt Mützen, Schuhe, andere Kleidungsstücke, Wasserflaschen, eine Kiste mit schaukelnden Apfelsinen auf dem Wasser – und nicht zuletzt auch Michels Selbstvertrauen.

Pasquale griff nach einer Rettungswurfleine. Im selben Moment hörte er jemanden »*azo!*« schreien, was auf Amharisch »Krokodil« bedeutet. Ihm sträubten sich die Nackenhaare. Anscheinend lauerte ein Krokodil im Kehrwasser und machte Jagd auf einen der Schiffbrüchigen.

Pasquale schnappte sich die Riemen und ruderte wie wild auf die mit der schnellen Strömung wegtreibenden Köpfe zu. Plötzlich kam Michel hoch, kletterte auf das umgekippte Raft und zog Solomon hinauf, der immer wieder »*Azo!*«, brüllte.

»Wo?«, schrie Pasquale und sah sich aufgeregt nach dem Krokodil um. In dem Flussabschnitt lebten besonders viele Krokodile, und die Fleischfresser postierten sich häufig am unteren Ende einer Stromschnelle, einem guten Platz, um Fische und anderes lebendes Fleisch zu fangen, das nach dem Sturz durch das Wildwasser die Orientierung verloren hatte.

Solomon zog den keuchenden Yohannes herauf, dessen Handgelenk er während der gesamten Tortur fest umklammert hatte. »Wo ist denn das Krokodil?«, fragte Pasquale, als er das umgekippte Boot erreicht hatte. »Nicht *azo*«, entgegnete Solomon. »Ich hab Yohannes ›*izo*‹ zugerufen, das heißt: ›Ich hab dich‹!«

Während sie sich abmühten, das umgekippte Boot ans Ufer zu bringen, paddelte Gordon mit rotem Gesicht zu Pasquale hinüber, ein überhitzter Teekessel, der Dampf ablassen musste. »Warum zum Teufel hast du dich nicht an meine Zeichen gehalten?«

»Hab ich doch ... Du hast mir signalisiert, ich sollte nach rechts fahren.«

»Hab ich nicht. Das hast du falsch gedeutet!«

So warfen sie sich gegenseitig Beschimpfungen an den Kopf. Gordon warf Pasquale vor, er wäre ein schlechter Expeditionsleiter. »Du solltest besser aufpassen, sonst kommt noch jemand ums Leben«, schrie Gordon ihn vor versammelter Mannschaft an. »Du bringst uns in Gefahr. Du bist eine Gefahr für uns. Ich fahre ganz vorn; nur ich kann entscheiden, ob und wie wir die Stromschnellen herunterfahren.«

»Du benimmst dich unmöglich, Gordon. Ich sag's dir ja nur ungern, aber die Sache ist anders. Wenn du mir dabei helfen willst, dieses Ding zu leiten, schön, aber wenn nicht, solltest du besser verschwinden. Ich allein entscheide, ob wir eine Strecke befahren.«

Pasquale hatte das Gefühl, dass Gordon gegen ihn meuterte. Die Äthiopier meldeten sich zu Wort und sagten, sie hätten sich nicht anstellen lassen, um zum Krüppel zu werden oder zu ertrinken. Sie würden sich große Sorgen machen, dass ihre Familien dann nicht abgesichert wären. Ohne eine solche Absicherung würden sie die Expedition auf der Stelle verlassen und nach Hause zurückkehren.

»Na schön«, sagte Pasquale und zog das Satellitentelefon heraus. Er rief im Büro von MacGillivray Freeman Films in Laguna Beach an. Er erreichte Mark Krenzien, den Produzenten des IMAX-Films, und legte los: »Ich glaube, Gordon hat sich nicht in der Gewalt. Er verträgt überhaupt keinen Stress. Keine Ahnung, wohin das noch führen soll. Ich weiß nicht, ob ich mit ihm weitermachen kann.« Als guter Vermittler beruhigte Mark Pasquale erst einmal, indem er sagte, dass die Hitze, die Abgeschiedenheit und die Herausforderungen sicher jedem von ihnen zu schaffen machten und es das Beste sei, Ruhe zu bewahren und an die Expedition zu denken. Pasquale stimmte seufzend zu und erklärte dann, dass die Äthiopier schnellstens versichert werden müssten. Mark wollte sich sofort darum kümmern.

Pasquale Scaturro und Gordon Brown vor dem Sphinx von Gizeh. Foto von Pasquale Scaturro, aufgenommen vor dem Beginn der Expedition, bei Dreharbeiten des Imax-Films *Der Blaue Nil* in Ägypten.

Der Blaue Nil oder Gilgel Abay, wenige Meter nach seiner Quelle in Sakala, äthiopisches Hochland. Der Gilgel Abay (»Kleiner Nil«) ist 220 Kilometer lang, fließt durch grüne Täler und tiefe Schluchten, bis er in den Tanasee mündet. *Foto von Pasquale Scaturro*

Ein orthodoxer Priester an der Kirche von St. Michael, die oberhalb der Quelle des Blauen Nils steht. Nur die Wächter des Heiligen Wassers dürfen daraus schöpfen. *Foto von Mike Prosser*

Ein Äthiopier will gerade über eine »Brücke« aus Baumstämmen den Blauen Nil überqueren. Dieser Streckenabschnitt mit Wildwasser der Kategorie VI gehört zu den schwierigsten auf dem Nil und ist unbefahrbar. *Foto von Pasquale Scaturro*

Ein amharisches Mädchen in der Nähe des Tanasees. *Foto von Michel L'Huillier*

Nur wenige Meter vor den Tissisat-Fällen staken zwei Amharen frühmorgens mit einem Papyrusboot über den Fluss. *Foto von Michel L'Huillier*

Gordon Brown lässt sich in seinem Kajak an den Tissisat-Fällen hinunter. *Foto von Michel L'Huillier*

Mohammed seilt sich an den Tissisat-Fällen ab, während unten eins der Schlauchboote wartet. *Foto von Michel L'Huillier*

Am Oberlauf des Blauen Nils fährt Mike Prosser einen Wasserfall der Kategorie V hinunter. Viele der Stromschnellen und Wasserfälle auf dieser Strecke waren noch niemals befahren worden. *Foto von Kurt Hoppe*

Als Gordon Brown mit dem Kajak vorbeifährt, hält eine Python am Eingang des Grand Canyon des Blauen Nils Wache. *Foto von Pasquale Scaturro*

Mitten in der Schwarzen Schlucht wird Gordon Brown von einem vier Meter großen Nilkrokodil angegriffen. Die angriffslustigen Krokodile zählen zu den gefährlichsten von ganz Afrika. *Foto von Michel L'Huillier*

Pasquale Scaturro und Gordon Brown erkunden die Jordi-Fälle, Stromschnellen der Kategorie vier auf dem Oberlauf des Blauen Nils zwischen Tanasee und Tissisat. *Foto von Michel L'Huillier*

Pasquale Scaturro lenkt das Schlauchboot durch Wildwasser der Kategorie V. *Foto von Michel L'Huillier*

Ein Nilpferd im Westlichen Canyon. Da Nilpferde gejagt werden, sind sie am Nil seltener geworden, aber immer noch gefährlich. *Foto von Pasquale Scaturro.*

Im Grand Canyon des Blauen Nils treibt das Boot an zwei Basaltsäulen vorbei. Die 40 Meter hohen Säulen blieben stehen, als der Canyon durch Erosion in die Basaltschichten des äthiopischen Hochlands gegraben wurde. *Foto von Pasquale Scaturro*

Auf dem Weg in die »Gorgeous Gorge« im Grand Canyon des Blauen Nils. Dieser Flussabschnitt kann sich mit dem amerikanischen Grand Canyon messen: Er ist 29 Kilometer lang und über 1500 Meter tief. *Foto von Pasquale Scaturro*

Pasquale Scaturro steuert eines der Schlauchboote durch eine Stromschnelle der Kategorie V bis VI. Sie gehört zu den Arafami-Fällen unterhalb des Tanasees, die von der Expedition erstmals befahren wurden. *Foto von Michel L'Huillier*

Baye Gebre Selassie (rechts) und Alemu Mehariw, die Soldaten, die die Expedition vom Tanasee bis Bamaza an der Grenze zum Sudan begleiteten, halfen, die Expedition vor Räubern und Milizen zu schützen. *Foto von Pasquale Scaturro*

Der Zusammenfluss des Weißen Nils (helleres Wasser auf der linken Seite) und des Blauen Nils bei Khartum im Sudan. Hier vereinigen sich beide Flüsse zum eigentlichen Nil. *Foto von Pasquale Scaturro*

Pasquale Scaturro und Gordon Brown studieren eine Karte des Blauen Nils. Mangels präziser Karten mussten sie sich meist mit Landkarten großem Maßstabs begnügen. *Foto von Michel L'Huillier*

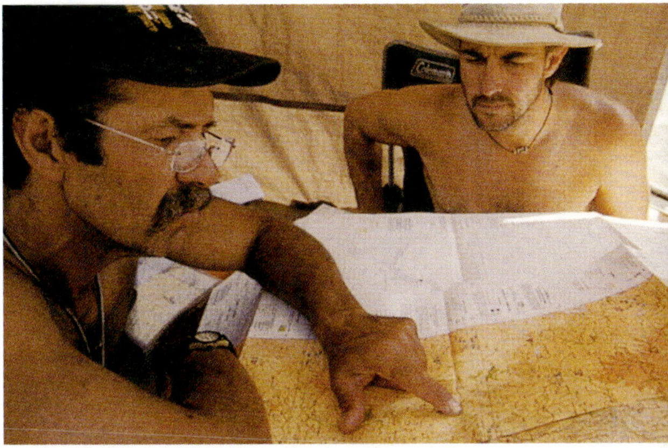

Die Aussicht vom Dschebel Barkal in der Sahara Nordsudans. Aus 91 Metern Höhe sieht man auf die Ruinen des Amun-Tempels von Napata. *Foto von Pasquale Scaturro*

Das Simeonkloster am Westufer des Nils gegenüber von Assuan ist eines der größten koptischen Bauwerke in Ägypten. *Foto von Michel L'Huillier*

Ein Patrouillenboot der ägyptischen Polizei eskortiert die Expedition nach Kairo hinein, vorbei an den Hochhäusern, die in Nordägypten über viele Kilometer hinweg am Nilufer stehen. *Foto von Pasquale Scaturro.*

Gordon schmollte weiter vor sich hin. Nach allem, was Pasquale für das Zustandekommen der Expedition getan hatte, hatte er gedacht, seine Stellung wäre allgemein anerkannt gewesen. Doch stattdessen musste er sich jetzt mit den widerstreitenden Kräften beschäftigen, die hier am Werk waren. Dazu setzte er sich mit jedem Expeditionsteilnehmer einzeln zusammen. Er legte die Hände wie zum Gebet aneinander, die Fingerspitzen an die Lippen und hörte sich die Sorgen und Klagen eines jeden Teilnehmers an. Er ging auf jeden Punkt ein, versicherte ihnen, dass niemand zu Tode kommen würde und niemand durch weitere Stromschnellen fahren musste, und entschuldigte sich. Den Äthiopiern versprach er, dass sie ihren Lohn erhalten und angemessen versichert werden würden. Und er wies sie eindringlich darauf hin, dass nicht Gordon die Expedition leitete. Pasquale hatte einmal an einer Expedition teilgenommen, auf der eine Meuterei stattgefunden hatte. Daher war ihm klar, dass er das gärende Übel schnell aus der Welt schaffen musste.

1997 wollten Pasquale und ich den Mount Baker besteigen, den dritthöchsten Berg an der nordwestlichen US-Pazifikküste. Zu diesem Zweck engagierten wir ein Bergführerunternehmen, das von einem Ehepaar geführt wurde.

Beide waren alte Himalajaveteranen. Die Frau, rothaarig und gertenschlank, verfolgte anscheinend das ehrgeizige Ziel, als erste Frau alle vierzehn 8.000er-Gipfel der Welt zu besteigen. Der Aufstieg auf den Baker verlief ohne große Zwischenfälle, wenn man einmal davon absieht, dass wir uns ein paar Mal verliefen und sich das Ehepaar ständig in aller Öffentlichkeit stritt. Einige Zeit nach dem Aufstieg verdächtigte der Mann seine Frau, sie hätte eine Affäre mit einem anderen Bergführer, und erhängte sich in der Küche.

Im folgenden Jahr leitete die Witwe eine Expedition zur Besteigung eines 8.000er-Gipfels im Karakorum. Pasquale und Brent

Bishop – der Sohn von Barry Bishop, 1963 Mitglied der Everestexpedition, bei der die ersten Amerikaner den Gipfel erreichten – ließen sich auf die Teilnehmerliste setzen, da sie so eine Genehmigung zur Besteigung erhielten, wollten aber allein klettern.

Schon früh war ersichtlich, dass die Witwe wenig Erfahrung darin hatte, eine größere Expedition in einem Hochgebirge zu leiten. Also machten sich Pasquale und Brent nützlich und kümmerten sich um alles Nötige: Sie bereiteten die Strecke für die anderen vor, befestigten die Seile, bauten Zelte und Lager auf und kochten. Die Expeditionsleiterin stolperte dagegen lange nach Pasquale und Brent ins Lager und ließ sich erschöpft fallen, zeigte sich aber in keiner Weise erkenntlich und trug selbst nichts zum Gelingen der Expedition bei.

Eines Tages wandte sie sich an Pasquale und Brent und warf ihnen vor, sie würden sie nicht unterstützen, wären nicht teamfähig und untergrüben ihre Autorität. Sie beschuldigte sie, dass sie unter den Teilnehmern Unzufriedenheit schürten, und nannte sie gar Meuterer. Pasquale antwortete ihr: »Ich glaube, Sie verstehen hier etwas falsch. Wir unterstützen Sie am meisten von allen. Wir sind nicht verpflichtet, hier irgendwas zu tun, aber Brent und ich haben unser Bestes gegeben, damit Sie Ihre Expedition erfolgreich durchführen können. Dabei gehören wir nicht mal zu Ihrem Team.«

Sie verstand ihn nicht und fühlte sich von ihm bedroht. Das empfindliche Gleichgewicht der Expedition geriet ins Wanken. Bald würde es kippen. Daher verließ Pasquale gemeinsam mit einigen anderen Mitgliedern die Expedition und verzichtete auf die Gipfelbesteigung, die der Leiterin, ihrem Fotografen und einem anderen Bergsteiger eine Woche später gelang.

Beim Abstieg hatte Pasquale genug Zeit, darüber nachzusinnen, mit welchen Schwierigkeiten ein Expeditionsleiter zu kämpfen hatte. Er musste nicht nur körperlich in bester Verfassung sein, sondern außerdem in der Lage, andere unter Kontrolle zu halten und seine eigene Stressanfälligkeit kritisch zu überprüfen. Es war wichtig, dachte er, offen für Kritik zu sein, Verantwortung zu übernehmen und Lösungsvorschläge zu machen. Und er kam zu dem Schluss, dass man kein Häuptling sein konnte, wenn man nicht auch bereit war, Indianer zu sein.

Der Tag auf dem Blauen Nil war von Unzufriedenheit und Ängsten geprägt. Zuletzt ging Pasquale zu Gordon und schlug ihm vor, sie sollten sich darauf einigen, dass sie über diesen Vorfall verschiedener Meinung waren. Gordon wusste die Geste zu schätzen, und gemeinsam kümmerten sie sich um die lädierten Boote. Als sie aus dem umgekippten Raft eine wasserdichte Kiste holten, stellten sie fest, dass sie ein Loch bekommen hatte. Also beschlossen sie, eine Mittagspause einzulegen, die Lebensmittel trocknen zu lassen und die erhitzten Gemüter zu beruhigen.

Später am Nachmittag stießen sie auf die letzte größere Stromschnelle, die auf der Karte verzeichnet war: Butler Rapid, ein wirbelndes weißes Chaos, das durch ein schwarzes Fass donnerte. Sie war zwar nicht so groß wie der frühere Katarakt, aber im Kehrwasser am unteren Ende lauerte eine Anzahl großer Krokodile.

Michel, der das Kentern noch nicht verarbeitet hatte, weigerte sich hinunterzufahren. »Eher schleppe ich das Boot auf dem Rücken nach unten«, sagte er. Pasquale setzte sich auf einen Fels, schaute sich die Stromschnelle genau an und wandte sich an Alemu: »Auf geht's.« Alemu wollte nicht. Pasquale sah Baye an, der ebenfalls den Kopf schüttelte. Niemand wollte Butler Rapid hinunterfahren.

So fuhr Pasquale allein mit seinem Boot hinunter. Für ihn war es eine wunderbare Fahrt, die müheloses Gleiten und mühevolles Schinden in sich vereinigte. Der Rest der Crew sah vom Ufer aus zu.

Die sanften Wellen um das Boot herum schienen nachzugeben, und zwar nicht aufgrund der Schwerkraft, sondern allein durch Pasquales Willen. Als er schließlich ins Kehrwasser am unteren Ende schwenkte, stand ihm der Schweiß auf der Stirn. Er ging die 300 Meter flussaufwärts zu Mikes Boot zurück und machte es noch einmal.

Am nächsten Tag ließen sie sich zu der Bure-Brücke hinuntertreiben, der letzten Nil-Brücke auf äthiopischer Seite und dem Ort, wo sie die Bootsladung umräumen mussten, um Platz für Mercury-Außenbordmotoren mit 15 PS zu schaffen. Das Wildwasser und die Turbulenzen lagen hinter ihnen, stromabwärts wurde der Fluss breit und flach. Nur wenige Menschen waren jemals mit dem Boot weiter als bis zu dieser Brücke gefahren, und keiner von ihnen von der Quelle aus.

Wie sich herausstellte, verpassten sie Jim Masters, den Chefingenieur der britischen Expedition von 1968, um anderthalb Stunden. Er war nach Äthiopien zurückgekehrt, um Nebenflüsse des Blauen Nils zu vermessen, und hatte von Pasquales Expedition erfahren. Daher hatte er sich vom Versorgungs-Lkw mitnehmen lassen und den ganzen Vormittag auf sie gewartet. Das Kentern hatte die Expedition aber aufgehalten, und Masters hatte, als sie eintrafen, schon wieder den Rückweg angetreten. So versäumten sie eine historische Begegnung – zwei Schiffe, die nachts aneinander vorbeifuhren.

Pasquale schlug das Lager direkt unter der Brücke auf und verbrachte den Nachmittag damit, die Motoren in Stellung zu bringen und die Boote umzurüsten. Dabei sah er das Gepäck prüfend durch und stellte fest, dass nicht nur die Teilnehmer unter der Reise litten. Töpfe und Pfannen waren zerbeult, die Zelte hatten Löcher und einige Werkzeuge und sonstige Utensilien waren verloren gegangen.

Dann kamen die Äthiopier zu ihm herüber und sagten, sie müssten sich unterhalten. Sie bauten sich bedrohlich vor ihm auf und verlangten für ihre bisherigen Dienste das doppelte Geld. Die unerwarteten Gefahren, die brütende Hitze und die Abgeschiedenheit berechtigten sie angeblich dazu. Und wieder einmal drohten sie, die Expedition zu verlassen, wenn ihre Forderungen nicht erfüllt würden. Pasquale stritt sich mit ihnen, doch da er das ewige Argumentieren satt hatte und geschafft war, gab er schließlich nach. Er brauchte die Crew zumindest bis zur Grenze, wo sie sicher auf beiden Seiten von Waffen bedroht würden.

Als Pasquale sich am Abend zurückzog, war es immer noch 32 °C heiß. Er war erleichtert, dass die Crew blieb, die Stromschnellen hinter ihnen lagen und die Meuterei abgewendet war. Als er am Rädchen des Kurzwellenradios drehte, hörte er auf einem deutschen Sender, dass der Bürgerkrieg im Sudan wieder entflammt war. Bisher war seine einzige Wirklichkeit seine kleine Mannschaft hier unten in einer Schlucht des Blauen Nils gewesen, doch draußen wartete eine größere Welt, die für sie Folgen haben würde.

Die Angst vor dem, was sie erwartete, lag ihm schwer im Magen.

TAGEBUCH 28. TAG

Mieses Camp an der Brücke, habe deshalb auf dem Boot geschlafen. Alle anderen haben draußen auf dem Beton unter der Brücke geschlafen. Aus Angst vor Krokodilen habe ich mich die ganze Nacht von jedem kleinen Fischgeräusch erschrecken lassen. Das Ende der großen Versorgungsnachschübe und des Bastelns an den Booten ist gekommen. Jetzt müssen wir nur noch mit Motorkraft nach Ägypten düsen.

Kapitel 17

Diese Forschungsreisen sind nicht immer vergnüglich.

David Livingstone am 19. April 1873

Wieder veränderten die Nilschluchten ihre Gestalt. Sie wurden breiter, und Korn- und Baumwollfelder reichten bis ans Ufer. Pasquale hoffte, dass sie das schnelle Wasser überstanden hatten, und band die Boote hintereinander fest wie Eisenbahnwaggons. Als er den Motor anwarf, brach das hintere Raft nach rechts und links aus. Also stellte er ihn wieder aus und ordnete die Boote nebeneinander an. Gordons Kajak wurde als zusätzlicher Halt quer darüber festgebunden. Dabei überlegten sie sich, dass es angemessen wäre, den Booten Namen zu geben. Da sie von Äthiopien in den Sudan unterwegs waren, nannten sie das eine *Temsah* (»Krokodil« auf Arabisch) und das andere *Azo* (»Krokodil« auf Amharisch).

Pasquale rechnete aus, dass sie etwa acht bis zehn Kilometer in der Stunde schaffen und mit einer Tankfüllung fast 90 Kilometer auskommen würden. Wenn das stimmte, würden sie eine Woche bis Khartum brauchen.

Den ganzen Vormittag fuhren sie den Fluss herunter, der von einem schwülen Hitzedunst umgeben war. Die Äthiopier schliefen ein, und Pasquale musste sich ungemein bemühen, die Augen offen zu halten, während er über das Wasser brauste. Gordon war unruhig und krabbelte immer wieder auf den Booten herum. Nach dem Mittagessen, das sie an Bord einnahmen, verkündete Gordon, er habe keine Lust mehr, in einem Motorboot herumzusitzen; er wolle mit dem Kajak bis Ägypten fahren. »Du bist verrückt. Das geht nicht«, war Pasquales Meinung dazu. Michel pflichtete ihm bei: »*Loco!*« Und sogar die Äthiopier schüttelten bei dieser Idee den Kopf.

»Wie soll ich das Gefühl bekommen, dass ich den Nil befahren habe, wenn ich die ganze Zeit in einem Motorboot hocke«, entgegnete Gordon.

»Der Sinn und Zweck dieser Expedition ist nicht, dich in einem Kajak zum Meer zu bringen. Es ist gefährlich, wenn du zurückbleibst. Und mit unserem Tempo kannst du nicht mithalten. Du hast einen Wildwasserkajak, das ist das falsche Boot für flache Gewässer. Wenn, dann brauchst du einen Tourenkajak mit Kiel. Überleg doch mal – du hältst die Expedition nur unnötig auf«, versuchte ihn Pasquale zu überzeugen.

»Außerdem drückst du dich vor deinen Pflichten als Kameramann. Du solltest doch ein Video drehen«, fügte Michel hinzu.

»Du kannst ja die Fotos *und* das Video übernehmen«, gab Gordon schnippisch zurück, zwängte sich in seinen Kajak und paddelte flussabwärts.

Bald darauf entdeckten sie ein mächtiges Flusspferd, das am anderen Ufer entlangspazierte. Flusspferde sind proportional gesehen die dicksten Tiere auf der Erde. Dieses hier hatte eine besonders stattliche Haltung. Es verlagerte immer wieder das Gewicht beim Gehen, als hätte es schwache Knöchel. Als es den Kajak und die Schlauchboote sah, glitt es ins Wasser und öffnete das Maul – etwa 45 Grad weit, so konnte man erkennen, dass sein Kiefer direkt hinter dem Auge anfing. Dann tauchte es unter, und ein paar Minuten später lugten zwei kleine, runde Augen und zwei wackelnde Ohren keine zehn Meter vom Kajak entfernt aus dem Wasser empor. Das Nilpferd gilt als das zweitgrößte Landsäugetier nach dem Elefanten und ist dafür berühmt, Boote umzukippen und die Insassen in der

Mitte durchzubeißen. Gordon zeigte sich verwirrt, paddelte aber weiter.

Irgendwann am Nachmittag fiel Pasquales Blick auf ein paar böse dreinschauende Soldaten aus der Provinz Benishangul-Gumuz, die am rechten Ufer eine EPRDF-Fahne schwenkten. Sie waren schwarz wie die Nacht, von nilotischer Abstammung und sahen daher ganz anders aus als die mokkahäutigen Amharen aus dem Hochland. Pasquale fuhr rechts heran und machte die Schlauchboote neben ihren Einbäumen fest, denn er wusste, dass die ehemaligen Revolutionäre gut bewaffnet und darauf gedrillt waren, zuerst zu schießen und dann Fragen zu stellen. Alle hatten dekorative Narben auf Schultern, Rücken, Armen und Gesicht und drängten sich so eng zusammen, dass Pasquale kaum sehen konnte, was hinter ihnen passierte. Mit gutem Grund, denn von den bebauten Feldern wehte ein unverkennbarer Marihuanageruch herüber. Alemu und Baye, die noch ihre Uniform trugen und selbst Waffen schwenkten, redeten mit den Gumuz und überzeugten sie, dass die kleine Expedition keine Bedrohung darstellte, weder politisch noch für andere Dinge, die sich im Tal abspielten. Schließlich wurden sie von den Gumuz weitergewinkt.

Am Abend gaben sie sich Mühe, zu ein bisschen Kultiviertheit zurückzukehren. Dabei hießen ihre Vorbilder Samuel und Florence Baker, die einen distinguierten Stil pflegten, als sie Mitte des 19. Jahrhunderts den Nil erforschten. Die Männer stellten einen richtigen Tisch am Ufer auf, zündeten Kerzen an, tranken Rotwein und ließen sich ein mehrgängiges Menü aus Linsensuppe, Pasta und verschiedenen frischen Früchten schmecken, das Yohannes für sie zubereitete.

Am nächsten Morgen wurde Pasquale morgens um halb sechs Uhr dadurch geweckt, dass die Äthiopier sich im Dunkeln unterhielten. Nach dem Frühstück warfen sie die Motoren an und fuhren in eine nach Westen verlaufende Schlucht aus metamorphem Gestein. Da sie noch keinen Namen hatte, taufte Pasquale sie »Westliche Schlucht«. Der Fluss strömte eine unendlich lange Strecke zwischen engen Felswänden entlang, und die aufeinander stoßenden Wellen kräuselten sich wie eine Tierhaut.

Bei der Weiterfahrt stießen sie auf Kiesbänke und Baumstümpfe. Als Pasquale Gordon durch die Fahrrinne einer Stromschnelle der Kategorie zwei folgte, blieb er mit seinem Riemen an einem Ast hängen, der sich unter der Oberfläche verbarg. Der Riemen krümmte sich wie eine Banane, schnellte dann zurück und traf Solomon so fest an der rechten Hüfte, dass der Riemen zerbrach und Solomon in den Bug des Bootes geschleudert wurde. Der kleine Unfall konnte passieren, weil die Boote zu dicht nebeneinander fuhren. Als sich die nächste Stromschnelle ankündigte, diesmal eine der Kategorie drei, von Felsen übersät und namenlos, trennte Pasquale die Boote und ließ Michel das zweite Raft rudern. Pasquale band die Boote wieder zusammen, machte den Versuch, durch einen seichten Abschnitt zu fahren und verzog dabei einen Propeller. Er hatte einen Ersatzpropeller, aber auch noch über 3.000 Kilometer zu fahren.

Dieser Tag bestand aus einer einzigen langen Schinderei. Sie hielten einmal an, um einen Gumuz mit seinen vier Ehefrauen zu fotografieren, und das törichte Grinsen des Mannes ließ beim amerikanischen Teil der Mannschaft Neid aufkommen. Gordon und Pasquale waren seit über einem Monat unterwegs auf dem Fluss und hatten ihre Lieben seit drei Monaten nicht mehr gesehen.

Am Abend kam die BBC auf den Bürgerkrieg im Sudan zu sprechen und verlautbarte, dass sich die Lage eher verschlimmerte als verbesserte. Solomon hatte Schmerzen wegen des Unfalls mit dem Riemen, und Pasquale fragte sich besorgt, ob er vielleicht innere Verletzungen davongetragen hatte. Er gab ihm ein Schmerzmittel, und Solomon schlief sofort ein. Pasquale zog sich in die Einsamkeit seines Zeltes zurück, das er während des letzten Monats nur ab und zu benutzt hatte, schloss seinen Laptop an die Autobatterie an, die der letzte Versorgungs-Lkw mitgebracht hatte, und tippte bis ein Uhr nachts seine Gedanken ein.

Am folgenden Tag erreichte die entropische Logik von Murphys Gesetz ein neues Extrem.

Nach knapp 30 Kilometern rutschte ein großes Krokodil vom Ufer ins Wasser und steuerte geradewegs und pfeilschnell auf das Hinterteil von Gordons Kajak zu. Gordon paddelte eifrig, um mit den Schlauchbooten mitzuhalten, daher sah er das Krokodil nicht und hörte es auch nicht. Da drehte sich Pasquale, der ein paar Meter vor ihm war, zufällig um und erblickte die Bestie, als sie vier bis fünf Meter vom Kajak entfernt war. Er brüllte Gordon aus Leibeskräften zu und klappte die Hände auf und zu, um ein angreifendes Krokodil anzudeuten. Alemu und Baye entsicherten ihr Gewehr – klick-klick – und legten an. Alarmiert rief Pasquale »Nicht schießen!«, denn er fürchtete, sie könnten ihr Ziel verfehlen und aus Versehen Gordon treffen.

Gordon drehte sich um, sein Blick fiel direkt auf das Krokodil. Es hatte angriffslustig das Maul aufgerissen und war nur noch drei Meter von ihm entfernt. Er wendete den Bug des Kajaks und nahm Kurs auf das Raubtier. Dann setzte er an zu seinem »Don-Quijote-Manöver«, wie Pasquale es nannte: »ein Krokodilritter, der mit wirbelndem Paddelblatt gegen Windmühlen kämpft«.

Als der Abstand zwischen dem Krokodil und Gordon noch ungefähr einen Meter betrug, hob er sein Paddel und schlug dem Ungeheuer damit kräftig auf die Schnauze. Dem alten Krokodil machte das nichts aus. Es riss das Maul nur noch weiter auf und ging auf ihn los. Nur Zentimeter von Gordons Hand entfernt, schnappte es nach dem Paddelblatt und riss es hin und her, um Gordon aus dem Boot zu zerren. Wie beim Tauziehen zog Gordon ebenfalls, entriss dem Krokodil das Paddel und schlug damit wieder flach aufs Wasser. Das Krokodil tauchte unter, was Gordon eine kurze Atempause verschaffte. Dann schoss es unter dem Kajak hervor und schnappte gierig mit seinem Maul. Gordon wendete den Kajak erneut und paddelte eilig davon.

Das war der bisher schlimmste Krokodilangriff.

In Afrika gibt es vielerlei Möglichkeiten, sich gewitzt aus der Affäre zu ziehen, und der Kampf ums Dasein ist hier härter als anderswo. Gordon, so stellte Pasquale fest, glaubte anscheinend, dass die Grundregeln des Kontinents nicht für ihn galten.

Doch bevor sie das Geschehene verarbeiten konnten, tauchte neben den Schlauchbooten ein grauer Berg auf, von dem das Wasser wie von einem Walrücken hinunterlief: ein Riesenflusspferd. Die winzigen runden Augen blitzten auf, als sich das Maul wie eine riesige Baggerschaufel mit Zähnen öffnete. Es kam auf Pasquale zu, der instinktiv den drei Meter langen Riemen hob und ihn dem Ungetüm in den Rachen stieß, so weit er konnte. Das Tier gab ein tiefes, dumpfes Brüllen von sich, sank zurück in die Tiefe und hinterließ nichts als einen Wirbel an der Oberfläche.

Auf dem Blauen Nil waren die wenigen Begegnungen mit Flusspferden bisher fast wie ein Abenteuer im Freizeitpark verlaufen: Die Tiere waren einfach wie Plastikfiguren auf- und wieder untergetaucht. Jetzt hatten sie eine Grenze überschritten. Sie hatten ein Flusspferd, das in den meisten Situationen wahrscheinlich ein sanfter Riese war, im Schlaf gestört, und es hatte sich gewehrt.

Stunden später fuhren die Schlauchboote ein Stück voraus und legten an einem Ufer an, wo in der Nähe kleine Buschfeuer brannten. Plötzlich knisterte Pasquales Funkgerät. Gordons Stimme drang heraus: »Pasquale! Ich werde angegriffen! Irgendwer schießt auf mich!«

»Was? Was ist los? Wo bist du denn?«, rief Pasquale zurück.

»Ich weiß nicht. Zwei Kugeln sind neben mir im Wasser gelandet. Ich hab vier Schüsse gehört. Ihr seid doch nicht etwa Stromschnellen runtergefahren? Kannst du mit Alemu und Baye zurückkommen? Ich verstecke mich hinter ein paar großen Felsen in einem Kehrwasser. Wo seid ihr?«

Pasquale hatte keine Ahnung, wo sie waren; vor allem aber hatte er keine Ahnung, wie weit sie von Gordon entfernt waren. Mit einem Satz war er im Raft, warf den Motor an, Alemu und Baye griffen ihre Gewehre und sprangen ins Boot. Sie fuhren gegen die Strömung flussaufwärts. Schon hinter der nächsten Kurve stießen sie auf Gordon. Das Gesicht weiß wie ein Gespenst, paddelte er auf sie zu. Mit angsterfüllter, zitternder Stimme erzählte er ihnen, wie er gerade den Fluss hinunterpaddelt war, als ein paar Männer auf einer Kiesbank auftauchten und ihm zuriefen, er solle ans Ufer kommen. Als er »Nein!« rief, hockten sie sich hin und schossen.

Leise, wachsam fuhren sie flussabwärts und suchten das Ufer nach der kleinsten Bewegung ab. Als sie auf einen geschützten Lagerplatz stießen, der auf drei Seiten von Felswänden umgeben war, machten sie für die Nacht fest und wechselten sich mit der Wache ab.

Die Stimmung im Lager war angespannt. Gordon war aufgewühlt und besorgt. Seiner Meinung nach war die Bedrohung, die von den Krokodilen ausging, eine Bagatelle, wenn man sie mit der Gefahr verglich, beschossen zu werden. Er überlegte laut, wer die Angreifer gewesen sein könnten: vielleicht *shiftas*, vielleicht Angehörige der OLF (Oromo Liberation Front) oder Anhänger der zahlreichen politischen Bewegungen, die sich in den unübersichtlichen Schluchten versteckten? Kohlebrenner, Wilderer, Marihuanabauern? Oder einfach nur Paranoiker, die am Ufer herumliefen?

»Spätestens jetzt solltest du deinen albernen Plan aufgeben, den ganzen Weg allein nach Ägypten zu paddeln«, schimpfte Pasquale.

»Nur weil ihr mir nicht helfen wollt?«, gab Gordon zurück. »Ich bin der Einzige, der wirklich den gesamten Nil hinunterfährt.«

»Unsinn. Kein Mensch interessiert sich später mehr dafür, ob du die ganze Strecke gepaddelt bist. Es hat sich auch niemand dafür interessiert, ob Hillary auf dem Everest Sauerstoff benutzt hat oder nicht.« Pasquale spielte auf das beliebte Argument an, nur ohne Sauerstoff hätte man den Everest wirklich bestiegen. Aber Edmund Hillarys Erstbesteigung war nicht weniger heldenhaft, nur weil er Sauerstoff benutzt hatte.

»Ich kann es schaffen. Ihr müsstet nur früher aufbrechen, später am Abend einen Lagerplatz suchen und ein bisschen langsamer fahren«, sagte Gordon.

»Ach, komm. Wir müssen Seen überqueren. Lange Strecken mit flachem Wasser. Das dauert alles viel, viel länger, wenn du die ganze Zeit paddeln willst. Wir haben uns vorgenommen, 65 Kilometer am Tag zu schaffen, ohne uns dabei zu verausgaben. Ich scheitere nicht, und ich genieße die Reise auch nicht weniger, nur weil ich mit dem Motorboot fahre, statt dass ich zwei Jahre lang den Fluss hinunterrudere! Davon abgesehen bist du derjenige, der jeden Morgen zu spät aufsteht, Gordon. Du bist es, auf den wir jeden Morgen warten müssen. Ich stehe immer um sechs Uhr auf und muss alle anderen antreiben. Und oft genug müssen wir dich wecken, und wenn wir schon in den Booten sitzen, warten wir darauf, dass du fertig bist. Du packst als Letzter zusammen, und du bist als Letzter im Boot. Und ausgerechnet du sagst uns jetzt, dass wir früher aufbrechen sollen?«

Schließlich mischten sich Alemu und Baye in die Diskussion ein; Yibeltal dolmetschte. Falls Gordon mit dem Kajak weiterfahren würde, drohten sie, dann verlangten sie ein Schreiben des Polizeichefs in Bahir Dar, das sie von der Verantwortung für Gordons Sicherheit lossprach.

Pasquale sprach die Schlussworte »Wenn dir so viel an einer Kajakexpedition liegt, dann komm mit Kanuten und den richtigen Kajaks zurück, dann lass dir Zeit und genieße den Trip und die Erfahrung. In diesem Fall hast du auf unserer Expedition aber nichts verloren. Wir haben von Anfang an eine Expedition mit motorisierten Booten geplant, das wollen wir jetzt nicht ändern.«

Gordon schmollte und stampfte davon.

Später am Abend kehrte er ans Lagerfeuer zurück und verstieg sich zu der Behauptung, die übrigen Expeditionsmitglieder wollten ihm ein schlechtes Gewissen einreden und ihn dazu bringen, im Motorboot mitzufahren, und das sei ihnen gelungen. Er verzichte auf seinen Kajak.

Selbst der Sonnenschein wirkte am nächsten Morgen kränklich. Rauch wehte durchs Lager und stieg in kleinen Spiralen am Strand empor. Ganz in der Nähe hatte jemand in der Nacht Buschfeuer angezündet. Alemu und Baye waren todmüde, weil sie die ganze Nacht Wache gehalten hatten, aber abgesehen von einem fernen Lagerfeuer hatten sie keine Hinweise auf *shiftas* oder bewaffnete Rebellen entdecken können.

Pasquale machte sich Sorgen. Bald würden sie nach Bambudi kommen und dort die Grenze zum Sudan passieren. Da gab es noch eine quälende Ungewissheit. Seit sie in Bahir Dar losgefahren waren, hatte er nichts mehr von den Filmproduzenten gehört. Sie hatten ihm versprochen, sich um Transitvisa zu kümmern, damit sie die Grenze ohne Schwierigkeiten passieren konnten. Während der letzten Tage hatte Pasquale sie mehrmals angerufen, ihnen E-Mails geschickt und sich nach Einzelheiten erkundigt, bis jetzt hatte er jedoch keine Antwort erhalten. Nun rief er seine Frau Kim an und bat sie, Mark Krenzien, den Produzenten, anzurufen. »Sag ihm, wenn wir in den nächsten Tagen nicht irgendeine Bestätigung erhalten, dass wir die Visa, Wachen, Essen, Benzin und so weiter bekommen, breche ich die Expedition ab.« Kim rief ein paar Minuten später zurück und sagte, sie könne Mark nicht erreichen.

»Was soll das?«, brüllte Pasquale ins Telefon. »Wir stehen kurz vorm Sudan, und keiner von denen hat es nötig, sich zu melden! Wer wollte denn diese Expedition unterstützen?«

Kim antwortete, sie versuche es weiter, und legte auf.

Kapitel 18

Wir zogen weiter.

Lewis und Clark 1805

Sie stießen auf weitere Stromschnellen; eine war fast anderthalb Kilometer lang. Wieder mussten sie die Boote losbinden, um die Schnellen zu durchfahren. Trotzdem ging ein zweiter Propeller kaputt. Nach dem Zusammenfluss mit dem Didessa, dem größten Nebenfluss des Blauen Nils, verjüngte sich die graubraune Schlucht, und der Fluss wurde wieder breiter. Die Kehrwasser waren ein Tummelplatz für Nilpferde. Wenn sie sich gestört fühlten, suchten sie einen sicheren Platz und spritzten dabei so aufgeregt herum, dass sie den ganzen Fluss in Wallung brachten. Die Strände waren von ihren Fußspuren nahezu durchlöchert. Nilpferde suhlen sich tagsüber im Flussbett, gehen aber in der Dämmerung an Land und verschlingen dort in einer einzigen Nacht bis zu 90 Kilo Gras. Bei Tagesanbruch watscheln sie dann wieder in den Fluss zurück. Pasquale musste jetzt nicht nur auf Felsbrocken, sondern auch auf Nilpferde achten.

»Das sieht jetzt richtig wie Afrika aus – wie das tiefste Afrika. Ein breiter, langsamer, seichter, von Felsen übersäter Fluss – genau das hasse ich«, vertraute Pasquale Gordon an, der selbst missmutig auf dem Raft lag.

Der Fluss war jetzt fast 200 Meter breit und eben wie eine Scheibe. Dazu war es vollkommen windstill. Die schwüle, feuchte Luft drückte ihnen auf die Schultern und sickerte in ihre Lungen. Wenn es Schatten gegeben hätte, hätte die Temperatur dort 43 °C betragen. Pasquale suchte den Horizont nach einer optischen Ablenkung ab, fand aber nichts. Er schloss einen Moment lang die Augen und dachte an den Abend vor einem Monat zurück, als er beobachtet hatte, wie eine Formation schneeweißer Silberreiher den Gilgel Abay hinaufschwebte. Sie hatten unendliche Anmut und erhabene Eleganz in die raue Schlucht gebracht. Einen Augenblick lang schwelgte er lächelnd in der Erinnerung.

Dann rüttelte er Gordon wach und bat ihn, eine Weile das Ruder zu übernehmen. Doch als Pasquale sich gerade hinlegen und ausruhen wollte, gab es plötzlich einen Rums, und dann folgte ein Knirschen. Gordon hatte *Temsah* auf einen Felsen gesteuert und dabei die metallene Motorbefestigung beschädigt. Also suchten sie sich ausnahmsweise schon früh einen Lagerplatz und fuhren an der Mündung des Sirba Shet in den Nil auf eine Sandbank. Pasquale strengte sich an, das verbogene Rohr geradezubiegen, jedoch ohne Erfolg.

Und der Tag war noch nicht überstanden. Kaum hatten sie die Boote ausgeladen, als eine Gruppe narbengesichtiger Gumuz, mit Gewehren bewaffnet, im Lager auftauchte. Angeführt wurden sie von Mamacha Kana, dem Chef der lokalen Miliz. Er war sehr groß, sah aus, als würde er fast nur aus Beinen bestehen, und hatte ausgesprochen schlechte Laune.

Pasquale schüttelte ihm herzlich die Hand und versuchte ihm ein Lächeln abzugewinnen, so wie er es immer machte, wenn er jemanden kennen lernte. Doch seine freundliche Miene prallte vom grimmigen Gesicht des Gegenübers ab.

»Warum sind Sie hier?«, wollte Mamacha Kana wissen.

»Wir drehen einen Film über den Blauen Nil«, antwortete Pasquale und hoffte, dass er sich wie alle anderen Menschen für Filme begeisterte. Doch Mamacha verzog keine Miene. Yibeltal übersetzte seine barsche Antwort.

»Vor ein paar Jahren sind ein paar Journalisten in Rafts hier vorbeigefahren und haben nicht angehalten. Wir haben große Schwierigkeiten bekommen. Sie müssen so lange hier bleiben, bis Sie mit dem Polizeichef geredet haben.«

Die britische Armee hatte ihre Expedition 1968 hier beendet, aber das war zu lange her, als dass Mamacha Kana sie gemeint haben könnte. Wahrscheinlich sprach er von der 1999er-Expedition von Sobek und *National Geographic* auf dem Blauen Nil. Sie hatte ein Stück weiter flussabwärts in Bambudi geendet.

Dann sprach Mamacha plötzlich in fehlerlosem Englisch weiter: »Sie müssen ins Dorf kommen. Es liegt drei Stunden von hier«, erklärte er.

»Ich gehe nirgendwohin«, protestierte Pasquale.

»Dann kommt die Polizei eben hierher«, entgegnete Mamacha. »Haben Sie eine Genehmigung?«

»Selbstverständlich«, log Pasquale.

»Na schön, dann komme ich morgen früh um halb zehn mit der Polizei zurück. Sie dürfen auf keinen Fall weiterfahren.« Damit drehte er sich um und schritt davon.

Ein paar Gumuz-Jungen tauchten auf. Einer trug einen graublauen Freizeitanzug und weiße Golfschuhe ohne Schnürsenkel. »Woher hast du die Sachen?«, erkundigte sich Pasquale.

Der Junge erklärte, dass fünf norwegische Nonnen im Dorf arbeiteten. Eine von ihnen habe ihm die Sachen gegeben.

Fünf norwegische Nonnen, das klingt interessant, dachte Pasquale. Er überlegte, doch einen Abstecher ins Dorf zu machen, widerstand aber der Versuchung.

Nach dem Abendessen holte er die Genehmigungen heraus, die er dabei hatte, und zeigte sie diskret Baye und Alemu, um sicherzugehen. »Am besten verbrennen«, sagte Baye mit einer Geste, als wollte er sie ins Lagerfeuer werfen. Bevor sich Pasquale schlafen legte, schrieb er ins Tagebuch: »Unsere Genehmigungen sind alle unbrauchbar und abgelaufen. Ich kann sie genauso gut in den Müll werfen. Keine Ahnung, wie's weitergeht.«

Um halb zwei Uhr nachts wurde Pasquale von Schreien und Lichtern geweckt, die sich vom anderen Ufer des Sirba Shet näherten. Alemu und Baye brüllten den Eindringlingen zu, dass sie nicht den Nebenfluss überqueren sollten. Doch die Fremden waren in der Überzahl, und so gaben Baye und Alemu nach. Zwölf bewaffnete Männer wateten bei pechschwarzer Nacht durch den Fluss und umstellten das Lager. Pasquale zog sich schnell an, als Baye auch schon die Zeltklappe öffnete, den Kopf ins Zelt steckte und sagte: »Pasquale, du musst kommen.«

Pasquale trat vor die Uniformierten und hörte zu, was Yibeltal dolmetschte. Die Eindringlinge kamen aus dem zehn Kilometer entfernten Dorf Sirba Abay, in der Absicht, Pasquale und das Team zu verhaften. Mamacha hatte sie informiert, dass die Expedition vielleicht versuchen würde, vor dem Morgen zu fliehen. Der Anführer hieß Tage Dano und wollte alle sofort mitnehmen.

»Sie müssen mitkommen«, verkündete er.

»Nein, wir verlassen das Lager unter gar keinen Umständen«, entgegnete Pasquale.

»Geben Sie die Waffen heraus«, verlangte Dano.

»Nein, auf keinen Fall«, widersprach Pasquale.

So ging es etwa noch eine Stunde hin und her. Zwischen Alemu, Baye, Dano und der Lokalmiliz ergab sich eine hitzige Diskussion. Die Finsternis war undurchdringlich, gelegentlich blitzte aber eine Taschenlampe auf, und Pasquale konnte sehen, dass die Besucher Kampfanzüge trugen. Sie hatten die Hosen in die Stiefel gesteckt, und ihre Kalaschnikows sahen neu aus. Vielleicht bedeutete das, dass die Männer von der Regierung unterstützt wurden.

»Die Typen sind von der EPRDF«, zischte er.

Baye zischte zurück: »*Ow!*«, was »Ja« auf Amharisch heißt.

»Wissen die denn nicht, dass ihr auch von der EPRDF seid?«

»Nein, sie glauben uns nicht. Sie halten uns für OLF-Spitzel«, erklärte Yibeltal.

»Wie bitte? Gibt es denn OLF-Spitzel, die perfekt Amharisch sprechen, wie EPRDF-Soldaten angezogen sind, über Ausweise verfügen und mit weißen amerikanischen Spitzeln in gelben Rafts sitzen?«, spottete Pasquale.

Er gab nicht nach, daher blieb Dano, dem EPRDF-Kommandeur, nichts anderes übrig, als sich bereit zu erklären, bis zum Morgen zu warten; nach dem Frühstück würde Pasquale mit ihm das örtliche Hauptquartier aufsuchen. Er befahl seinen Männern, Baye und Alemu zu entwaffnen, und konfiszierte Pasquales Messer. Baye schaute Pasquale nur an und legte die Hände aneinander, als hätte man ihm Handschellen angelegt.

Pasquale kochte innerlich. Den Rest der Nacht fand er keine Ruhe mehr und fragte sich immer wieder, was wohl als Nächstes kam. Würden sie an ein paar Dorftrotteln scheitern, nachdem sie Stromschnellen, Krokodile, Nilpferde, Mücken und Verletzungen überstanden hatten? Er rief sich ähnliche Situationen aus der Vergangenheit ins Gedächtnis, um eine Vorgehensweise zu finden, wie er diese Situation entschärfen konnte. Sie erinnerte ihn an seine Zeit in Somaliland Anfang der 1990er-Jahre.

Pasquale war von einem Ölkonsortium angestellt worden, um in einem 22.000 Quadratkilometer großen, trostlosen Gebiet in der Ogaden-Wüste, einer der gottverlassensten Gegenden auf dem Planeten, mögliche Öl- und Erdgasvorkommen aufzuspüren. Durch den kolonialen Schnitt war die Region dem südöstlichen Äthiopien zugefallen, die dort heimischen Nomadenvölker waren ethnisch gesehen aber Somali. Falls man tatsächlich Öl fand, würde die Frage, wem es gehörte, einen politischen Flächenbrand entfachen. Einzelne Funken flogen seit Jahren. 1977 griff Somalia Äthiopien wegen dieses ausgedörrten Stücks Land an, wurde aber von sowjetischen und kubanischen Truppen zurückgedrängt, die damals Äthiopien unterstützten. Seitdem hat es immer wieder Streitereien wegen des Grenzverlaufs gegeben.

Pasquales Crew bestand damals aus 20 ausländischen Experten und nicht weniger als 700 Äthiopiern und Somali. Sie alle führten seismische, schwerkraftbezogene, magnetische und bohrtechnische Untersuchungen durch, um herauszufinden, ob sich Probebohrungen für Öl und Gas lohnen würden. Es gab weder Recht noch Ordnung und keine Regierung in der Region. Es war der Wilde Osten.

Als Pasquale 1991 in Addis Abeba eintraf, saß das Team schon seit fünf Monaten dort herum und konnte nicht einmal die Hauptstadt verlassen. Straßen waren zerstört, Brücken gesprengt worden, und bei jedem ihrer Versuche, nach Ogaden zu fahren, waren sie von den ortsansässigen Somali ausgeraubt oder sabotiert worden. Der Hubschrauber, den man Pasquales Team zur Verfügung gestellt hatte, war im Jahr davor von einer Panzerabwehrrakete abgeschossen worden, und die Kanadier, denen früher eine Konzession erteilt worden war, waren dabei ums Leben gekommen.

Pasquale versammelte die Seismologen und brach mit ihnen in Richtung Ogaden auf, das knapp 1.000 Kilometer südöstlich von Addis Abeba liegt. Sie fuhren in russischen Truppentransportern und wurden von 100 EPRDF-Soldaten begleitet, von denen einige seit mehr als 30 Jahren im Krieg an vorderster Front standen. Vorneweg fuhren ein Bulldozer und ein Straßenhobel, und unterwegs reparierten sie Straßen und Brücken. Dabei wurden sie immer wieder beschossen. Wenn sie in ein Dorf kamen, mussten die EPRDF-Soldaten ausschwärmen, das Dorf umstellen, die Bewohner entwaffnen und eine Postenkette bilden. Je tiefer sie jedoch in das gesetzlose Grenzgebiet Äthiopiens vordrangen, desto besser bekamen sie es unter Kontrolle.

Das erste Lager befand sich an einem verlassenen kubanischen Luftwaffenstützpunkt namens Awaray, was auf Amharisch »Staub« bedeutet. Als sie vorfuhren, wurden dichte rote Staubwolken aufgewirbelt, und als der Konvoi angehalten hatte, dauerte es ganze zehn Minuten, bis der Staub sich legte. Vor den zerstörten Gebäuden, die mit verblichenen Hämmern und Sicheln und anderen kommunistischen Symbolen bemalt waren, standen Scharen somalischer Flüchtlinge. In die Luft gesprengte und verlassene russische T62-Panzer verschandelten die Landschaft.

Pasquale wurde von einem britischen Abteilungsleiter in Bermudashorts empfangen, der ihn zu einer Besichtigungstour einlud. Sie zwängten sich in einen alten Landcruiser und fuhren bei knapp 50 C° Hitze los. Auf dem Rücksitz hockten zwei mit Patronen- und Granatengürteln behängte EPRDF-Soldaten. Nach einer Weile kamen sie an einem Somali mit weißem Gewand und hennafarbenem Bart vorbei, der eine Kalaschnikow um die Schulter geschlungen hatte. Er lief davon, die EPRDF-Soldaten feuerten auf ihn. Der Somali drehte sich um und schoss zurück. Pasquale und der Brite sprangen aus dem Landcruiser in 15 Zentimeter tiefen Staub und krochen unter den Wagen, während ein zehnminütiger Schusswechsel tobte. »Das ist doch verrückt«, sagte Pasquale zu dem Briten.

»Willkommen in Ogaden«, antwortete der mit einem Grinsen.

Am nächsten Tag passierten sie ein Dorf, wo sie sich im Schleichtempo durch eine riesige Menschenmenge kämpfen mussten. Eine große Anzahl Somali drängte sich an den Wagen. Plötzlich zwängte sich ein Mann durch die Menge, öffnete sein Gewand, holte eine Granate hervor, zog den Stift heraus und legte sie auf die Motorhaube. Die Wachen richteten ihre Kalaschnikows auf den Mann und befahlen ihm, den Stift wieder hineinzuschieben, und er tat, was man von ihm verlangt hatte. Als sie ihn fragten, was das sollte, antwortete er, er wolle einen Job. »Das ist ja eine tolle Art, sich um einen Job zu bewerben!«, schrie Pasquale ihn an.

Der Mann bekam die Stelle nicht, aber tausende anderer. Wann immer sie anhielten, um 50 Einheimische anzustellen, drängten die Warlords und Clanchefs darauf, dass sie 500 einstellten. Trotz aller Bemühungen, standhaft zu bleiben, beherzigte Pasquale nach einer Weile das äthiopische Sprichwort »Vögel fängt man leichter mit Honig als mit Essig«, und stellte ganze Bataillone ein, die die Arbeit von fünf Europäern erledigten – allerdings zum gleichen Preis.

Als Pasquale etwa ein Jahr im Projekt gearbeitet hatte, bekam er einen neuen Militärchef, Commander Kalkay, zugewiesen. Kalkays Eltern waren von der Derg ermordet worden. Mit vier Jahren hatte man ihn in ein Guerilla-Trainingslager in den Sudan geschickt. Mit elf kämpfte er in der EPRDF, um das kommunistische Regime von Mengistu Haile Mariam zu stürzen. Bei einem Feuergefecht zwischen der EPRDF und der Derg hatte er eine Kugel in den Kopf bekommen, die ihm die rechte Gesichtshälfte und ein Auge zerschmetterte. Als Pasquale ihn kennen lernte, trug er eine große schwarze Augenbinde und eine Neun-Millimeter-Pistole am Gürtel. Angst kannte er nicht.

Sie arbeiteten auf einem kleinen Tafelberg in der Nähe eines immensen Flüchtlingslagers, in dem etwa 40.000 Flüchtlinge untergebracht waren. Pasquales Team ließ sich häufig auf Tafelbergen nieder; wegen der Höhe hatten Wachtürme und Wachtposten dort einen guten Überblick. Meistens stellten sie ihre 50 Fahrzeuge im Kreis um eine 2.000 Quadratmeter große Gemeinschaftsfläche auf, und zusätzlich errichteten sie noch eine Mauer aus Sandsäcken. Sie hatten gerade eine einmonatige Untersuchung abgeschlossen, bei der sie 16 Kilometer lange seismische Leitungen verlegt, die Sprengladungen gezündet und die Schallwellen aufgezeichnet hatten, um geophysikalische Karten zu erstellen. Das Ergebnis war negativ, also war es an der Zeit, zum nächsten Planquadrat vorzurücken.

In der Nacht, bevor sie das Gebiet verließen, wurde Pasquale von Commander Kalkay geweckt. »Wir haben ein großes Problem«, sagte er.

Sie waren von hunderten von Somali umzingelt, alle mit Kalaschnikows und Panzerabwehrraketen ausgerüstet.

Pasquale schickte einen Dolmetscher mit ein paar Soldaten unter weißer Flagge zu ihnen. Wie sich herausstellte, verlangten die Somali für ihre Arbeit einen Bonus von insgesamt 50.000 Dollar, bevor das Projekt seinen Standort verlagerte. Sie drohten damit, Pasquale und sein Team umzubringen, wenn sie aufbrechen würden, bevor sie bezahlt hätten. Pasquale war ratlos. Die Somali hatten ihren gerechten, vorher vereinbarten Lohn bekommen, und außerdem verfügte er nicht über so viel Geld.

Commander Kalkay sah ihm offen ins Gesicht und sagte: »Mr. Pasquale, ich habe viele Jahre als Soldat gekämpft. Wenn Sie uns den Befehl geben, greifen wir an. Wir haben keine Angst zu sterben.«

Pasquale zögerte einen Moment und antwortete dann, dass er Kalkays Einsatz zu schätzen wisse, er persönlich aber nicht zu sterben bereit sei.

Also begann er zu verhandeln. Den ganzen Tag über schickte er einen Dolmetscher hin und her, und schließlich waren die Somali mit einem Bonus von 5.000 Dollar einverstanden, die Pasquale aufbringen konnte. Er übergab ihnen das Geld. Commander Kalkay hatte unterdessen Soldaten mit Maschinengewehren und Panzerabwehrraketen an der Spitze und am Ende des Konvois und auf den einzelnen Wagen postiert. Sie fuhren den Tafelberg hinunter. Die Menge der Somali teilte sich wie das Rote Meer, und Pasquales Konvoi fuhr ungehindert weiter.

Das Ereignis wiederholte sich in verschiedenen Variationen. Fast täglich gab es Schießereien, Angriffe mit Granaten und Panzerabwehrraketen und Tote. Während seiner Dienstzeit hatte Pasquale in seinem Team elf Todesfälle zu beklagen. Nachdem er zwei Jahre in der Wüste verbracht hatte, ein Großteil der Ausrüstung gestohlen worden war und es keine Hinweise auf Öl oder Erdgas gab, erklärte Pasquale das Projekt für beendet und schickte sich zur Heimreise an. Doch wieder einmal sah er sich von mehreren tausend Somali umzingelt, die auf den Konvoi schossen.

Diesmal rief Pasquale den amerikanischen Botschafter an, der den Verteidigungsminister anrief, und der rief den nächsten General in Jijiga an. Der General rief Pasquale an und fragte ihn, wie lange er durchhalten könne. Pasquale antwortete, nicht sehr lange, denn seinen Soldaten gingen die Kugeln aus. Der General riet ihm, in Deckung zu gehen, und versprach ihm, sein Möglichstes zu tun.

Nach einer fünfstündigen Alamo-ähnlichen Belagerung sah Pasquale im Nordwesten eine riesige Staubwolke. Einer seiner Leutnants, der nahe der Front postiert war, rief über Funk: »Das glaubst du nicht, Pasquale! Da kommen mobile Einsatztruppen!«

Sechs riesige dreiachsige sowjetische Truppentransporter donnerten durch die Wüste und brachten 500 EPRDF-Soldaten, die den Eingeschlossenen zu Hilfe kamen. Sie schwärmten aus, umzingelten die Somali, schossen, verhafteten einzelne und trieben die Massen auseinander. Schließlich drang einer der Truppentransporter bis zu Pasquale vor. Ein General stieg aus und stellte sich vor. »Ich stehe Ihnen zu Diensten.«

Pasquale dankte dem General überschwänglich, entschuldigte sich, packte seine Sachen und machte, dass er wegkam.

Kapitel 19

Wo sich der Süden der untergehenden Sonne zuneigt, liegt das Land namens Äthiopien, das letzte bewohnte Gebiet in dieser Richtung. Dort gibt es Gold im Überfluss.

Herodot, Historien

If you're not living good, travel wide.

Bob Marley

Eine der Lektionen, die Pasquale während seiner Zeit in Ogaden gelernt hatte, war die, dass es sich in Afrika nie auszahlt, seine Wut zu zeigen, auch wenn man noch so wütend ist. Wenn man die Geduld verliert, glaubt der Feind, er habe gewonnen. Also nahm sich Pasquale fest vor, seinen Zorn am nächsten Morgen zu unterdrücken, und schlief schließlich am Ufer des Blauen Nils ein.

Als er im trüben, hellen Licht des Morgens aus dem Zelt kroch, um einen Kaffee zu trinken, fand er noch mehr Milizsoldaten vor. Inzwischen waren es insgesamt 15. Dano bestand darauf, dass Pasquale ihn begleitete und Alemu, Baye und Yibeltal ebenfalls mitkamen. Die anderen sollten zurückbleiben.

Gordon passte dieser Plan nicht: »Ich wusste, dass sie versuchen würden, uns zu trennen.«

»Ich glaube, es ist am besten, wenn ich mitgehe, damit wir die Sache hinter uns bringen«, antwortete Pasquale.

Gordon blieb nichts anderes übrig, als zuzustimmen. Sie mussten sich der schwer bewaffneten Miliz fügen. Also marschierten die vier Expeditionsteilnehmer und zehn Soldaten um halb neun zu Fuß in Richtung des Dorfes Sirba Abay los. Die übrigen Soldaten blieben zurück, um Gordon und die andern zu bewachen.

Pasquale kam der Marsch irgendwie unwirklich vor, als würde er öffentlich in Handschellen abgeführt. Während sie durch mehr als ein Meter hohes Elefantengras stapften, fiel ihm auf, dass er die gleiche Khakiuniform trug wie die EPRDF-Soldaten, nur dass ihre quasi offiziell war. Der Unterschied bestand allein darin, dass sie die Gewehre hatten.

Am Ufer eines kleinen Flusses vor Sirba Abay kamen sie an der norwegischen Missionsstation Mekane Jesus vorbei. Pasquale steckte den Kopf in mehrere der Wellblechhäuser, auch in eine Krankenstation und in ein Klassenzimmer. Norwegische Nonnen oder sonstige Norweger sah er keine. Anscheinend waren sie alle zu einer Tagung nach Addis Abeba gefahren, die Station war verlassen.

Als sie in Sirba Abay ankamen, wurde Pasquale zu einem Mann mit weißen Schuhen, einem breiten weißen Hut und einem schiefen Lächeln geführt. Trotz der drückenden Hitze trug er eine schwere Lederjacke von Camel.

Der Mann legte den Kopf schräg wie ein Geier und stellte sich als Faisa Ayana vor, Bürgermeister von Sirba Abay Wereda. Er sah aus wie ein *bad guy* in einem sehr schlechten Film. »Sie sind verhaftet«, sagte er zu Pasquale. Dann berief er eine Ratssitzung an seinem »Amtssitz« ein, einem weiß gestrichenen Haus aus Lehm und Flechtwerk mit gepresstem Lehmboden. Als er zurückkehrte, verkündete er, der Rat habe entschieden, dass die Expedition nur mit einer Genehmigung der Gumuz ins Gebiet der Gumuz reisen könnte. Andernfalls müssten sie umkehren.

Pasquale überlegte, ob sie vielleicht Geld wollten, aber er hatte nur noch wenig übrig, deshalb stellte er keine diesbezügliche Frage. Stattdessen zog er sein Satellitentelefon heraus und bat darum, telefonieren zu dürfen. Faisa erlaubte es widerwillig. Pasquale tippte die Nummer ein. Er rief mich an, schilderte mir die Situation, und ich setzte mich mit Freunden im US-Außenministerium in Verbindung. Als Nächstes rief er Yohannes Assefa in Addis Abeba an und bat ihn, das Verteidigungsministerium, das Tourismusministerium oder sonst ein Ministerium um Hilfe zu ersuchen. Assefa schlug vor, nach dem Grundsatz »Teile und herrsche« vorzugehen, und gab Pasquale die Nummern des Polizeipräsidenten und des Justizministers. Als Pasquale auflegte, stellte er fest, dass die Batterie fast leer war, daher rief er sofort den Justizminister an und brachte sein Anliegen so präzise wie möglich vor. Der Minister machte keine Anstalten, darauf einzugehen, deshalb setzte Pasquale seinen Trumpf ein: »Wenn ich nichts von Ihnen höre, rufe ich die amerikanische Botschaft und das US-Militär an. Die schicken Truppen und Hubschrauber her, und das Ganze könnte sich ganz schnell zu einem internationalen Zwisch ...« Bevor er feststellen konnte, ob seine Drohung etwas bewirkte, schaltete sich das Telefon aus.

Nach einer Weile erhielt Faisa einen Anruf per Funk – vom Justizminister. Er rügte den Beamten, weil er die Expedition aufgehalten hatte, und sagte, es gebe großen Ärger mit Amerika, wenn Pasquale nicht auf der Stelle freigelassen werde. Der Minister wies Faisa an, einen Passierschein auszustellen und die Amerikaner so schnell wie möglich loszuwerden. Geschlagen ging Faisa zu einer hageren Frau hinüber, die in gebeugter Haltung an einem primitiven Schreibtisch saß. Er bat sie, auf der alten Schreibmaschine ein offizielles Dokument zu schreiben, und zwar in vierfacher Ausfertigung auf Kohlepapier. Als sie die Hälfte getippt hatte, blockierte die Maschine. Schließlich diktierte Pasquale den Brief, Faisa schrieb ihn mit der Hand und setzte einen Amtsstempel darauf.

Pasquale erhielt sein Messer zurück; Baye und Alemu bekamen ihre Gewehre, und um zehn Uhr abends langten sie endlich wieder im Lager an. Am Feuer saßen noch immer ein paar Milizsoldaten. Pasquale konnte nur noch brüllen: »Verschwindet aus unserem Lager ... SOFORT!« Sie machten sich aus dem Staub.

Zum Abendessen briet Yohannes eine Ziege. Pasquale war in Trinklaune, holte den Johnnie Walker Red heraus und betrank sich.

Am nächsten Morgen legten sie erst um Viertel vor zehn ab – ihr bisher spätester Start. Es war der 35. Tag auf dem Fluss. Sie fuhren sieben Stunden am Stück – etwa 56 Kilometer – durch einen endlosen Irrgarten aus Felsen, Kiesbänken und Stromschnellen der Kategorie zwei. Am Ufer standen immer mehr Dumpalmen und Baobabs. Um halb fünf Uhr nachmittags legten sie an einer breiten Sandbank an, wo sie übernachten wollten. Wieder bekam Pasquale Streit mit Gordon, der sich beschwerte, dass er nirgendwo seine Hängematte aufhängen konnte. »Du denkst nie an mich, wenn du einen Lagerplatz aussuchst«, schimpfte er.

»Ich leite diese Expedition. Und ich habe alle möglichen Gründe dafür, weshalb ich einen bestimmten Platz aussuche. Ich denke an die Sicherheit, den Wind, frisches Wasser, einen ebenen Boden, damit wir die Zelte gerade aufstellen können. Du denkst nur an dich selbst; ich denke an die Expedition. Schlaf halt ausnahmsweise auf dem Boden«, brummte Pasquale.

»Klar, wenn du mir eins von den Zelten gibst. Immerhin hab ich sie für die Expedition aufgetrieben, also gehören sie eigentlich mir.«

Pasquale nahm das Zelt, das er die ganze Zeit benutzt hatte, und warf es Gordon vor die Füße. Dann richtete er sich einen Schlafplatz auf einem der Boote her. Er setzte sich hin, holte sein Tagebuch heraus und trug darin ein: »Es ist schon erstaunlich, mit welcher Selbstverständlichkeit die ganze Gruppe *meine* Ausrüstung und alle Dinge, die *ich* besorgt habe, mitbenutzt, aber alles, was Gordon besorgt hat, *ihm* gehört. Hm. So ist das Leben. Ein bisschen wie in einer Ehe: ›Was mir gehört, ist meins; was dir gehört, ist unser.‹«

Zum ersten Mal schoss Pasquale der Gedanke durch den Kopf, dafür zu sorgen, dass Gordon die Expedition verließ. Die Grenzstadt Bambudi böte sich dafür an. Er hatte gehört, dass es dort eine Menge Restaurants, Hotels und Bars gab, also könnte sich Gordon wunderbar die Zeit vertreiben, bis er abgeholt und nach Addis Abeba gebracht würde. Von der Hauptstadt aus könnte er nach Hause fliegen. Mochten sie auch während der Expedition so mancherlei Irrungen und Wirrungen gemeinsam erlebt haben, im Grunde waren sie einfach zu verschiedene Menschen mit zu verschiedenen Maßstäben: auf demselben Planeten, aber in verschiedenen Umlaufbahnen; auf demselben Fluss, aber in verschiedenen Booten.

Als sich die Lage ein wenig später wieder beruhigt hatte, schichteten sie das Lagerfeuer auf. Sie setzten sich zum Abendessen, und eine Delegation nackter Gumuz aus dem nahe gelegenen Dorf Mandeba stattete ihnen einen Besuch ab. Sie hatten große, längliche Trommeln aus Kuhfell dabei, das über Holzschalen gespannt war. Die Gumuz stellten sich um die kleine Runde am Feuer herum auf, so dass Pasquale fast schon eine weitere Verhaftung fürchtete. Doch dann fingen sie an zu trommeln, zu singen und zu tanzen, und er begriff, dass sie zur Unterhaltung gekommen waren. Also nahmen sie das Abendessen zu niltypischer Dinnermusik ein. Michel fotografierte die tanzenden Gumuz, aber Gordon saß nur da und schaufelte Essen in sich hinein. Pasquale versuchte die Produzenten anzurufen, um herauszubekommen, ob sie inzwischen Visa zur Grenzüberquerung bei Bambudi besorgt hatten, aber er bekam keine Antwort.

An den nächsten zwei Tagen fuhren sie einfach den Fluss hinunter, durch mehrere Stromschnellen der Kategorie zwei und eine der Kategorie vier, bei der sie die Boote abkuppeln und rudern mussten.

Michel weigerte sich, durch die Stromschnelle zu rudern, und die anderen weigerten sich mitzufahren, daher steuerte Pasquale beide Rafts allein hindurch. Er hoffte, dass es die letzte Stromschnelle war.

Sie kamen an Gumuz-Frauen vorbei, die am Flussufer Gold wuschen. Alte Überlieferungen besagten, dass König Salomons Minen am Blauen Nil lagen; und der Legende nach soll die Königin von Saba, als sie nach Jerusalem reiste, den weisen König mit Gold aus ihrem Land überhäuft haben. Herodot, Agatharchides, Manoel Barradas – alle sprachen von Äthiopiens Gold. Im 16. Jahrhundert schrieb der Portugiese Juan de Bermudez in seinen Chroniken über Äthiopien, die Erde sei rot, da sie zu zwei Teilen aus Gold und zu einem Teil aus Erde bestehe; das Edelmetall sei weiter verbreitet als Eisen und werde von den Bewohnern zu wundersamen Gegenständen verarbeitet. In den 1920er-Jahren behauptete der polnische Graf Byron de Prorok, er hätte in Karthago eine alte Pergamentkarte gefunden. Darauf wäre eine alte Sklavenroute abgebildet, die von Khartum den Blauen Nil hinaufführte, und dorthin wären ägyptische Sklaven geschickt worden, um Gold für die Pharaonen zu schürfen.

Noch immer ist Gold eines der wichtigsten Exportgüter Äthiopiens. Auf dem *mercato* in Addis Abeba gibt es Unmengen von Filigranschmuck, Armbändern, Kreuzen und Amuletten aus 18-karätigem Gold, das vor allem in der westlichen Region gewonnen wird.

Doch Pasquale hielt nicht an, um sein Glück zu versuchen. Er hatte eine Mission.

Schließlich erreichte er einen der Produzenten in Spanien, der ihm riet, einen gewissen George Pagoulatos, Besitzer eines alten Hotels in Khartum und so etwas wie eine lokale Legende, anzurufen. Er hatte Einfluss und kannte Mittel und Wege, gewisse Dinge zu regeln; und die Produzenten hatten ihn bezahlt, damit er bei der

Erteilung der Visa half. Pasquale freute sich, dass ihm endlich jemand helfen würde, bei Bambudi die Grenze zu passieren. Er wählte George Pagoulatos' Nummer.

»Hier spricht Pasquale.«

»Wer?«, fragte George Pagoulatos.

Also erklärte ihm Pasquale, dass er an einem IMAX-Film arbeitete und eine Expedition den Blauen Nil hinunter leitete. Des Weiteren, dass sie sich gerade der Grenze näherten und Hilfe brauchten.

»Welcher Grenze?«

»Der Grenze zum Sudan.«

»Und wo sind Sie? Ich weiß nichts davon. Ich habe noch nie von Ihnen gehört.«

»Wir sind kurz vor Bambudi.«

»Bambudi«, wiederholte George. »Wo liegt denn das?«

»An der Grenze«, sagte Pasquale laut ins Satellitentelefon.

»Aber ich weiß nichts davon. Ich habe keinen Schimmer, wer Sie sind. Ich habe noch nie von Ihnen gehört. Außerdem fängt morgen ein zehntägiges islamisches Fest an. Sie sind auf sich gestellt. Viel Glück und ›*Kulu wiyabeen santi sana*‹.«

»Was heißt das?«, erkundigte sich Pasquale.

»Fröhliche Feiertage für Sie und Ihre Familie.«

Am 38. Tag der Flussexpedition legten sie ab, um das letzte Stück nach Bambudi, dem Posten an der Grenze zum Sudan, hinter sich zu bringen. Einen knappen Kilometer hinter dem Camp meinte Gordon, er wolle wieder im Kajak fahren, um sich ein bisschen zu bewegen. Pasquale fuhr die motorisierten Rafts mit einer Geschwindigkeit von etwa 13 Stundenkilometern. Gordon bemühte sich, davor zu bleiben, und paddelte seitlich von den Schlauchbooten oder weit davor. Plötzlich schoss er direkt vor die Boote. Pasquale schaute auf und sah Gordons Arm nach dem Sicherheitsseil greifen, als er unter die Boote gedrückt wurde. Pasquale hatte keine

Zeit mehr, den Motor auszuschalten. Solomon und Baye sprangen auf beiden Seiten ins Wasser und griffen nach Gordon. Er saß in seinem Kajak unter den Booten fest und kam nicht heraus. Sie zogen Gordon hervor; er konnte von Glück sagen, dass er nicht vom Propeller zerfetzt wurde.

TAGEBUCH 38. TAG
Wieder ein knappes Entkommen. Alle sind ausgebrannt und müde. Außerdem ist es wahnsinnig heiß, so zwischen 43 und 46 °C.

Laut GPS hatten sie nur noch wenige Kilometer vor sich. An der Bambudi-Bar würden sie das erste Bier genießen können.

Am 30. Januar näherten sich die Männer um halb eins mittags dem Drahtseil, das über den Fluss gespannt war und die Grenze zwischen Äthiopien und dem Sudan markierte. Sie legten an, machten die Boote fest und betraten das rissige, unwegsame Ufer. Die Landschaft darüber hätte von einem Kind gezeichnet und ausgemalt sein können. Eine gerade Linie zerteilte den weiten Ausblick: Unten war kahler brauner Boden, oben blauer Himmel. Sie ließen den Blick in alle Richtungen schweifen. Es war nichts zu sehen. Überhaupt nichts. Keine Restaurants, keine Bars, kein Grenzposten. Kein Rauch, weil jemand kochte, kein Geschrei spielender Kinder. Hier war keine Stadt. Alles war leer. Sie waren Schiffbrüchige auf der falschen Seite des Fegefeuers, mitten im Nirgendwo auf halbem Wege ins Niemandsland.

Kapitel 20

Die Menschen ziehen aus den unterschiedlichsten Gründen in die leeren Räume der Welt. Manche treibt einfach die Liebe zum Abenteuer an, andere verspüren großen Wissensdurst auf wissenschaftlichem Gebiet und wieder andere werden durch ›die Lockung kleiner Stimmen‹ von den eingetretenen Pfaden fortgezogen, der geheimnisvollen Faszination des Unbekannten.

Sir Ernest Shackleton, Schiffbrüchiger vor der Antarktisküste

Als Pasquale und sein Team am kahlen, staubigen Ufer des Blauen Nils standen und den Horizont mit den Augen absuchten, erhob sich plötzlich in der Ferne eine flimmernde Luftspiegelung. Ein gebeugtes Strichmännchen, das sich bewegte und näher zu kommen schien. Nach ein paar Minuten war es besser zu erkennen ... es war ein Kamel ... nein, ein Reiter ... nein ... es war ein Soldat auf einem Fahrrad.

Er kam auf Pasquale zu, hielt an und stellte sich als Soldat der sudanesischen Armee vor. Pasquale fragte nach seinem Namen.

»Somali.«

»Nein, ich meinte deinen Namen, nicht deine Nationalität.«

»Somali.«

Er hieß Somali Muza. Pasquale fragte ihn, wo Bambudi sei, und er zuckte die Schultern. Keine Ahnung. Aber acht Kilometer weiter flussaufwärts und etwa anderthalb Kilometer vom Ufer entfernt liege ein Dorf namens Bamaza. Somali bot ihnen an, sie dort hinzuführen, also stiegen sie mit ihm in die Boote und fuhren stromaufwärts. Der Fluss war hier so flach und träge, dass man kaum erkennen konnte, in welche Richtung er floss.

Eine Dreiviertelstunde später hielten sie an einer breiten Sandbank und marschierten zum winzigen, staubigen Dorf Bamaza mitten im Nirgendwo. In der Dorfkneipe fand Pasquale eine Gruppe hemdloser EPRDF-Soldaten und fragte sie, wo er eine Genehmigung für das Überqueren der Grenze bekommen könne. Sie zuckten die Achseln. Sie selbst durften keine Genehmigungen ausstellen und wussten auch nicht, wer es durfte. Die letzten Ausländer in dieser Gegend – ein paar Franzosen in einem Lkw, die drei Jahre zuvor hier durchgekommen waren – hatten fünf Wochen auf die Genehmigung gewartet, sie nicht bekommen und waren umgekehrt. Und soweit sie wussten, war noch nie jemand den Fluss heruntergekommen.

Am nächsten Morgen packten die Äthiopier und schickten sich an, die Expedition zu verlassen. So tatkräftig hatte man sie seit Wochen nicht erlebt. Sie hatten ihren Vertrag mit Pasquale erfüllt und konnten es nicht abwarten, nach Hause zu kommen. Eine unbefestigte zweispurige Straße führte aus Bamaza heraus, und Pasquale rief in Addis Abeba an, um sie abholen zu lassen. Einerseits hätte er sie gern begleitet, andererseits fürchtete er, es vielleicht zu müssen.

Zum Mittagessen spazierte Pasquale in ein kleines grasgedecktes Restaurant im Dorf. Es wurde von einer hübschen amharischen Frau namens Fantanish aus Bahir Dar geführt. Pasquale ließ sich auf einem geschnitzten Hocker nieder, der die Form einer Sanduhr hatte. Fantanish vertraute ihrem Gast an, dass sie geschieden war, dass ihr Exmann in Khartum lebte, dass sie schon seit zwei Jahren in Bamaza festsaß und genügend Geld verdienen musste, damit sie das Dorf verlassen könnte. »Hoffentlich sitzen *wir* hier nicht zwei Jahre fest«, scherzte Pasquale, und ihre großen, leuchtenden Augen blitzten auf. In dem kleinen Restaurant herrschte eine solche elektrische Spannung, dass man damit ein Motorboot hätte antreiben können.

Als Pasquale am nächsten Morgen aufwachte, wütete ein Buschfeuer in der Nähe von Bamaza. Um zehn Uhr war es schon 46 Grad heiß und die Luft verraucht und trüb. Irgendwo in der Ferne wurde pausenlos getrommelt. »So muss das Fegefeuer sein«, schrieb Pasquale. Die meiste Zeit wartete er. Er hätte gern seine Gedanken in den Computer getippt, aber das Mauspad war geschmolzen, so als hätte man es in eine Mikrowelle gelegt. Also setzte er sich hin und tat gar nichts. Zeit hatte hier keine Bedeutung ... Der Tag verging wie im Flug. »Das Ganze kommt mir vor wie ein Traum, ein ziemlich bizarrer Traum«, sagte Pasquale zu Michel, der ausgestreckt auf dem Boden lag und auf nichts wartete.

Schließlich konnte sich Pasquale aufraffen, den Computer ans Satellitentelefon anzuschließen und seine E-Mails herunterzuladen. Die erste kam von einem Manager bei MacGillivray Freeman Films und schrie ihn förmlich durch den Monitor an: »NOTFALL – GEHT NICHT IN DEN SUDAN. ÜBERQUERT UNTER KEINEN UMSTÄNDEN DIE GRENZE!« Es stand aber nicht dabei, warum.

Pasquale fragte sich, ob vielleicht die Finanzierung des Films geplatzt war. Waren die Produzenten pleite? Oder tobte im Sudan ein totaler Krieg? Vielleicht hatte sich eine größere, weltweite Katastrophe ereignet? Sein Frust erreichte einen neuen Höhepunkt. Er hatte keine Genehmigungen, keine Visa, keine Papiere, keine Informationen, kein sudanesisches Geld, keinen Ort, an den er gehen konnte.

Er holte das Iridium-Telefon heraus, das jetzt durch das Solar-Ladegerät vollständig aufgeladen war. Er rief in den USA an und sprach mit einem der Produzenten. Die Neuigkeiten waren keine guten. Der Produzent erklärte ihm, es gebe ein Problem mit dem

OFAC (Office of Foreign Assets Control). Neben Nordkorea, Libyen und anderen Staaten ist der Sudan im *Trading with the Enemy Act* als verbotenes Land aufgeführt: US-Firmen dürfen dort nur mit einer Sondergenehmigung des Außenministeriums tätig werden. Da die Expedition Teil eines kommerziellen Filmprojekts war, fiel sie unter die OFAC-Kontrollbestimmungen. Das Außenministerium wusste von der Expedition und hatte eine offizielle Warnung herausgegeben: Falls Pasquale unerlaubt die Grenze überquerte, müssten alle Beteiligten eine Strafe von 250.000 Dollar zahlen und zwei Jahre im Gefängnis verbringen. MacGillivray Films bemühte sich um die offiziellen Genehmigungen, aber niemand wusste, ob oder wann sie Erfolg haben würden.

Später am Tag kamen zwei EPRDF-Wachen an den Fluss hinunter, wo Pasquale trübsinnig hockte. Einer von ihnen war ein gut aussehender junger Mann namens Daniel Bedry. Ein Finger seiner rechten Hand war stark entzündet. Daniel bat Pasquale um Hilfe, da es in Bamaza weder einen Arzt noch eine Klinik oder Medikamente gab. Pasquale schaute ihn sich an und stellte fest, dass der Finger brandig war. Totes Fleisch hatte sich abgelöst und die Reste des Nagels hingen nur noch an einer einzelnen Faser. An mehreren Stellen schaute der Knochen hervor.

Daniel erklärte, vor 29 Tagen sei er im Schlaf von einem giftigen Insekt gestochen worden und seitdem habe sich der Finger immer mehr entzündet. Pasquale reinigte den Finger, gab Daniel mehrere Antibiotika und sagte ihm, dass er unbedingt einen Arzt auftreiben müsse. Er wusste, dass der Finger amputiert werden musste, sonst konnte sich die Infektion ausbreiten und vielleicht sogar tödlich sein. Er überlegte sogar, ob er den Finger selbst amputieren sollte, besann sich dann aber eines Besseren. Er hatte einfach nicht genug Erfahrung. »Du musst so schnell wie möglich zu einem Arzt«, wies er Daniel an. Doch der EPRDF-Mann schaute ihn nur ausdruckslos an, als wäre es einfacher, auf den Mond zu reisen. Dieser staubige Fleck war noch ebenso abgelegen wie 230 Jahre zuvor, als James Bruce während seiner Erforschung des Blauen Nils hier durchgekommen war.

Am folgenden Morgen wanderte Pasquale zu Fantanishs Restaurant hinauf, um einen Kaffee zu trinken. Dort traf er den EPRDF-Kommandeur Solomon, der schäbige Zivilkleidung trug und auf einem Strohlager in der Ecke lag. Pasquale flehte ihn an, ihm eine Genehmigung zum Überqueren der Grenze auszustellen, doch der Kommandeur winkte ab. Die Erlaubnis müsse von weiter oben kommen, und bis dahin hätten alle zu warten. Falls sie versuchten, die Grenze ohne die richtigen Papiere zu passieren, würden sie erschossen werden.

Pasquale sprach ein anderes Thema an. Er erklärte dem Kommandeur, dass sich einer seiner Soldaten in einem schlechten Zustand befand, und bat ihn, den jungen Mann zu einem Arzt zu schicken, damit sein Finger amputiert werden konnte. »Wenn das nicht gemacht wird, kann er sterben«, fügte er eindringlich hinzu. Solomon dachte über Pasquales Vorschlag nach und erklärte sich einverstanden. Er würde den Soldaten zum nächsten Arzt bringen, der über 300 Kilometer weit entfernt war.

Am nächsten Tag rumpelte ein Lkw ins Dorf. Außer Yibeltal verabschiedete sich die äthiopische Crew mit Umarmungen, erhielt ihren letzten Lohn und stieg ein. Kommandeur Solomon tauchte mit Daniel Bedry auf und ordnete an, dass Bedry den letzten Platz bekam. Als der Fahrer den Motor anließ, rannte Fantanish mit einem schweren, alten Koffer auf den Lkw zu. »Bitte nehmen Sie mich mit«, flehte sie den Fahrer an. Doch der schüttelte den Kopf und entgegnete, der Wagen sei voll. Sie versuchte sich hineinzuzwängen, wurde aber zurückgedrängt. Der Fahrer schaltete in den ersten Gang, und der Lkw holperte in einer Wolke aus Staub und Dieselqualm davon. Fantanish blieb allein und schmutzbespritzt mitten auf der Straße zurück. Pasquale nahm den Koffer und brachte sie zum Restaurant, wo er die Abgewiesene den Rest des Tages trösten musste.

Am Abend dachte er eine Weile über den Sudan nach. Würde er ihn jemals sehen? Und wollte er das überhaupt?

Der Sudan ist der größte Staat Afrikas und steckt fast ununterbrochen im Morast des Bürgerkriegs, seit er im Jahr 1956 von Großbritannien seine Unabhängigkeit erhielt. Der zentrale Konflikt zwischen den muslimischen Regierungstruppen im Norden und den christlichen Rebellen im Süden, der auf vielschichtige Ursachen zurückgeht, begann 1955, endete 1972 mit der Friedensvereinbarung von Addis Abeba und begann 1983 von neuem. Im vermutlich längsten Bürgerkrieg der Weltgeschichte kamen bisher rund zweieinhalb Millionen Menschen ums Leben.

In den 1990er-Jahren verhängte die Clinton-Regierung Sanktionen über den Sudan, da er zu einer Zufluchtsstätte für Terroristen geworden war. Auch für Osama Bin Laden, der sich 1991 dort niederließ. 1996 zog Präsident Clinton wegen angeblicher terroristischer Drohungen gegen amerikanische Beamte den US-Botschafter ab. Im selben Jahr drängten die USA und Saudi-Arabien den Sudan, Bin Laden des Landes zu verweisen, der daraufhin nach Afghanistan verschwand. Nach Al-Qaida-Anschlägen auf die amerikanischen Botschaften in Kenia und Tansania ordnete Clinton 1998 an, die Arzneimittelfabrik Al Shifa mit Cruise Missiles zu bombardieren. Man vermutete, dass dort chemische Waffen hergestellt wurden, obwohl der Verdacht nicht bewiesen werden konnte. Fortschritte in Richtung einer Beendigung des Bürgerkriegs machte die Clinton-Regierung nur wenige.

George W. Bush zeigte sich aufmerksamer. Auf Druck der USA stimmte die sudanesische Regierung 2002 schließlich Friedensgesprächen zu. Der Sudan war an der Aufhebung der amerikanischen Sanktionen interessiert und buhlte um die Gunst der amerikanischen Ölinvestoren. In der Zeit nach dem 11. September und den Kriegen in Afghanistan und im Irak ging es auch darum, zu verhindern, dass das Land auf die Zielliste der Bush-Regierung gesetzt wurde. Die Rebellen im Süden – die Sudanesische Volksbefreiungsarmee SPLA – mussten einsehen, dass der Bürgerkrieg militärisch nicht zu gewinnen war, und waren ebenfalls zu Verhandlungen bereit.

Nach mehreren Treffen in Nairobi wurde im Januar 2005 ein Friedensabkommen unterzeichnet, das eine sechsjährige Übergangsphase bestimmt. 2011 soll eine Abstimmung über die Unabhängigkeit Südsudans stattfinden. Die Scharia wird im Süden außer Kraft gesetzt, und die Einnahmen aus den Ölvorkommen sollen zu gleichen Teilen dem Süden und dem Norden zukommen.

Das Engagement der Bush-Regierung ist nicht zuletzt auch darauf zurückzuführen, dass die Ölvorräte des Sudan einen Jahresertrag von zwei Milliarden Dollar abwerfen, obwohl erst ein Bruchteil der Ölquellen erschlossen ist. Chevron hatte bereits in den 1970er-Jahren Öl im Sudan entdeckt, doch wegen des Bürgerkriegs konnte es erst 1999 exportiert werden. Die Ölreserven werden von China, Kanada und Schweden ausgebeutet. Wegen des OFAC und einer Durchführungsverordnung von 1997, die den US-Ölkonzernen verbot, im Sudan tätig zu werden, waren sie für amerikanische Firmen bislang tabu.

Als Pasquale im Dezember 2003 seine Expedition auf dem Blauen Nil startete, waren die Unterhändler so zuversichtlich gewesen, dass eine Einigung bevorstand, dass bei Bushs Rede zur Lage der Nation zwei Plätze für Omar Ahmad Hassan al-Bashir, den Regierungschef Sudans, und John Garang, den Rebellenführer (der im Juli 2005 bei einem Hubschrauberabsturz ums Leben kam), reserviert wurden. Alles war perfekt: Bush würde in einer ehemaligen Terroristenenklave einen außenpolitischen Erfolg verbuchen und dabei helfen, Araber und Christen zu vereinen; amerikanische Unternehmen würden Zugang zum Öl des Sudan erhalten und das Sterben sudanesischer Zivilisten wäre beendet. Und ganz nebenbei könnte die Expedition in Ruhe und Frieden den Nil hinunterfahren.

Doch in den Tagen, bevor die Männer die Grenze zum Sudan erreichten, zerfiel alles wieder. Während die sudanesische Regierung dem Südsudan Autonomie und Ölerträge anbot, erhoben sich die Bewohner einer anderen vernachlässigten Region, deren Anführer von den Verhandlungen ausgeschlossen worden waren, und verlangten politische Reformen und wirtschaftliche Unterstützung. Gerade als al-Bashirs Regime bereit schien, die Angriffe auf den Südsudan einzustellen, fing es einen Bombenfeldzug gegen eine Region namens Darfur im westlichen Sudan an. Während Pasquale in der zermürbenden Hitze Bamazas hockte, begann Darfur zu brennen und die Aussicht auf Frieden im Sudan löste sich in Rauch auf. Und ausgerechnet in diesem Moment setzte Pasquale alle Hebel in Bewegung, um in eines der gefährlichsten Länder der Welt einzureisen.

Bevor er schlafen ging, setzte er sich an seinen Laptop und versuchte ein paar E-Mails zu verschicken, was jedoch mit Schwierigkeiten verbunden war. Er schrieb mir eine Mail und bat mich um Hilfe; dann tippte er jedoch: »Musss jeeetzt aufhören. Das Mauspad ist geschmolzzen und durch den starkken Wind ist so viell Sand in die Tastatur gekommen, dass ein paar Tasten nicht mehr richtig funkktionieren.«

In jener Nacht wehte ein heißer Wind über die Wüste und brachte ein unbestimmtes Angstgefühl mit. Die Luft, die er herübertrug, war anders: trockener, älter, gekrümmt vor Nebel. Obwohl Gordon und Michel nur wenige Meter von ihm entfernt schliefen, hatte Pasquale das Gefühl, mit der Nacht allein zu sein. Auf der ganzen Welt schien es niemanden zu geben, der ihm aus seiner Notlage heraushelfen wollte. Als würde ihn die Gleichgültigkeit der anderen zur Waise machen.

Während sich Pasquale schlaflos im Schlafsack wälzte, bedrängte ihn das Gefühl, dass die Expedition sich in einem Belagerungszustand befand. Ihn ergriff die Angst, dass es vielleicht nicht mehr weiterging. Nach all seinen öffentlichen Absichtserklärungen, all der Presse, der Bewunderung, dem Hochmut würde er vielleicht scheitern – so wie alle anderen vor ihm. Er hatte so viel in diese Unternehmung investiert, so viel Zeit und Kraft hineingesteckt, dass er dazu prädestiniert schien, es zu schaffen. Aber jetzt nicht mehr. Vielleicht musste er sich geschlagen geben und sich eingestehen, dass er sein Ziel nicht erreicht hatte und den Nil nicht von der Quelle bis zur Mündung befahren würde. Während er sich hin und her warf und dem bitteren Wind lauschte, stand ihm vor Augen, wie er das letzte Mal eine ähnlich riskante und daher medienwirksame Expedition organisiert hatte. Eine, die so ungewöhnlich war, dass sie für die meisten Menschen von vornherein zum Scheitern verurteilt war. Er erinnerte sich daran, wie er einen Blinden auf den Gipfel des Mount Everest geführt hatte.

Kapitel 21

Die Spezies der Bergsteiger zeichnet sich einfach nicht durch ein Übermaß an Vernunft aus. Und das gilt besonders für Bergsteiger auf dem Everest: Wenn sie die Chance haben, den höchsten Gipfel des Planeten zu erreichen, vergessen die Menschen erstaunlich schnell ihren gesunden Menschenverstand. Das hat die Geschichte gezeigt.

Jon Krakauer, In eisige Höhen

Trübe Lichter schimmerten durch das dünne gelbe Nylon und zerrissen mit einem unheimlichen Schein die Dunkelheit. Ein klagender Wind heulte auf und verstummte, pfiff über messerscharfe Kämme und blies eine Ladung Treibschnee vor sich her. Zuckende Blitze erhellten immer wieder Pasquales Umgebung: Schlafsäcke mit Froststrändern, Wasserflaschen, zurückgelassenes Kletterzubehör. Eine geisterhafte, unterbrochene Stimme drang zu ihm durch, durch das Rauschen und Heulen kaum zu verstehen, ein panischer Hilferuf wie aus den Tiefen des Meeres oder eines Traums. »Ich kann nicht atmen! Irgendwas stimmt nicht!«

Doch Pasquale war nicht unter Wasser, und er träumte nicht, weil er schlief, sondern weil er Fieber hatte. Er befand sich 7.925 Meter über dem Meeresspiegel, wo die Luft zu dünn war, als dass Menschen auch nur kurze Zeit ohne zusätzlichen Sauerstoff hätten überleben können. Die Todeszone.

Sein Körper glühte bei einer Temperatur von 40 Grad, doch zugleich zitterte er vor Kälte. Seine Knochen schmerzten, als würden sie von starken, unsichtbaren Armen zusammengedrückt. Zwei Stunden zuvor war er guter Dinge auf den höchsten Gipfel der Erde zugeklettert und wollte der Spitze des Everest einen zweiten Besuch abstatten, als er plötzlich merkte, dass irgendetwas ganz und gar nicht stimmte.

Pasquale riss sich aus seinem Albtraum und drehte sich auf die andere Seite. Das Expeditionsfunkgerät lag neben seinem Ohr und knackte und knisterte im Dunkeln. Die panische Stimme war die von Jeff Evans, einem der Bergsteiger, die er auf den Gipfel führte. Pasquale stützte sich auf den Ellbogen, schaltete den Sender ein und sprach hinein: »Beruhige dich. Atme tief durch. Ang Pasang und Sherm Bull haben zusätzliche Regulatoren. Wende dich an einen der beiden, und alles wird gut.« Dann sank er zurück in einen fiebrigen Schlaf, der ihn mit Gedanken vom Scheitern und vom Tod quälte.

Es war der 25. Mai 2001 – spät in der Everestsaison und die letzte Chance des Teams, einen Gipfelaufstieg zu wagen. Zwei Jahre lang hatte Pasquale auf diesen Tag hingearbeitet; hatte Sponsoren und Ausrüstung aufgetrieben; hatte seinen eigenen und die Körper anderer erfahrener Kletterer trainiert, um fit zu sein für die anstrengenden, langen Tage des Aufstiegs in eine immer luftärmere Atmosphäre; hatte Pläne und Notfallpläne aufgestellt. Doch jetzt löste sich alles in Nichts auf, und zwar nicht wegen des Wetters – obwohl es wirklich schlecht war –, nicht wegen einer schlechten Ausrüstung und auch nicht wegen eines unfähigen Teams.

Nein, sein eigener Körper machte ihm einen Strich durch die Rechnung und ließ ihn im Stich, als er ihn am meisten brauchte. Die Malaria, die er sich Jahrzehnte zuvor auf einer seiner ersten Afrikareisen zugezogen hatte, war zurückgekehrt, ausgelöst durch Stress und Erschöpfung. Winzige Parasiten, die jahrelang still und unauffällig in seiner Leber ausgeharrt hatten, vermehrten sich jetzt, drangen in seinen Blutkreislauf ein und zerstörten die dezimierte Zahl roter Blutkörperchen, die er brauchte, um den wenigen Sauerstoff auf dieser Höhe in Organe, Muskeln und Gehirn zu transportieren.

Es war weder seine erste Everestbesteigung noch das erste Mal, dass er den Gipfel nicht erreichte. Trotz seines Fieberwahns wusste Pasquale, dass die Angst zu scheitern vielleicht der größte Feind eines jeden Everestbesteigers ist, der den dritten Pol der Erde (wie der Everestgipfel seit seiner Entdeckung im späten 19. Jahrhundert auch genannt wird) erreichen will, selbst wenn alle Vernunft dagegen spricht. Fünf Jahre zuvor hatten elf Menschen an einem Morgen wie diesem das Leben verloren, darunter auch Rob Hall und Scott Fisher, Bergführer, die hätten wissen müssen, dass sie nicht weitergehen sollten. Dieser furchtbare Tag – der 10. Mai 1996 – machte auf der ganzen Welt Schlagzeilen und wurde in Jon Krakauers Bestseller über »viel Pech und noch mehr Unverstand«, wie das Magazin *People* urteilte, eindringlich geschildert.

Halb wahnsinnig wegen des Fiebers fragte sich Pasquale jetzt, ob seine eigene Expedition als eine weitere Tragödie in die Geschichte eingehen würde; eine Tragödie, die hätte verhindert werden können, wenn man nur vorsichtiger gewesen wäre und mehr Verstand hätte walten lassen. Denn seine Expedition hatte ein viel größeres Handicap zu tragen als unerfahrene Bergsteiger oder maßlosen Ehrgeiz: Einer ihrer Kletterer und zugleich der Grund, warum sie überhaupt auf dem Berg waren, war Erik Weihenmayer. Und Erik war blind.

Pasquale hatte Erik 1999 auf der Outdoor-Messe in Salt Lake City kennen gelernt. Ihr gemeinsamer Freund, der Sobek-Guide Jim Slade, hatte sie miteinander bekannt gemacht. Zuerst hatte Pasquale Erik für einen »Blinden, der ein bisschen kletterte« gehalten. Doch das wurde Erik und dem, was er geleistet hatte, nicht gerecht.

Erik war sehend auf die Welt gekommen, bekam aber Retinoschisis – eine degenerative Augenkrankheit, die ganz allmählich seine Sehkraft zerstörte, so dass er mit 13 in einer Welt der Finsternis lebte. Als geborener Sportler weigerte er sich, seine Behinderung als Einschränkung zu begreifen, und trieb sich selbst gegen nahezu jedermanns Rat immer weiter zu körperlichen Höchstleistungen an.

In der High School wurde er Ringer; später begann er mit Fallschirmspringen, Laufen und Skifahren. Irgendwann wurde sein Interesse am Bergsteigen geweckt. Er lernte, sich durch Vorsprünge und Kerben an einer Felswand hinaufzutasten, und das Geräusch des Eises zu deuten, damit er Eishaken hineinschlagen konnte. 1996 nahm er an einer medienwirksamen Besteigung von »The Nose« teil, einer klassischen 1.000-Meter-Felswandtour am El Capitan im Yosemite Valley. Dann fing er an, Berge zu besteigen: den Mount Rainier, Mount McKinley, Aconcagua (den höchsten Berg Südamerikas) und den Kilimandscharo in Afrika. Die Seven Summits (»Sieben Gipfel«) schienen erreichbar – eine außergewöhnliche Leistung für jeden Sportler, aber noch nie da gewesen und bisher unvorstellbar bei einem blinden Bergsteiger.

Jim Slades Empfehlung reichte Pasquale aus. Nachdem er sich nur wenige Minuten mit dem großen, mageren Mann, der von seiner Frau Ellie und seinem Blindenhund Seigo begleitet wurde, unterhalten hatte, stellte Pasquale ihm die entscheidende Frage: »Haben Sie schon mal daran gedacht, den Everest zu besteigen?« Ellie Weihenmayer warf ihm einen Blick zu, der Eisen zum Schmelzen gebracht hätte, aber die Idee war ausgesprochen. Am nächsten Tag recherchierte Erik ein wenig auf eigene Faust, rief dann bei Pasquale an, und sie begannen, Pläne zu schmieden, um den ersten blinden Bergsteiger auf das Dach der Welt zu bringen.

Erik ist ein Mensch, der nicht gleich aufgibt. Sonst hätte er sicher auch nicht so viel erreicht. Er vereinbarte ein Treffen mit Dr. Marc

Maurer, dem Vorsitzenden des amerikanischen Blindenverbands NFB, um über Sponsorengelder zu reden. Als Pasquale und Erik am NFB-Hauptsitz in Baltimore eintrafen, stellte Pasquale verblüfft fest, dass das Gebäude keine Fenster hatte und daher im Inneren pechschwarz war. Es eignete sich hervorragend für Blinde wie Erik und Dr. Maurer, aber für Pasquale war es verwirrend.

Pasquale war froh, dass Erik und er ihre Hausaufgaben gemacht hatten. Sie konnten einen Expeditionsantrag, einen Zeitplan und einen Kostenplan für ihr Projekt vorlegen, Erik auf den höchsten Gipfel der Welt zu bringen. Pasquale reichte Dr. Maurer den Antrag – in Brailleschrift, damit er ihn lesen konnte – und beantwortete geduldig alle Fragen, die ihm gestellt wurden.

Auf eine davon war er jedoch nicht vorbereitet. Dr. Maurer wiegte sich aufgeregt vor und zurück und sagte: »Nur noch eine Frage, Pasquale. Kann Erik auf dieser Expedition sterben?«

Pasquale ließ sich einen Augenblick Zeit, um über seine Antwort nachzudenken. »Natürlich kann er das«, antwortete er dann.

»Gut. Genau das wollte ich hören«, sagte Dr. Maurer. »Ich möchte sichergehen, dass Erik den Berg besteigt wie jeder andere auch. Keine Tricks. Er soll nicht wie ein Kind hinaufgetragen werden, sondern ganz allein raufklettern.«

»Ich trage niemanden den Berg hinauf.«

»Schön. Wie viel brauchen Sie?«

Mit 350.000 Dollar und der bedingungslosen Unterstützung vom NFB begannen Pasquale und Erik, das Team zusammenzustellen. Erik hatte 1998 zwar den 6.962 Meter hohen Gipfel des Aconcagua erreicht, das Klettern oberhalb von 8.000 Metern im Himalaja war aber ein vollkommen anderer Eiskübel, das wussten sie beide. Erik war einverstanden, sein Kernteam, das aus den guten Freunden Chris Morris und Jeff Evans, dem Eiskletterer Mike O'Donnell und Eric Alexander bestand, zu ergänzen. Pasquale verpflichtete mehrere Himalajaveteranen wie Luis Benitez und Didrik Johnck, mit denen er gut auskam, den Teamarzt Steve Gipe und seinen Kletterpartner aus Colorado, Brad Bull. Kami Tenzing Sherpa, mit dem er bereits den Everest und den Cho Oyu bestiegen hatte, stellte er als Sirdar an, der die Träger und die Logistik beaufsichtigte.

Doch zuerst mussten sie noch ein paar Lektionen lernen. Daher traf sich das Team zu einer Übungsexpedition, der Besteigung des Ama Dablam in Nepal. Seine Höhe entspricht mit 6.856 Metern fast genau der des Aconcagua, und außerdem stellt seine Besteigung eine für den Himalaja typische Herausforderung dar: Man brauchte die Unterstützung von Sherpas, eine langfristige Planung, ein gutes Ausrüstungs- und Versorgungsmanagement und das technische Know-how, in dünner Atmosphäre auf Fels und Eis zu klettern. Ama Dablam ist außerdem ein wunderschöner Berg – sein scharfes, skulpturartiges Profil beherrscht den Horizont wie ein nepalesisches Matterhorn. Und wie das Matterhorn hat auch der Ama Dablam Opfer gefordert. Die Besteigung würde kein Kinderspiel werden.

Das Team kam im Frühjahr 2000 in Kathmandu an, und sofort wurden diejenigen, die noch nie in Nepal waren, krank. Nach ein paar Tagen über der Kloschüssel kehrte die Gesundheit zurück, so dass sie in die Khumbu-Region des Himalaja reisen und sich den Ama Dablam vornehmen konnten. Sie ignorierten die Ankündigung schlechten Wetters und stiegen eiligst die fast senkrechte Bergwand hinauf. Später erinnerte sich Pasquale: »Vier Teams waren auf dem Berg, und für alle haben wir die ganze Route bis nach oben vorbereitet. Kein anderer hat was getan.« Trotz ihrer forcierten Herangehensweise konnten sie den Berg nicht besiegen.

Für die Besteigung waren 20 Tage vorgesehen, doch das Wetter machte ihnen einen Strich durch die Rechnung. Als sie gerade Camp zwei auf etwa 6.000 Metern Höhe erreicht hatten, zog ein Sturm auf. Pasquale entschied, dass Erik mit Eric Alexander und

Funkgeräten dort bleiben sollte und die anderen ins Basislager zurückkehren würden. So schien sich die Gruppe die besten Chancen offen zu halten. Für Erik wäre das Ab- und Aufsteigen anstrengender gewesen, als auf der Höhe von Camp zwei zu bleiben, und es hätte zu lange gedauert. Die anderen konnten hinunterklettern, sich die Kraft bewahren, die sie brauchen würden, um Erik auf den Gipfel zu bringen, und wieder aufsteigen, wenn sich das Wetter gebessert hatte. Dann dauerte der Schneesturm aber eine ganze Woche, und so lange saß Erik auf einem ein Meter breiten Vorsprung auf 6.000 Metern Höhe fest.

Schließlich war es den Hauptteam möglich, zum Camp zwei zurückzukehren und den Aufstieg auf den Gipfel zu wagen. Die lange Verzögerung hatte jedoch viele Vorräte und Brennstoffreserven gekostet. Eine weitere Verzögerung würde das Leben der Teammitglieder in Gefahr bringen. Sie stiegen gerade die steilste und gefährlichste Eiswand des Berges hoch und waren nur noch 150 Meter vom Gipfel entfernt, als erneut das Wetter umschlug. Dicke schwarze Wolken umhüllten den Gipfel und kamen auf sie zu.

Wieder einmal musste Pasquale eine schwere Entscheidung treffen. Es war möglich, dass sie mit knapper Not den Gipfel erreichten und heil zurückkehrten, aber ebenso konnte der Versuch auch in einer Katastrophe enden. Sie hatten keinen Brennstoff mehr, kein Essen und keine Zeit. Sie konnten einfach nicht weiter aufsteigen. Andererseits hatte Pasquale auch Angst, dass der NFB seine Unterstützung zurückziehen würde, wenn sie scheiterten. Es war die schwierigste Entscheidung seines Lebens.

Pasquale kletterte mit Chris Morris an der Spitze und informierte das Team unter ihm per Funkgerät. »Leute, ich weiß, ihr werdet das nicht gern hören, aber die Expedition ist vorbei.« Sie kehrten ins Camp zurück, packten zusammen und begannen den Abstieg, als der Sturm bereits lostobte.

Ganz entgingen sie dem Unglück nicht. Eric Alexander, der die lange Woche mit Erik Weihenmayer im Camp zwei verbracht hatte, rutschte auf einem losen Felsen aus, fiel eine 45 Meter hohe Felsplatte hinunter und landete auf einem kleinen Vorsprung. Sein Helm und sein Rucksack bewahrten ihn vor größeren Verletzungen; bei der Bergung erlitt er jedoch einen Schock, und seine Lungen füllten sich mit Flüssigkeit – das gefährliche Höhenlungenödem. Am Ende kehrte das ganze Team aber wohlbehalten nach Hause zurück, auch wenn ihnen der Gipfel entgangen war.

Es gibt Feuerproben, und das hier war eine Eisprobe. Mochten sie den Gipfel des Ama Dablam auch nicht erreicht haben, so waren sich doch alle einig, dass Erik für den Everest bereit war, wenn er den eine Woche dauernden Schneesturm auf 6.000 Metern Höhe durchstehen konnte. Sie hatten sich als Team bewiesen. Wie Erik in seinem Buch *Ich fühlte den Himmel* schrieb: »Wir hielten zusammen, trafen die richtigen Entscheidungen und kümmerten uns bis zum Ende umeinander. Der Berg hatte mächtige Barrikaden gegen uns errichtet und zwang uns, sie zu überwinden, doch auf der anderen Seite fanden wir unsere Kraft wieder.«

Dr. Maurer vom Blindenverband unterstützte Pasquale als Expeditionsleiter weiterhin vorbehaltlos und war dankbar, dass er zur rechten Zeit die richtige Entscheidung getroffen hatte. Das nächste Jahr verbrachten sie damit, zu trainieren, in den Medien aufzutreten, Sponsoren aufzutreiben und noch mehr zu trainieren. Weitere Sponsoren kamen an Bord, unter anderem *Mountain Hardwear* und andere Zubehörhersteller, und halfen, die Kosten zu senken. Etwas Einmaliges hatte die Expedition auch insofern, als Brad Bulls 64 Jahre alter Vater, Sherm Bull, beschloss, sich dem Everest-Team anzuschließen. Falls er es auf den Gipfel schaffte, würde er der älteste Mann sein, der je oben auf dem Everest gestanden hatte. Und auch Eric Alexander entschied sich nach monatelanger Genesung von seinem Sturz auf dem Ama Dablam, sich der Expedition anzuschließen und den Everest zu bezwingen.

Die Aufmerksamkeit, die sie erhielten, hatte allerdings zwei Seiten. Es gab auch Kritiker. Jon Krakauer schrieb Erik und riet ihm von dem Versuch ab. »Über deinen Trip zum Everest im nächsten Frühjahr bin ich ganz und gar nicht erfreut. Nicht, dass ich daran zweifle, dass du die nötigen Fähigkeiten für einen Gipfelaufstieg hast ... Ich bin nur der Meinung, dass du die Spitze dieses ganz besonderen Bergs nicht erreichen kannst, ohne dich einem furchtbaren Risiko auszusetzen, demselben Risiko, dem sich alle Everestbesteiger stellen müssen, und weiteren dazu. Oberhalb von 8.000 Metern wartet eine vollkommen andere Welt.«

Ed Viesturs, der selbst die »Sieben Gipfel« und mehrmals den Everest bestiegen hatte, zeigte sich ebenfalls kritisch. »Ich wünsche ihm alles Gute und finde es gut, dass er es versucht«, schrieb Viesturs im *Men's Journal*. »Aber ich selbst wollte ihn da nicht raufbringen ... Wenn ich Leute auf einen Berg führe, möchte ich, dass sie nicht auf fremde Hilfe angewiesen sind. Erik müssen sie aber helfen und für ihn auf jeden einzelnen Schritt achten. Für mich wäre das Risiko zu hoch. Wenn sie es durchziehen, wird es die schwierigste Bergführung, die es je gegeben hat.«

Wenn sie es durchziehen! Pasquale und andere Teammitglieder fühlten sich durch solche Zweifler nur umso mehr motiviert. Für sie war die Expedition eine Mission, eine Berufung, ein Traum. Als Pasquale mit Erik die ersten Pläne geschmiedet hatte, hatte er tatsächlich geträumt, dass sie zusammen auf dem Gipfel stünden. Sie ließen die Hillary-Stufe hinter sich und schauten auf, und er wusste, dass es nur noch 60 Meter waren. Fast musste er weinen, denn es würde schwierig werden. Wenn sie wirklich bis dahin kamen, würde es das Schwierigste werden, was er je getan hatte.

Auch Erik fühlte sich nur umso mehr angespornt, sich zu beweisen. Ein wenig sarkastisch antwortete er seinen Kritikern: »Ich war immer stolz darauf, dass ich zum Erfolg meiner vergangenen Expeditionen beigetragen habe. Ich bin nie mit dem Kurzseil zum Gipfel gezogen oder wie ein Football in den Schnee geworfen worden.«

Die Everestexpedition des amerikanischen Blindenverbandes erreichte das Basislager auf 5.334 Metern Höhe am 5. April 2001, nachdem sie acht Tage lang durch das Khumbu-Tal getrekkt war. Die Neuigkeit hatte sich schnell herumgesprochen. Die Mönche in Kathmandu, die ihnen Kata-Schals als Glücksbringer überreichten, staunten; die Dorfbewohner, denen sie unterwegs begegneten, konnten es nicht glauben; andere Bergsteiger im Basislager zeigten sich abwechselnd ermutigend und skeptisch. Manche bezweifelten sogar, dass Erik wirklich blind war, und hielten das Ganze für einen Trick. Schließlich rief Erik irgendwann Kami Tenzing Sherpa in ein Zelt und nahm dort eines seiner Glasaugen heraus. »Soll ich das andere auch rausnehmen?«, fragte er. Erschüttert verbreitete der Sirdar die Nachricht: Der Blinde war echt.

Die harte Arbeit fing gerade erst an. Das erste Hindernis – einige würden es neben den extremen Höhenbedingungen als eines der gefährlichsten bezeichnen – war der Khumbu-Eisfall. Die Männer wollten zunächst mehrere Probedurchgänge unternehmen und nach jedem einzelnen ins Basislager zurückkehren. Der Khumbu-Gletscher zieht sich über die Südflanke des Everest bis ins Tal hinunter. Über dem Basislager läuft er aus und zerbricht in ein Gewirr aus Gletscherspalten, Séracs und Felsen; eine chaotische, sich ewig ändernde Landschaft. Um die Gefahr noch zu vergrößern, verschiebt sich der Eisfall im Tagesverlauf immer unvorhersehbarer, weil er von der Sonne angewärmt wird. Deshalb beginnen die meisten Bergsteiger bereits vor dem Morgengrauen mit ihrem Aufstieg durch den Eisfall und hoffen, das Camp eins auf 6.000 Metern Höhe vor dem Mittag zu erreichen.

Für sehende Kletterer stellt der Aufstieg durch den Eisfall eine Herausforderung dar; für Erik schien er praktisch unmöglich. Trotz seiner Berg- und Trekkingerfahrung musste er zu jedem seiner Schritte überredet werden, was sein hart erkämpftes Unabhängigkeitsgefühl schwächte. An mehreren Stellen führten zusammengebundene Leitern über tiefe Gletscherspalten. Man musste äußerst vorsichtig hinüberbalancieren, sonst riskierte man einen tödlichen Sturz. Die Spannung war für Erik kaum auszuhalten, der sich vorwärts tasten und auf die Zurufe seiner Kameraden hören musste. Nach jeder einzelnen Gletscherspalte brach er erschöpft zusammen und hyperventilierte wegen der nervlichen Belastung. Erst bei Einbruch der Dunkelheit erreichte er das Camp eins. »Ich weiß nicht, was erschöpfter war«, schrieb er, »mein Körper oder mein Hirn. Noch nie im Leben hatte ich es mit einem so strukturlosen Terrain zu tun.«

Eriks Aufstieg vom Basislager zum Camp eins hatte viel zu lange gedauert. Pasquale war wütend und entmutigt, obwohl er Erik mit einer heißen Mahlzeit und einem Platz zum Ausruhen empfing. Er setzte sich mit den übrigen Teammitgliedern zusammen und vertraute ihnen seine Befürchtung an, dass Erik es bei seinem gegenwärtigen Tempo nicht schaffen würde. Pasquale wusste nicht, dass Erik zuhörte. Er war Pasquale zwar nicht böse, aber besser fühlte er sich durch dessen Vermutungen auch nicht.

In den folgenden Wochen schaffte es Erik jedoch immer schneller durch den Eisfall, und seine – und Pasquales – Zuversicht kehrte zurück. Schon bald stieg er vom Basislager über Camp eins und zwei bis zum Camp drei auf, so dass er schneller an Höhe gewann und sicherer kletterte als manch anderes Mitglied seines Teams. Jeder neue Schritt verbesserte seinen eigenen Rekord der größten

Höhe, die je ein blinder Bergsteiger erreicht hatte; einen Rekord, den er drei Jahre zuvor auf dem Aconcagua aufgestellt hatte. Zusätzliche Zelte, Brennstoff, Lebensmittel, Sauerstoffflaschen und andere Vorräte lagerten für den späteren Gipfelaufstieg in Camp drei, das die Männer überraschend nah an ihr Ziel heranbrachte. Sie belohnten ihre Leistung mit einer Rückkehr zum tiefer gelegenen Dingboche-Tal auf 4.420 Metern, um sich auszuruhen und in der dickeren Luft Kraft zu tanken.

In Dingboche erfuhren sie, dass Babu Chiri Sherpa, der berühmteste Bergsteiger seines Clans, auf dem Berg ums Leben gekommen war. Babu Chiri hatte den Gipfel von Sagarmatha, wie die Sherpas den Everest nennen, elfmal ohne Sauerstoff bestiegen. Einmal kletterte er in 16 Stunden vom Basislager bis zum Gipfel und stellte damit einen Geschwindigkeitsrekord auf. Ein anderes Mal verbrachte er 20 Stunden am Gipfel, weil er wegen des schlechten Wetters nicht absteigen konnte. Dennoch war er wenig heldenhaft gestorben. Vor seinem Zelt in Camp zwei war er in eine verborgene Gletscherspalte gestolpert.

Die Nachricht war ernüchternd, ein böses Omen nicht nur für Pasquale, der Babu Chiri von früheren Expeditionen kannte, sondern auch für alle anderen auf dem Berg. »Egal, wie erfahren man war oder wie gut man klettern konnte«, schrieb Erik, »wenn man nur einen Augenblick lang nicht aufpasste, wartete der Berg.« Sie kehrten rechtzeitig ins Basislager zurück, um eine bewegende Zeremonie zum Andenken an Babu Chiri mitzuerleben.

Im Basislager schienen alle Bergsteiger darauf zu warten, dass Pasquales Team die Führung auf dem Berg übernahm. Die anderen Teams waren überzeugt, dass er das stärkste Team, die besten Seile und die beste Ausrüstung besaß und dass seine Expedition die Fixseile auf dem gesamten Berg anbringen würde, damit alle anderen sie danach benutzen konnten.

Pasquale traf sich mit den anderen Expeditionsleitern und sagte zu ihnen: »Hört mal, Leute, ich verstehe ja eure Argumentation, aber ihr müsst bedenken, dass ich einen blinden Bergsteiger dabei habe. Ich finde es nicht fair, wenn ihr hier unten wartet, bis wir mit unserem Blinden die ganze Route bis zum Gipfel vorbereitet haben und ihr nur noch in unsere Spuren treten müsst.«

Die Situation klärte sich bald von selbst. Nach einem gescheiterten Gipfelversuch Anfang Mai, den sie aufgrund des umschlagenden Wetters abbrechen mussten, wurde Erik im Basislager krank. Während dieser dreitägigen Verzögerung besserte sich das Wetter, und die anderen Teams wagten den Gipfelaufstieg. Mehrere Gruppen überholten das NFB-Team, und so wurden die Seile immer weiter oben auf dem Berg befestigt, während sich Erik erholte.

Schließlich begannen sie am 19. Mai den Aufstieg zum Gipfel. Erik war wieder bei Kräften und stellte zugleich einen neuen Rekord für die höheren Camps auf, als er Camp zwei mit einer persönlichen Bestleistung von vier Stunden erreichte. Am nächsten Tag kamen sie in Camp drei auf 7.315 Metern an und starteten am 21. Mai in Richtung Camp vier, das 600 Meter höher lag. Und hier gab es die ersten Probleme.

Camp vier war eine Woche zuvor auf dem Südsattel errichtet worden, bevor sie wegen des schlechten Wetters ins Basislager zurückgekehrt waren. Jetzt mussten sie feststellen, dass das Wetter eine 15 Zentimeter dicke Eisschicht in den Zelten hinterlassen hatte. Pasquale, Didrik Johnck, Brad Bull und ein paar Sherpas erreichten das Camp als Erste. Sie waren ohne zusätzlichen Sauerstoff geklettert. Über drei Stunden lang entfernten sie das Eis aus den Zelten und bauten die Ersatzzelte auf, während der Wind mit 100 Stundenkilometern blies und die Temperatur unter null sank.

Erik und das restliche Team waren sehr viel langsamer und kamen erst um kurz vor fünf Uhr nachmittags am Südsattel an. Ursprünglich hatten sie geplant, um zehn Uhr abends zum Gipfel aufzubrechen, die Nacht durchzuklettern und den Südgipfel bei Tagesanbruch zu erreichen. Doch jetzt waren alle erschöpft, und der Gedanke, höchstens drei Stunden zu schlafen, war weder reizvoll noch klug. Also beschloss Pasquale, einen Tag auszusetzen und den Gipfelaufstieg einen Tag später zu versuchen.

Der Plan hatte nur einen Haken. Der Südsattel liegt mitten in der Todeszone. Über 7.300 Metern kann sich der Körper nicht mehr an die Höhe gewöhnen, Nahrung kann nicht mehr aufgenommen werden, und der Sauerstoffmangel hat zur Folge, dass der Körper quasi seine eigenen Zellen frisst, um am Leben zu bleiben. Man braucht unbedingt zusätzlichen Sauerstoff, doch Pasquale hatte keine weitere Nacht auf dieser Höhe eingerechnet.

Pasquale nahm das Funkgerät zur Hand. Zum Glück hatte er viele gute Freunde im Basislager und trieb ein paar Expeditionen mit Sauerstoffreserven auf. Er kaufte 25 Sauerstoffflaschen, engagierte ein paar Sherpas am Fuß des Berges, denen er einen Bonus zahlte. Sie trugen den Sauerstoff am nächsten Tag hinauf. Daher konnten die Männer die Nacht mit angemessener Sauerstoffzufuhr verbringen.

Am nächsten Tag, den 24. Mai, ließen sie es langsam angehen, sammelten neue Kräfte und wanderten um den Südsattel herum. Dabei sahen sie Leichen von Bergsteigern, die auf dem Berg gestorben waren, auch einen Sherpa, der steif gefroren auf einem Felsen lag. Er trug noch immer den Goretex-Anzug, in dem er geklettert war, nur die Stiefel fehlten, und das schwarze Haar war unbedeckt. Die Leichen waren eine ernüchternde Mahnung daran, dass der Everest tödlich sein konnte: 1000 Menschen haben den Gipfel bestiegen, aber an die 200 haben das Leben verloren, und der Zorn des Berges entlud sich meist über die nepalesischen Träger und Sherpas. Angeblich liegen mehr als 100 Leichen auf den höheren Hängen des Mount Everest verstreut.

Nach Einbruch der Dunkelheit machten sie sich zum Gipfelsturm bereit. Da das Team wegen Erik etwas langsamer war, zogen sie ein bisschen früher als geplant, um halb neun, los. Brad Bull und Pasquale führten Erik mit der ersten Gruppe.

Als sich der Abendwind legte und der Weg zum Gipfel endlich möglich schien, fühlte Pasquale sich plötzlich seltsam.

Er merkte, dass er abwechselnd schwitzte und fror und seine Glieder sich schwach anfühlten. Unbeirrt marschierte er weiter, doch spätestens, als er das Felsband auf 8.230 Metern erreichte, war klar, dass irgendetwas nicht stimmte. Im Moment wusste er nicht, was es war, aber rückblickend wurde er offensichtlich von einer Malariaattacke geplagt.

Auch 1995 hatte er auf ebendiesem Berg eine Malariaattacke gehabt, die ihn am Gipfelaufstieg gehindert hatte. Erst auf der nächsten Expedition im Jahr 1998 schaffte er es bis zur Spitze. Jetzt kam das zehrende Fieber zurück und drohte seinen Traum, zusammen mit Erik den Gipfel zu besteigen, platzen zu lassen.

Pasquale bat Brad, seinen Regulator zu prüfen, weil er dachte, dass er vielleicht nicht genügend Sauerstoff bekam. Insgeheim wusste er aber, dass er selbst das Problem war. Als ihm sein Kletterpartner versicherte, dass mit dem Sauerstoff alles in Ordnung sei, musste Pasquale ihm gestehen, dass mit ihm etwas nicht stimmte. Nach ein paar weiteren Schritten verkündete er, dass er umkehren musste.

»Was?!«, rief Erik, als er das hörte.

Pasquale sagte ihm, dass er sich entspannen solle und dass er in guten Händen sei. Dann wünschte er ihnen viel Glück, drehte sich um und tat etwas, das ihm unglaublich schwer fiel. Punkt. Er war die treibende Kraft hinter der Expedition gewesen – nicht nur, was die Vorbereitung, Planung und das Training der letzten zwei Jahre betraf, sondern auch auf dem Berg selbst. Er hatte die Ausrüstung hinaufgeschleppt, die Camps aufgebaut und die anderen bei jedem Schritt ermutigt und geführt.

Unten im Basislager war Kevin Cherilla für die Kommunikation innerhalb des Teams verantwortlich. In Michael Browns Film *Farther Than the Eye Can See* sagt der Moment, als Pasquale die Nachricht hinunterfunkt, alles: Kevin fällt der Kiefer runter.

Da Pasquale nicht wollte, dass ein anderer Kletterer für ihn auf seinen Gipfelerfolg verzichten musste, trat er den Rückweg allein an. Erik befolgte das oberste Sicherheitsgebot einer solchen Tour und funkte zum Camp drei hinunter, dass Pasquale allein unterwegs war. Dr. Steve Gipe hörte den Hinweis und machte sich auf, um nach ihm zu suchen. Eine Stunde später fand er Pasquale. Er stolperte den Berg hinunter und hatte hohes Fieber. Steve brachte ihn in ein Zelt, gab ihm Wasser, damit er nicht austrocknete, bedeckte ihn mit Wärmflaschen und steckte ihn in vier Schlafsäcke.

Die ganze Zeit über bestand Pasquale darauf, ein Expeditionsfunkgerät am Ohr zu haben, damit er mit dem Team in Verbindung bleiben konnte, während es seine kritischsten Stunden durchstand. Als ihm einige Teammitglieder angeboten hatten, mit ihm umzukehren, hatte er abgelehnt und sie angewiesen, mit Michael Brown und Brad Bull, die beide schon früher den Gipfel bestiegen hatten, als Leiter weiterzugehen. Alle hatten so hart gearbeitet, dass er ihnen die Chance auf den Gipfel nicht nehmen wollte. Genauso wenig würde er aber sich selbst oder jemand anders opfern, um jemanden auf den Berg zu bringen. Erik war in Sicherheit. Ein paar der besten Bergsteiger der Welt waren bei ihm – jung, stark und zuverlässig.

Während sich die lange Nacht dahinzog, klang das Fieber allmählich ab, Pasquale erwachte aus seinen Träumen und hörte Jeff Evans' Bitte um einen neuen Regulator. Er erkundigte sich, wer die Ersatzregulatoren trug, und funkte es Jeff hinauf – er mochte zwar

600 Meter tiefer eingepackt in einem Zelt liegen, wollte sich aber trotzdem um sein Team kümmern. Während er vor sich hindämmerte, hörte er über Funk andere Gespräche über das schlechte Wetter, das über dem Gelben Band auf 8.230 Metern einen dichten Schneesturm verursacht hatte.

Pasquale lag zitternd im Zelt – ihm war schrecklich kalt, dabei war sein Körper nass vor Schweiß. Der Wind blies heftig, und das Zelt wackelte. Es war ein seltsames Gefühl, auf dem Everest unter Malaria zu leiden. Pasquale verlor immer wieder das Bewusstsein. Er träumte. Ihm war, als wollte sein Gehirn explodieren. In diesem Delirium, dieser Unterwelt bekam er nur unbewusst mit, was passierte. Dann hatte er plötzlich wache Momente, hörte vom Schneesturm und fragte sich, ob sie alle sterben würden. Dachte darüber nach, ob er versagt hatte. Er konnte den Gipfel nicht besteigen, Erik würde den Gipfel vielleicht nicht besteigen, das ganze Team würde den Gipfel vielleicht nicht besteigen, und sie hatten nicht genug Sauerstoff, um einen weiteren Versuch zu starten. Vielleicht war die ganze Expedition gescheitert, weil er krank geworden war.

Hoch oben auf dem Berg kauerte sich die führerlose Gruppe im Dunkeln vor dem Schneesturm zusammen und schonte ihre Kräfte. In gewisser Weise waren sie jetzt alle blind, als hätte sie der Berg gleichgemacht.

Dann erfuhren sie von unten, dass der Sturm nachließ, und allmählich kamen Sterne zum Vorschein. Sherm Bull, der einen Monat später seinen 65. Geburtstag feiern würde, stand auf und sagte: »Das Wetter ist zwar schlecht, Jungs, aber so schlecht nun auch wieder nicht. Wenn ihr schönes Wetter haben wollt, geht in den Central Park. Ich gehe auf den Gipfel.« Und er stapfte los.

Sherm Bull und sein Sohn Brad erreichten direkt nach Sonnenaufgang als Erste den Gipfel. Kurz nach neun Uhr morgens stand Erik Weihenmayer schließlich als erster Blinder auf dem Dach der

Welt. Später schrieb er: »Der Lauf des Lebens ist wie eine Bergbesteigung.« Er hatte seinen Höhepunkt erreicht.

Auch jetzt, zwei Jahre später, wälzte sich Pasquale wieder im Schlafsack herum, diesmal an einem Grenzübergang in Afrika. Er erinnerte sich an seine Not auf dem Everest und die Ausdauer und Urteilskraft, die er dabei gelernt hatte. Hier an der Grenze fühlte er sich am Boden zerstört, weil all seine Pläne, all die Arbeit, Geld, Zeit und Stromschnellen – einfach alles, was er bisher geleistet hatte – in Gefahr waren.

Diese furchtbare Nacht auf dem Everest hatte besser geendet, als sich irgendjemand hätte denken können. So wie Erik durch Ausdauer den Höhepunkt seines Lebens erreicht hatte, konnte er auch seinen Traum verwirklichen, dachte Pasquale, die heldenhafte Befahrung des Blauen Nils, wenn er nur seinem Willen und seinen Träumen folgte.

Er würde sich nicht unterkriegen lassen. Er würde nach Khartum fahren, ob mit Genehmigung oder ohne, mit Kamera oder ohne. Und falls nötig, würde er den ganzen verdammten Fluss allein hinunterfahren.

Kapitel 22

Der Sudan ist ein nutzloser Besitz, war es immer schon und wird es immer sein. Er ist größer als Deutschland, Frankreich und Spanien zusammen, so gut wie unfruchtbar und nicht zu regieren, außer von einem Diktator, der gut oder böse sein kann.

General Charles Gordon in Khartum

Nachdem Pasquale und Gordon 41 Tage der Expedition hinter sich gebracht hatten, war ich zu Hause in Seattle, als mich Pasquale am 2. Februar über das Satellitentelefon anrief. »Ich habe eine gute und eine schlechte Nachricht«, sagte er.

»Schieß los.«

»Die gute ist, wir sind im Sudan. Die schlechte ist, wir haben keine Genehmigung dafür. Wir sind illegal hier.«

Nach der tagelangen Warterei hatte Pasquale die Sache schließlich selbst in die Hand genommen und beschlossen, das Risiko einzugehen. Ohne jede Genehmigung hatte er vor, Kameras und Telekommunikationsgeräte im Wert von mehreren 100.000 Dollar in eines der unsichersten Länder der Welt einzuführen. Alle waren nervös, vor allem wegen der bewaffneten Soldaten rings um sie her.

Später am Tag schoben Pasquale, Michel und Gordon die Boote auf den Fluss hinaus, warfen die Motoren an und fuhren stromabwärts. Der Fluss leuchtete kupferfarben wie ein glühendes Stück Holz im Kamin. Leise und unauffällig glitten sie unter dem Drahtseil hindurch, das die Grenze markierte, ließen die äthiopischen Kirchen hinter sich und bewegten sich auf die sudanesischen

Moscheen zu. Sie tuckerten an einem alten Stein- und Zementbauwerk vorbei, dem ersten der großen Nilometer. Der Nilometer zeigte anhand einer Reihe arabisch beschrifteter Betonstufen den Pegelstand während des alljährlichen Hochwassers an, damit die flussabwärts wohnende Bevölkerung gewarnt werden konnte.

Pasquale hatte auch den sudanesischen Soldaten Somali mitgenommen. Nach etwa anderthalb Kilometern im Sudan rief Pasquale mich an und eröffnete mir die Neuigkeit. Nach drei Kilometern wurden sie von etwa 20 Soldaten der sudanesischen Armee herübergewinkt, die an einer Kiesbank Wasser holten. »Da haben wir's ... Soldaten!«, rief Gordon. »Mist. Ich hab's gewusst. Wir sind geliefert.« Die Soldaten erkannten Somali und begrüßten ihn herzlich, baten Pasquale aber, sie zum nahe gelegenen Armeeposten von Arada zu begleiten.

Bevor Pasquale das Ufer hinaufsteigen konnte, kam der Kommandeur zu ihnen herunter, um die kleine ausländische Flottille zu inspizieren. Er besah sich die Pässe und untersuchte die Boote, während Pasquale den Atem anhielt und darauf wartete, dass sie wieder verhaftet wurden. Doch der Kommandeur – er hieß Khalil – zückte nur einen Kugelschreiber und schrieb einen Brief an die übrigen Kommandeure entlang des Nils, in dem stand, dass sie die Expedition bis zur sudanesischen Stadt Ad-Damazin fahren lassen sollten, die am Roseires-Damm am Ende des gleichnamigen Stausees lag. Pasquale war überwältigt: »Kommandeur, Sie machen dem Sudan Ehre. Wir sind Ihnen sehr dankbar.«

Der Kommandeur grinste von einem Ohr zum anderen und sagte, er habe von einer Freundin hinter der Grenze alles über die Expedition erfahren. Er selbst habe neulich unerlaubt die Grenze passiert, gestand er, um seine Lieblingskneipe – die von Fantanish – zu besuchen, da er ab und zu gern ein Gläschen trinke und Alkohol im Sudan verboten sei. Fantanish hatte dem Kommandeur von der

Expedition erzählt und dabei auch vom Charakter der Teilnehmer gesprochen. Der Kommandeur erklärte, dass er das Projekt befürworte, sich aber um die Sicherheit der Expedition sorge. Daher wies er Somali und einen weiteren Soldaten an, Pasquale bis nach Ad-Damazin zu begleiten.

Voller Freude über die glückliche Wendung setzten die Männer mit dem Brief des Kommandeurs ihren Weg fort. Noch immer hatten sie keine Ausreisevisa für Äthiopien, keine Einreisevisa für den Sudan, keine Genehmigungen irgendwelcher Ministerien, keine Dreherlaubnis und keine Zollpapiere für die Ausrüstung. Aber immerhin waren sie auf dem Weg.

Die orangefarbene Sonne schwebte wie ein Ballon am Rand des Himmels. Peng!, und sie ging unter. Als sie am Abend knapp fünf Kilometer hinter der Grenze auf einem schönen weißen Sandstrand kampierten, erhielt Pasquale eine E-Mail von den Produzenten in den USA: »Gute Neuigkeiten. Wir haben die Sondergenehmigung vom Außenministerium. Sobald ihr von den örtlichen Behörden die Papiere habt, könnt ihr in den Sudan einreisen.«

Pasquale stellte ein paar Berechnungen an. In den 42 bisherigen Tagen der Expedition waren sie von der Quelle des Blauen Nils bei Sakala im äthiopischen Hochland bis zu den Grenzwüsten des Sudan auf einer Strecke von 1.207 Kilometern 2.227 Meter abgestiegen. Der Fluss hatte sich von einem kleinen Rinnsal zu einem reißenden Strom gewandelt, der sich durch enge Schluchten zwängte, und schließlich zu einem breiten, behäbigen Wanst. Kümmerliches Gestrüpp hatte die herrlichen Bäume abgelöst, und das Flussbett war von kleinen Holzbooten gesäumt, die, vor strohgedeckten Häusern festgemacht, am Strand lagen.

Michel kam zu Pasquale herüber und setzte sich neben ihn.

»Somali sagt, in Ad-Damazin gibt es Hotels, Restaurants und ein Internetcafé«, verkündete er voller Vorfreude. »Ich kann es kaum abwarten, endlich heiß zu duschen und meine E-Mails zu lesen. Wenn es ein Hilton gibt, dann lass uns dort übernachten!«

»Nichts da«, antwortete Pasquale. »Wir übernachten im Sheraton auf der anderen Straßenseite. Ich habe eine Starwood Gold Card.«

Nach zwei weiteren Motorboot-Tagen erreichten sie das südliche Ende des fast 50 Jahre alten Roseires-Stausees. Durch den unaufhörlichen Zufluss vulkanischer Erde aus Äthiopien, die über Jahrtausende hinweg Ägypten fruchtbar gemacht hatte, war der Stausee komplett verschlammt. Laut Karten und GPS sollten sie sich eigentlich auf dem offenen See befinden, doch stattdessen schoben sie sich mühsam durch ein gluckerndes, stinkendes Schlammbett voller Schilf und Stechpflanzen. Sie hielten angestrengt nach einem Lagerplatz Ausschau, in der Dämmerung sah es aber aus, als wäre das Land vollständig überflutet. Schließlich entdeckten sie eine schmale, schlammige, mückenverseuchte Bucht, an deren Ende sich ein viereinhalb Meter hoher Steilhang erhob. Er war mit Gemüse bepflanzt, anscheinend ein Garten. Sie quetschten ihre Zelte auf ein kleines freies Stück Land und nahmen ein kaltes Abendessen aus Kräckern und Bananen zu sich, da kein Holz zum Feuermachen zu finden war. Um den Moskitoschwärmen zu entkommen, die die Nacht bevölkerten, zogen sie sich sofort in die Zelte zurück. Der zunehmende Mond tauchte das Zeltinnere in ein violettes Licht.

Am nächsten Tag brachen sie früh auf, in der Annahme, sie würden noch eine Nacht am Fluss verbringen und dann den Roseires-Damm und Ad-Damazin erreichen. Kaum hatten sie abgelegt, als ein starker, rauer Wind aufkam und einen halben Meter hohe Wellen über die Boote krachen ließ. Die Expedition steckte in einem übel riechenden, labyrinthartigen Sumpf aus Schlamm und Schilf fest, der sich bis zum Horizont erstreckte, ohne dass sie irgendwo ein sicheres Ufer oder gar einen Lagerplatz für den Abend entdecken konnten. Sie hatten nur eine veraltete Karte, die ihnen zeigte, wo der See hätte sein sollen, und das GPS, das auf einen Damm zeigte, der in für sie unerreichbarer Ferne lag. Da beides nicht half, waren sie vollkommen verloren. Also kehrten sie um, folgten einem anderen Weg, schoben sich zentimeterweise vorwärts, landeten in Sackgassen, kehrten erneut um, versuchten es wieder und bewegten sich langsam auf ein unbekanntes Ziel zu. Es kam ihnen vor, als trieben sie durch die Erinnerung an eine verlorene Welt.

Nachdem sie viele Stunden lang verschiedene Wege des Labyrinths ausprobiert hatten, wurde aus der Dämmerung Dunkelheit. Die Männer hatten sich schon fast damit abgefunden, dass sie die Nacht auf den Booten verbringen müssten, als Pasquale plötzlich die schwachen Lichter des Damms in der Ferne erspähte. Sofort brach eine aufgeregte Debatte los. Somali war dagegen, sich dem Damm im Dunkeln zu nähern. Er fürchtete, dass man die Expedition für Terroristen halten und beschießen würde. Erst vor kurzem hatte die Regierung den Damm und die dazugehörige Provinz von John Garang und den Rebellen aus dem christlichen Süden zurückerobert.

Pasquale bestand darauf, dass sie weiterführen. Da bemerkten sie ein kleines Boot, das einen Suchscheinwerfer einschaltete und den Strahl übers Wasser wandern ließ.

»Wir müssen umkehren. Sie schießen sonst auf uns!«, rief Somali im Dunkeln.

»Hör auf ihn, Pasquale«, sagte Gordon bestimmt und laut, um das Motordröhnen zu übertönen.

Pasquale schaltete in den Leerlauf. Widerwillig erklärte er sich bereit, einen Schlafplatz auf dem See zu suchen. In der nächsten Stunde kreisten sie über den See und hielten nach einem geeigneten Ort zum Festmachen Ausschau. Schließlich stießen sie auf eine vertrocknete, krumme Akazie, die ihre Äste über einem dunklen Becken ausstreckte. Ihr raues, in horizontalen Schichten angeordnetes Blattwerk verlieh ihr ein erhabenes Aussehen und erinnerte an ein voll getakeltes Schiff mit zusammengezogenen Segeln. Pasquale machte die Boote fest, wobei er auf die spitzen, fünf Zentimeter langen Dornen achtete. Die Männer breiteten die Schlafsäcke auf den Ruderbänken aus, rollten sich zusammen, um sich in der Nachtluft warm zu halten, und schliefen ein.

Die Sonne ging blitzschnell auf und tauchte alles in ein hartes Licht. Pasquale warf den Motor an und steuerte auf den Damm zu. Der mittlere Teil des etwa 800 Meter breiten Damms bestand aus bröckelndem grauem Beton, der in basketballgroße, eckige Felsklötze überging. Durch das Fernglas erkannte Pasquale eine große Batterie alter Flugabwehrkanonen, die rechts neben den Hauptbefestigungen oben auf dem Damm platziert waren. Als die Expeditionsboote näher kamen, rannten Soldaten in Tarnanzügen aus dunkelgrünen Baracken, die an die Kanonen angrenzten. Einige steuerten auf den Damm zu, andere sprangen in ein Patrouillenboot, das losraste, um die Fremden abzufangen. Die Soldaten machten Pasquale Zeichen, dass er auf die rechte Seite des Damms fahren sollte, doch er ignorierte sie und steuerte weiter auf die Hauptwand zu.

»Wir müssen anhalten ... sofort!«, brüllte Gordon Pasquale über den Motorenlärm hinweg zu.

Pasquale fürchtete, dass Gordon Recht haben könnte. Er schluckte und fuhr weiter, da er annahm, dass die Soldaten nicht auf Boote schießen würden, in denen Weiße und ein sudanesischer Soldat saßen.

Als sie an die Dammmauer kamen, bat Pasquale die anderen, in den Booten zu bleiben. Er selbst sprang heraus und ging auf den uniformierten Mann zu, der das Sagen zu haben schien. Dabei versuchte er eine Selbstsicherheit auszustrahlen, die er im Moment nicht besaß.

»*As-Salaam-Alaikum*«, begrüßte ihn Pasquale mit der üblichen arabischen Grußformel. »Friede sei mit dir.«

»*Salaam.*« Der Uniformierte nickte kurz. Dann setzte Pasquale an, um ihm den Sinn und Zweck der Expedition zu erklären, doch der Offizier hob die Hand und signalisierte ihm, er sollte aufhören.

»Wir haben die ganze Nacht auf Sie gewartet«, erklärte er. »Kommandeur Khalil hat uns per Funk angewiesen, Sie zu empfangen und Ihnen zu helfen. Als Sie gestern Abend nicht kamen, waren wir so besorgt, dass wir mit dem Patrouillenboot rausgefahren sind und mit dem Suchscheinwerfer nach Ihnen gesucht haben.«

Der Offizier funkte in die Stadt und bat darum, dass der örtliche Sicherheitschef zu ihnen herauskam. Sobald dieser erschien, begann er, Pasquale Fragen in gebrochenem Englisch zu stellen.

»Wer sind Sie?«, fragte er als Erstes, nahm Pasquales Hand und führte ihn vom Rest der Gruppe weg, hinter einen Lkw.

»Ich heiße Pasquale. Und wie heißen Sie?«

»Ich heiße Osama.«

Wahnsinn, dachte Pasquale und antwortete »Osama, was für ein schöner Name.«

»Wie sind Sie hierher gekommen?«, fragte Osama.

»Was meinen Sie damit?«

»Wie sind Sie hier hergekommen?«, wiederholte Osama.

Pasquale zögerte einen Moment und antwortete dann: »Mit Booten.«

Jetzt schien Osama erst recht verwirrt zu sein.

Er fragte zum dritten Mal. »Nein, vielleicht verstehen Sie mich nicht richtig. Ich wollte wissen, wie sind Sie *hierher* gekommen?« Er zeigte auf den Damm.

Pasquale nahm seine Hand, führte ihn über die Dammmauer und zeigte auf die beiden gelben Schlauchboote, die zusammengebunden am Fuß des Damms warteten.

»Sie sind *darin* gekommen?«, fragte Osama ungläubig.

»Den ganzen Weg von der Quelle des Blauen Nils.«

Osama betrachtete eine Weile die Schlauchboote und versuchte zu begreifen, was er soeben gehört hatte.

»Das ist nicht möglich. Das Wasser ist zu groß. Unmöglich«, befand er. Dann fragte er: »Wo sind Ihre Papiere?«

»Wir haben keine. Wir haben nur diesen Brief, den der Kommandeur am Armeeposten von Arada für uns geschrieben hat.« Pasquale zog Khalils handgeschriebenen Brief heraus und reichte ihn Osama.

»Sie haben keine Papiere?« Wieder schien er verblüfft zu sein, las den Brief aber durch.

Er nahm Pasquale bei der Hand und führte ihn zurück zu den andern. Hier sagte er, dass sie alle zusammen in die Stadt fahren würden, um sich bei der örtlichen Polizei zu melden und einen Passierschein zu besorgen. Wenn sie fertig wären, würde er sie zurückbringen und ihnen dabei behilflich sein, die Boote hinter den Damm umzutragen.

Einige Soldaten wurden angewiesen, bei den Booten zu bleiben. Die Expeditionsmitglieder stiegen in einen Lkw, und schon fuhren sie nach Ad-Damazin, wo sie ihre Genehmigungen bekommen würden und sich eine Auszeit im Hotel genehmigen konnten.

Unterwegs fragte Osama Pasquale über die Reise aus den fernen Bergen aus. Nachdem er den Geschichten über steile Katarakte, tiefe Schluchten und Menschen fressende Krokodile gelauscht hatte, sagte er: »Ich habe mein ganzes Leben am Bahr al Azraq (arabischer Name des Blauen Nils) verbracht. Jedes Jahr habe ich gesehen, wie er anschwillt und wieder zu einem Rinnsal verebbt. Und ich habe mich immer gefragt, woher er kommt und wohin er fließt. Das ist für mich das Geheimnis des Flusses. Und Sie haben mir die Antwort gegeben.«

Ad-Damazin entpuppte sich als gedrungene, staubige, mit Abfall übersäte sudanesische Grenzstadt. So viel zu Michels Hilton. Das Büro des Polizeipräsidenten wurde zugleich als Zollstelle, Amt für Einwanderung und für alle anderen behördlichen Angelegenheiten benutzt, die es in diesem Teil des Sudan zu erledigen gab. Es war in einem alten, italienisch anmutenden Haus aus der Zeit untergebracht, in der der Roseires-Damm gebaut worden war. Jetzt war es baufällig und voller Risse, ein Schatten seiner früheren Größe.

Die sudanesischen Araber tragen weiße Turbane anstelle der gemusterten *kaffiyeh* der Palästinenser oder anderer Araber. Auch ihre Dschellabas, ihre traditionellen Gewänder, sind weiß. Zusammen mit einem äußeren Umhang strahlt die Kleidung zugleich Frische und Demokratie aus, da sie die Gleichheit aller Menschen in den Augen Gottes betont. Der hünenhafte, kräftig gebaute und pechschwarze Sudanese, der dem Team im Polizeirevier gegenübertrat, war zweifellos gleicher als andere, selbst in seiner wehenden Dschellaba.

»Ich bin Yusef«, stellte er sich vor, »der Chef der Sicherheitspolizei von Ad-Damazin. Wir heißen Sie von ganzem Herzen im Sudan willkommen. Sie sind hier sehr willkommen und gelobt sei Allah, dass Sie uns besuchen.«

Pasquale und die anderen waren wie vom Donner gerührt. War das der Sudan, über den sie sich so viele Gedanken gemacht hatten? Der Sudan islamischer Fundamentalisten und Terroristen?

Yusef sah sich die Pässe der Expeditionsteilnehmer flüchtig an. Einige hielt er verkehrt herum – offensichtlich konnte er die arabische Schrift nicht lesen. Obwohl alle Visa abgelaufen waren, erklärte er, alles sei in Ordnung. »Wir haben noch nie davon gehört, dass jemand den Fluss zu uns heruntergefahren ist. Es ist uns eine Ehre, Sie hier zu haben«, schloss Yusef.

Als sie zum Damm zurückkehrten, ließ Osama seine Soldaten antreten, die ihnen dabei halfen, die Boote in einen beschlagnahmten Lkw mit Kipper zu laden. Dank der militärischen Unterstützung wurde es das leichteste Umtragen, das Pasquale je erlebt hatte. Die Boote waren wieder bepackt und fahrbereit, lange bevor es dunkel wurde. Obwohl sie auf das Hilton hatten verzichten müssen, waren sie gut gelaunt. In diesem Moment schien es, als könnten sie es wirklich bis zum 800 Kilometer entfernten Khartum schaffen, wo der Blaue Nil endet und der eigentliche Nil beginnt. Wenn ihnen das gelänge, hätten Pasquale und Gordon als erste Menschen überhaupt den Blauen Nil komplett befahren.

Kapitel 23

Vor dem Kongo war ich nur ein Tier.

Joseph Conrad

An den nächsten paar Tagen strebten Pasquale und die anderen unermüdlich vorwärts und drangen immer tiefer in den Sudan vor. Obwohl sie direkt hinter der sudanesischen Grenze an der Militärgarnison Arada und am Polizeipräsidium in Ad-Damazin gehalten hatten, besaßen sie noch immer keine offiziellen sudanesischen Papiere, Reisevisa, Zollbescheinigungen oder Drehgenehmigungen. Offiziell gab es sie gar nicht in dem Land, durch das sie fuhren.

Jetzt konnte man keine Berge mehr sehen, nicht einmal in der Ferne. Das Ufer ragte an beiden Seiten sechs Meter hoch auf und bestand größtenteils aus graubraunem Schlamm und Sand. Die Landschaft hatte den verblassten Glanz einer Hitze, die auf zu kleinem Raum gefangen war. Abgestorbene Aststücke ragten kreuz und quer aus dem Boden hervor wie Knochen aus verletzter Haut. Das Land war bar jeden Lebens, rissig und spröde wie ein Stück altes Leder.

Nach ein paar Tagen kamen sie an ein paar Bananen- und Papayapflanzen vorbei. Alle paar Kilometer standen jetzt kleine Bauerngehöfte und Dörfer mit strohgedeckten Lehmziegelhäusern. Mädchen und junge Frauen wuschen ihre Wäsche am Fluss; Männer kümmerten sich um alte, indische Ein-Zylinder-Dieselmotoren mit kleinen Bewässerungspumpen, mit denen die bebauten Felder an beiden Ufern versorgt wurden.

Tag für Tag tauchten mehr Dörfer auf, dann Kleinstädte mit Moscheen und leer stehenden, überladenen Kolonialgebäuden, Relikten eines vergangenen Wohlstands. Wo früher einmal riesige Felder mit hochwertiger Baumwolle und marktfähigen Anbaufrüchten geplant gewesen waren, war jetzt nicht viel mehr übrig als Staub und Müll, der vom Wind umhergewirbelt wurde.

Viehherden kämpften mit Kamelen um einen Trinkplatz am Ufer. Mehr Menschen und Tiere bedeuteten aber auch weniger Sandbänke und weniger gute Lagerplätze. Brennholz gab es so gut wie gar nicht mehr, daher mussten sie meist auf warme Mahlzeiten verzichten. Als sie am Abend Halt machten, empfanden sie den Lärm – die in ihren Ohren wenig harmonische arabische Musik, das Kreischen der Hühner, das Dröhnen der Lkws, die Gebetsrufe aus den Moscheen – nach der Ruhe am oberen Flusslauf als belastend. Alle reagierten ein wenig aufbrausend und angespannt auf die neue Umgebung. Vor allem Yibeltal schien zu leiden. Seit Tagen machte er einen stillen, lustlosen Eindruck und sah hager und dünn aus.

Pasquale staunte immer wieder, wie sich ein Fluss auf einem so kurzen Abschnitt derart verändern konnte. Die Linie zwischen Äthiopien und dem Sudan stellte mehr als nur eine Landesgrenze dar. Sie brachte einen abrupten Wechsel der Kultur, der Religion, der Landschaft und der geografischen Gegebenheiten mit sich. Die Grenze war nicht nur ein Überbleibsel kolonialer Willkür, sondern sie trennte zwei Welten voneinander.

Der Korridor, durch den sie jetzt fuhren, hatte runzlige Furchen wie eine schlecht verheilte Wunde. Die Landschaft blieb weiterhin eintönig: schlammige Ufer, harte, rote Termitenhügel, Bäume mit fingerdicken Dornen – ein sonnenerhitzter Ofen unter einem gebleichten Himmel. Staubwolken wirbelten auf wie riesige Rauchsäulen. Der Fluss war träge, und die Boote schienen reglos auf dem Wasser zu liegen wie Dschunken auf einem chinesischen Gemälde.

Man konnte die Augen schließen, nach einer Stunde wieder öffnen und sah immer noch die gleiche Umgebung. Nicht nur gab es keine Anzeichen von Leben und keine Strömung, sondern es hing auch ein Todesgeruch in der Luft. Immer wieder sahen sie die Kadaver Dutzender Haus- und wilder Tiere, die in den Fluss gefallen waren oder die man hineingeworfen hatte. Die heiße Sonne nahm den Gestank auf und verbreitete ihn wie dünnen Nebel.

> TAGEBUCH 47. TAG
> Ein sehr, sehr langer Tag. Die meiste Zeit saßen wir in den Booten und versuchten zu lesen oder zu schlafen oder sahen uns die Gegend an. Eine Kurve sieht aus wie die andere. Bei der Expedition geht es nicht mehr um gefährliche Stromschnellen, steile Schluchten, Krokodile, Nilpferde oder *shiftas*. Jetzt geht es allein darum, geistige Ausdauer zu beweisen. Kilometer für Kilometer, Tag für Tag, Woche für Woche das Tuckern des Zweitakters, die glühend heiße Sonne, die gelegentliche kühlende Brise und der endlose Fluss vor uns, der nur ab und zu von Sandbänken verengt wird. Und so wird es noch zwei Monate weitergehen …

Am Abend legten sie an einer spitz zulaufenden Sandbank an und schlugen das Lager auf. Um eine Weile der Hitze zu entgehen und den herangewehten Sand loszuwerden, zogen sich alle aus, schwammen im Nil und bespritzten sich gegenseitig mit Wasser, das heiß wie Tee war. Als sie wieder an Land gingen, war ihr kleines Lager von einer Gruppe junger, in blauschwarze Dschellabas gekleideter Sudanesen umstellt, die ihnen mit angespannten Blicken entgegensahen. Ein dünner, gelehrt aussehender Mann von etwa 30 Jahren trat vor und stellte sich in holprigem Englisch als Abdu Osman aus dem Dorf Abu Zoor vor.

»Haben Sie eine Tauchausrüstung?«, fragte er.

Pasquale wunderte sich über die Frage. »Warum fragen Sie?«

»Ein Junge aus dem Dorf ist heute im Nil ertrunken, und wir können seinen Leichnam nicht finden. Wir haben ein paar Männer flussabwärts geschickt und finden ihn nicht. Vielleicht haben ihn die Krokodile gefressen.«

Pasquale und die anderen waren überrascht. Sie hatten schon seit fast zwei Wochen keine Krokodile mehr gesehen, und da sich hier so viele Menschen am Fluss aufhielten – viele davon mit Kalaschnikows –, war es schwer vorstellbar, dass die Tiere überhaupt überlebten. Und natürlich mussten sie daran denken, dass sie gerade erst in diesem Wasser gebadet hatten.

»Tut mir Leid, aber wir haben keine Tauchausrüstung«, antwortete Pasquale.

»Morgen ist die Trauerfeier, und Sie müssen kommen«, sagte Abdu, und es klang wie ein Befehl. »Nein, nein, wir müssen weiterfahren«, protestierte Pasquale. Doch noch während er das sagte, fürchtete er sich davor, den Männern zu widersprechen, die vielleicht islamische Fundamentalisten waren. Als Abdu auf ihrer Teilnahme bestand, gab Pasquale nach.

Vielleicht 400 Menschen lebten mehr schlecht als recht in dem schäbigen Dorf Abu Zoor. Als Pasquale und die anderen am nächsten Morgen darauf zugingen, sahen sie bewaffnete Männer in 20er- und 30er-Gruppen auf Matten sitzen. Sie unterhielten sich und warfen dabei die Arme in die Luft. Sobald die Expeditionsteilnehmer den harten, staubigen Boden des Dorfplatzes betraten, hörten alle Gespräche abrupt auf. Dunkle Augen folgten Pasquale, während er sich langsam auf die Mitte des Platzes zubewegte, als ginge er unter Wasser. Es war totenstill. Pasquale bekam ein ungutes Gefühl – es wäre so einfach gewesen, von hier zu verschwinden.

Nach einer Ewigkeit – so kam es ihnen zumindest vor – erhob sich einer der Ältesten von den dort Versammelten, ein weißhaariger, zahnloser Greis mit wässrigen Augen, dessen schwarzes Gesicht tiefe Furchen hatte. Er griff nach Pasquales Hand, und bevor Pasquale protestieren konnte, küsste ihn der Alte auf den Handrücken und sagte: »Mein Sohn ist fort.« Pasquale merkte, dass seine Augen ebenfalls feucht wurden.

Während Pasquale noch nach den richtigen Beileidsworten suchte, sprangen die anderen Männer plötzlich auf und eilten zu ihm, um ihre Dankbarkeit für die Teilnahme an den Trauerfeierlichkeiten auszudrücken. Für sie wurde die schwere Prüfung dadurch zu etwas Erhabenem und der Junge zu etwas Besonderem, als würde er von Engeln gesegnet, die ihn mit ihrem Besuch ehrten.

In den nächsten Stunden nahm das Team an der Zeremonie teil. Ein Mann las aus einem in Ziegenhautpergament gebundenen Koran vor. Ein weiterer blies in eine primitive Blechtrompete, die nur einen Ton hervorbrachte. Der war jedoch so durchdringend, dass sich Pasquale die Nackenhaare sträubten. Ein dritter Mann, der mit einem selbst gesponnenen Gewand und einer Art Reithose bekleidet war, schlug in einem leisen, aber eindringlichen Rhythmus eine Kuhfelltrommel.

Ohne es zu wollen, reagierten die Expeditionsteilnehmer auf den Rhythmus und wiegten sich wie die Dorfbewohner leicht hin und her. Mitglieder der Dorfgemeinde sangen ein Klagelied. Jungen pressten die Hände zusammen wie Schmetterlingsflügel. Alle paar Minuten zogen die Männer in einem schluchzenden Kreis vorbei.

Der Trauermarsch zog weiter und machte wiederholt im Schatten von Schirmakazien Halt, wo aus dem Koran vorgelesen wurde und Wechselgesänge angestimmt wurden. Die Menge wogte und brodelte wie ein aufgewühltes Meer. Pasquale fragte Abdu, warum nur Männer an der Zeremonie teilnahmen. Abdu antwortete, dass sich

Frauen nach der strengen islamischen Scharia, die offiziell im ganzen Sudan galt, nicht in der Öffentlichkeit zeigen durften, wenn Fremde anwesend waren. Alle Frauen und Mädchen trauerten in ihren Häusern.

Ungeachtet der Geschlechtertrennung verglich Pasquale das, was sie hier miterlebten, mit westlichen Trauerritualen. Lange, komplizierte Zeremonien wurden stark vereinfacht und führten zu einem tiefgehenden Gemeinschaftssinn, einer kollektiven Trauer und Reinigung. Alle fühlten Kummer und Leid gemeinsam.

Wieder auf dem Fluss, näherten sie sich dem Sennar-Damm, der zweiten Stauanlage des Blauen Nils. Zuckerrohrfelder erstreckten sich entlang der insektenbevölkerten Schlammablagerungen, und gelegentlich fuhren sie ans Ufer, schnitten einen Stängel ab und saugten den süßen Saft heraus, während sie durch die kahle, eintönige Flussebene tuckerten. Ab und zu kam Pasquale die Idee, das ganze Unternehmen aufzugeben, doch er verscheuchte diesen Gedanken. Man brauchte ein gewisses geistiges Durchhaltevermögen, um weiterzumachen, und er lenkte alle Willenskraft auf die Aufgabe, die es zu bestehen galt.

Sennar war der erste Damm, der im sudanesischen Abschnitt des Nils gebaut wurde. 1952 errichteten ihn die Briten im Bestreben, das riesige brach liegende, aber fruchtbare Land durch den Nil zu bewässern und landwirtschaftlich zu nutzen. Als Teil des großen Gezireh-Bewässerungsplans sollte der Sennar-Damm zwei Millionen Hektar Baumwollfelder mit Wasser versorgen. Zu der Zeit wurden für die Spinnereien in Europa große Mengen Baumwolle gebraucht. Die englischen Hydrologen und Ingenieure wussten jedoch, dass die hohe Schlickmenge des Blauen Nils – die über 90 Prozent der Schlickmenge des eigentlichen Nils ausmacht – die meisten Stauseen in kürzester Zeit verstopfen würde. Also schlugen sie einen Damm mit einem Abflusssystem vor, das den Schlick ablaufen lässt und den Damm auf ewig haltbar macht.

Leider konnten sie ihre Vision nicht in die Tat umsetzen. Heute erstreckt sich ein 16 Kilometer breiter Schlammsee hinter dem Damm. Nur ein etwa 100 Meter breiter Kanal führt durch das fast bis oben hin gefüllte Becken, und das Ufer besteht aus glitschigem, dunklem Matsch. Auf diesem Morast konnte man unmöglich stehen, geschweige denn ein Lager aufschlagen.

Es war mitten am Nachmittag. Die Zeit war zäh wie Sirup. Der Himmel glich einer Metallkuppel und war weiß vor Hitze. Die Temperatur kletterte auf fast 50 °C, und während der Fahrt hatte Pasquale Zeit nachzudenken – zu viel Zeit. Er musste an das letzte Mal denken, dass er eine solch brütende Hitze erlebt hatte: zwei Jahre zuvor, als er den Fish River Canyon in Namibia erkundete.

Wenn man Afrika als Puzzle betrachtet, ist Namibia das übrig gebliebene Teilchen. Das kahle Land liegt nördlich von Südafrikas Westgrenze und grenzt im Osten größtenteils an Botswana. Bis zum Ende des Ersten Weltkriegs war Namibia eine deutsche Kolonie. Nach dem Versailler Vertrag teilte der Völkerbund Südwestafrika, wie es damals hieß, Südafrika als Mandatsgebiet zu. Erst 1990 erlangte der Staat seine Unabhängigkeit, doch er bleibt eines der am wenigsten erforschten Länder des ganzen Kontinents.

Pasquale, ein paar Freunde und ich fuhren mit dem Fahrrad von der Hauptstadt Windhuk aus in den südlichen Teil der Namib, ein riesiges Felsmeer und endloses Gebiet voller Spitzkuppen und Schluchten, Gebirgskämme und stufenförmiger Steilabbrüche. Die verdichteten Alterslinien der Erde sind so tief, rau und aufschlussreich wie das dunkle, wettergegerbte Gesicht eines alten deutschen Bergmanns.

Unser Gastgeber war Louis Fourie, ein ehemaliger südafrikanischer Weinbauer, der die Augen wegen der Sonne stets zusammenkniff. Mit 14 hatte er den Traum, einmal ein Grundstück zu besitzen, das so groß war, dass er die Grenzen nicht sehen konnte. Um diesen Plan mehr als großzügig umzusetzen, kaufte er vor etwa neun Jahren für einen Spottpreis ein 146 Quadratkilometer großes Gebiet, das unter anderem den oberen Teil des Fish River Canyons umfasste. Dort baute er sich eine bescheidene Hütte, die uns als Basislager diente. Wir hatten vor, ein paar Tage im oberen Canyon auf Louis' Besitz und dann in den Nationalpark des eigentlichen Fish River Canyons zu wandern. Auch ein paar Erkundungsflüge über dem Fluss waren geplant, da wir in Erfahrung bringen wollten, ob man ihn vielleicht mit dem Schlauchboot befahren konnte. Niemand hatte das je versucht, obwohl die Tourismusindustrie für den Fish River Canyon mit dem Slogan »Grand Canyon von Afrika« warb.

Der Zeitpunkt schien zunächst perfekt zu sein – noch wenige Tage zuvor hatte der Canyon nichts als »Pleitewolken« gesehen, wie Louis sie nannte: hohe, buschige Streifenwolken, die keinen Regen und jeden wartenden Bauern zur Verzweiflung bringen. Als wir jedoch in den USA das Flugzeug bestiegen, hatte es im Canyon zu regnen angefangen – zum ersten Mal seit zehn Monaten. »In dieser Jahreszeit tritt der Fluss über die Ufer«, warnte uns Louis. »Die Fließgeschwindigkeit kann auf sieben Millionen Liter pro Sekunde ansteigen.« Das schien uns ein wenig übertrieben – zehnmal so schnell wie der Colorado im Grand Canyon, in den zudem das Wasser von den westlichen Hängen der schneebedeckten Rocky Mountains abfließt –, zumal es keinen Schnee in Namibia gibt. Louis fügte hinzu, dass wir das Wasser unbehandelt trinken konnten, aber keiner von uns nahm ihn beim Wort.

Am Nachmittag kam der Landrover knatternd vor Louis' bescheidener Oase zum Stehen, einem gemütlichen alten Bauernhaus, das seine Frau Riette hergerichtet hatte. Am nächsten Tag packten wir die Sachen für unseren ersten Ausflug in den Canyon. Zu unserem

Team gehörten der Herausgeber des Magazins *Outside*, Tim Cahill; Dr. Seth Berkley, Präsident der *International AIDS Vaccine Initiative*; Peggy Dulany, Vorsitzende des Synergos-Instituts, einer Nichtregierungsorganisation zur Armutsbekämpfung; Lisa Conte, Geschäftsführerin von *Napo Pharmaceuticals*, sowie mehrere andere Spaßvögel und Taugenichtse. Louis' redselige Mutter Gerty flog extra aus Südafrika ein, um uns zu bekochen, und grillte wohlschmeckende Klippspringer- und Gemsantilopenstücke. Dazu gab es Windhuk Lager, das wahrscheinlich nach deutschem Reinheitsgebot gebraut wird. Als die Sonne hinter einer oxidroten Felswand leuchtend unterging, nahmen wir in einem Teich voll frischem Regenwasser ein Bad. Dann machten wir es uns auf der Veranda gemütlich und nippten an einem 15 Jahre alten Glendronach-Whisky. Irgendwann huschte ein riesiger Skorpion, der aussah wie die Kreatur aus *Alien*, über die Dielen. Riette sprang kreischend auf den Tisch. Es war ein Windskorpion, eine Kamelspinne. »Von denen gibt es ganz viele im Canyon«, sagte Louis gelassen.

Wir beschlossen, eine Art Testwanderung zu unternehmen, einen 18 Kilometer langen Marsch, bei dem wir in eine namenlose Schlucht hinuntersteigen, auf der anderen Seite wieder herausklettern und dann in die Lion River Gorge absteigen würden, die wiederum in den Fish River Canyon abfiel. Als Nächstes wollten wir mehrere Kilometer flussabwärts wandern bis zum Camp für die erste Nacht. Dieses konnte man mit einem Geländewagen erreichen. Louis würde daher unsere Zelte und unser Gepäck hinfahren und außerdem eisgekühlte Drinks, Steaks, Tikilampen, Plastikstühle und eine Kiste kubanischer Zigarren mitbringen. Also brauchten wir für unseren Tagestrip nur Wasser und einen Rucksack.

»Nimmst du das Satellitentelefon mit?«, rief ich Pasquale zu, als wir die Trucks beluden. Pasquale hatte ein Satellitentelefon für Notfälle mitgebracht.

»Nein ... wir sind ja nur einen Tag unterwegs. Ich lass es lieber zum Camp bringen.«

»Klingt logisch«, stimmte ich zu. Das Telefon war ziemlich schwer, und das hier war nur ein Übungslauf: die Gelegenheit, unsere Wanderstiefel zu testen, uns an die Hitze zu gewöhnen und die Geschwindigkeit für die nächsten Tage festzulegen. Wir würden nicht einmal unsere topografischen Karten mit dem Maßstab 1:50.000 oder das GPS brauchen.

Louis wollte sich darum kümmern, unsere Ausrüstung zum Camp zu bringen, daher bot Riette an, uns zu führen, obwohl sie die Tour noch nie gemacht hatte. Doch allein ihr Aufzug stimmte zuversichtlich. Wir anderen waren mit kunterbunter Kleidung von Mountain Hardwear und brandneuen Trekkingstöcken von Leki ausgestattet, während sie nur ein Tennisoutfit und Turnschuhe trug, als würde sie mal eben zum Tennisplatz spazieren.

Die Tour fing ganz leicht an. Wir marschierten einen Bergzebra-Pfad hinunter. Getrockneter Schlamm, der zu einem bröckeligen, blättrigen Gittermuster erstarrt war, knirschte unter unseren Füßen. Überall standen Köcherbäume. Da sich Stamm und Äste leicht aushöhlen lassen, fertigten die San früher daraus die Köcher für ihre Pfeile an. Klippspringer, geisterhafte Geschöpfe mit winzigen Hörnern, sprangen in Serpentinen über die Felsen. Wir sahen herzförmige Fußabdrücke von Leoparden. Ein grünes Papageienpärchen, zwei »Unzertrennliche«, flatterten über eine Felswand. Schließlich stiegen wir auf der anderen Seite wieder hinauf und ließen uns auf ein paar Schieferplatten nieder, wo wir einen Schluck Wasser tranken und gedörrtes Springbockfleisch aßen. Gegenüber unserer schattigen Bank erhob sich ein Falke von einem Aussichtsfelsen und kreiste mit starren Flügeln auf einem Aufwind.

Wir kletterten aus dem kleinen Canyon und kämpften uns über ein vom Wind zerfurchtes Plateau voller Gänseblümchen und zierlicher blassgelber, rosafarbener und blauer Wildblumen. Wenn es nicht so heiß gewesen wäre, wäre das ein wundervoller Ort gewesen.

Kurz darauf begannen wir den steilen Abstieg zum Lion River über eine Treppe aus dem Präkambrium – eine Reise von etwa einer Milliarde Jahren. In den tiefsten Tiefen der Erdzeitalter hatte sich hier ein Stück Meeresboden kilometerweit über den Ozean erhoben und sich durch Witterungseinflüsse in eine Kette von Tafelbergen verwandelt. Vor etwa 500 Millionen Jahren entstand eine Verwerfung. Und vor 50 Millionen Jahren begann schließlich ein Fluss zu fließen.

Der Canyon war steil und schmal, und die Felsen waren lose. »Was machen wir, wenn eine Sturzflut kommt?«, fragte jemand. »Dann haben wir noch genug Zeit, um abzuhauen«, antwortete Pasquale und dachte an die Sturzfluten, die er auf Nebenflüssen im Grand Canyon erlebt hatte. »Sie kündigt sich vorher an – es klingt wie ein näher kommender Güterzug. Dann müssen wir sehen, dass wir nach oben kommen.« Und er warf einen Blick auf die steilen Wände, um eine grobe Route zu planen.

Gegen Mittag fühlten sich mehrere Leute nicht wohl. Ein Teilnehmer musste kurz stehen bleiben und sich übergeben. Ein weiterer war mit dem Knöchel auf einem wackligen Felsen umgeknickt und hinkte ein wenig. Ein dritter bekam einen Hautausschlag. Als wir die Stiefel auszogen, um in einen Kalksteintümpel zu springen, hatte die Hälfte von uns schlimme Blasen an den Füßen.

Nach dem kurzen Bad fühlte sich Pasquale erfrischt und ging mit Riette, Peggy und ein paar anderen an der Spitze. Sie überquerten eine rotbraune Quarzitschicht, kreuzten den Lion River und begannen, zum Fish hinunterzusteigen, als sie plötzlich Rufe von hinten hörten. »Halt! Halt! Seth hat sich den Knöchel gebrochen!«

Zuerst dachte Pasquale, das sollte ein Witz sein, aber dazu klang die Stimme zu ernst. Er drehte sich zu Riette um, sie sahen sich kurz an und liefen mit ein paar anderen den Pfad wieder hinauf.

Pasquale kletterte das Geröll hinauf und erreichte einen Sandsteinabsatz. Dr. Berkley lag ausgestreckt auf dem Boden, sein Hemd war von langen Schweißstreifen durchzogen. Tim Cahill beugte sich über Seths linken Fuß und hielt ihn ruhig. Seth schilderte ihnen, wie er gestürzt war: Er war von einem Vorsprung herabgestiegen, hatte sich dabei den rechten Fuß verdreht und war auf den linken gefallen, wobei es laut geknackt hatte. Der linke Fuß war um 90 Grad verdreht und hing schlaff in die Mitte, was nach einem mehrfachen Bruch mit gerissenen Bändern aussah. Seth hatte Tim gerufen, der nur wenige Meter vor ihm ging. Tim befolgte Seths Anweisungen und hielt den Fuß wie in einem Schraubstock fest, so dass Seth ihn zurückdrehen konnte.

Ein brennender Schmerz durchlief Seths Beine. Er wollte aber keine Schmerzmittel nehmen, da sie das Risiko eines Schocks erhöhten und er es vorzog, einen klaren Kopf zu behalten. Wir hatten einen SAM-Splint, eine Art Universalschiene, dabei, die Pasquale an Seths Unterschenkel, Knöchel und Fuß anlegte, aber der Knöchel brauchte eine seitliche Stütze. Alle schauten sich nach einem flachen Gegenstand um – einem Zweig oder Stein vielleicht –, fanden jedoch nichts Passendes. Schließlich zog Tim Cahill seine beiden länglichen Notizblöcke hervor, die genau die richtige Größe hatten. Damit opferte er Seth zuliebe seine journalistischen Gedanken der letzten paar Tage, mit denen er sein Geld verdiente.

Nachdem wir Seths Knöchel gestützt hatten, mussten wir Seth aus dem Canyon herausbringen. Da das Satellitentelefon sich im Camp befand, blieb nichts anderes übrig, als den 90 Kilo schweren Mann hinauszutragen. Der Weg nach oben schied aus – es würde zu schwer werden, Seth hochzutragen –, also blieb nur der Weg nach unten. Bis zum Camp waren es allerdings noch acht Kilometer. Pasquale, der am kräftigsten von allen war, trug ihn als Erstes. Seth schlang den rechten Arm um Pasquales Schulter, während drei andere sich mit dem linken Arm abwechselten. Da der rechte Knöchel ebenfalls verletzt war und nicht viel Gewicht tragen konnte, kamen sie nur langsam voran.

Ganz langsam humpelte Seth den immer breiter werdenden Canyon hinunter. Pasquale probierte verschiedene Trageweisen aus, trug ihn wie ein Rettungsschwimmer, wie ein Feuerwehrmann und hob ihn am Gürtel hoch, doch alles funktionierte immer nur ein paar Meter weit. Inzwischen war es mitten am Nachmittag, die Sonne stand hoch, und die Temperatur betrug fast 50 °C. »Es ist zwar heiß, aber immerhin geht es steil bergab«, witzelte Pasquale mit dem ihm eigenen Galgenhumor.

Seths Adrenalinstoß nach dem Unfall war verflogen, er hing jetzt wie eine Stoffpuppe an Pasquales Seite. Es war schwer, ihn mehr als ein paar Meter ohne Pause zu tragen. Schließlich hielten alle unter einem Kameldornbaum. Die eher grauen als grünen Äste glänzten metallisch und spendeten nur wenig Schatten. Pasquale legte Seth einen Rucksack als Kissen unter den Kopf und einen zweiten unter das Bein. Inzwischen war klar, dass sie ihn auf diese Weise nicht schnell genug aus dem Canyon bringen konnten; bei dem Tempo würde das Tage dauern.

»Ich hab eine Idee«, sagte Pasquale. »Wir lassen ihn zehn Tage hier liegen, bis er nur noch 50 Kilo wiegt. Dann kommen wir zurück und tragen ihn raus.« Genau diese Art von Witz brauchte Seth jetzt; er lächelte erstmals seit über einer Stunde.

Pasquale sah sich um und hielt nach Ästen Ausschau, aus denen sie vielleicht eine Trage bauen konnten. Die struppige, dürre Vegetation war jedoch nicht so robust, dass sie sich für Pfähle geeignet hätte. Die Sonne schien gnadenlos auf sie herab und schien sie zu beobachten wie ein Schlangenauge. Sie befanden sich kurz vor dem schlammigen, rotgelben Lion River, dessen Wasser heiß wie Suppe war. Sie brauchten eine Idee, und zwar schnell.

Lisa Conte, eine Marathonläuferin, bot an, zum Camp zu laufen und das Satellitentelefon zu holen. Der Weg führte in beiden Richtungen über acht Kilometer unwegsames Gelände und war bei der unerträglichen Hitze keinesfalls in weniger als drei Stunden zu schaffen. Möglicherweise gossen sie mit dieser Übung nur Öl ins Feuer, da dabei ein zweiter Unfall passieren konnte. Doch Seth sagte, dass ihm wahrscheinlich nur noch ein paar Stunden blieben, bis der Brand einsetzte, und Lisas Augen leuchteten entschlossen auf. Als sie losrannte, schrie eine Gruppe Paviane auf und ein Schwarm Nilgänse flatterte den Canyon hoch, als hätte sie der verrückte Plan in einen Alarmzustand versetzt.

Die Luft war heiß, trocken und windstill. Seth lag im kargen Schatten des Dornbaums und verlor die Zuversicht. »Vielleicht verliere ich das Bein«, murmelte er vor sich hin. »Vielleicht sterbe ich hier.« Dann hielt er den Atem an, als könnte die kleinste Bewegung den Tod bedeuten.

Um 16 Uhr schaute Pasquale am Canyon hinauf und ließ den Blick über den Rand schweifen. Irgendetwas trat in sein Blickfeld: etwas, das wie ein Klippspringer auf sie zutänzelte. Gebannt sah er zu, wie der undeutliche Fleck allmählich Konturen annahm. Es war Louis, der eine schwarze Tasche trug: das Satellitentelefon. Direkt hinter ihm folgte sein Mitarbeiter Peter Brandt, ein Nama, mit Zaunpfählen, Seilen und einer Plane, um eine Trage zu bauen.

Wie wir erfuhren, hatte Lisa das Camp erreicht, das Satellitentelefon aus einem Rucksack gezogen und es Louis gegeben. Er kannte den kürzesten Weg zum Lion River hinunter, also hatte er Peter abgeholt, war zum Rand des Canyons gefahren und hinuntergestiegen.

Jetzt konnten wir handeln. Pasquale packte das Satellitentelefon aus und kletterte die Felswand hinauf, von wo aus er eine ungestörte Verbindung zum atlantischen Satelliten herstellen konnte. Die anderen bauten aus Peters Material eine Trage.

An einem Sonntagabend aus dem Fish River Canyon einen Rettungshubschrauber herzubestellen, war keine leichte Aufgabe. Es dauerte eine ganze Stunde, überhaupt eine Verbindung zum Satelliten zu bekommen. Als Erstes versuchte Louis, verschiedene Freunde und Nachbarn anzurufen, die eventuell die Nummer eines Rettungsdienstes in Windhuk herausbekommen konnten. Ohne Erfolg. Also rief Pasquale Freunde und Verwandte in den USA an. Er ließ seine Frau Kim im Computer suchen, doch das brachte nichts. Schließlich rief er die Vermittlung an und wurde mit einer Frauenstimme in London verbunden. »Wir sind in Namibia und haben einen Notfall.«

»Ich habe noch nie von Namibia gehört«, antwortete die Frau und legte auf.

Während all dieser Gespräche beobachtete Pasquale, wie die Balken der Batterieanzeige immer weniger wurden und das Team weiter unten versuchte, die Trage in Betrieb zu nehmen. Sie legten Seth vorsichtig auf die behelfsmäßige Krankentrage und hoben sie an. Dann trugen sie ihn mühsam ein paar Meter über die Felsen und mussten wieder anhalten und ausruhen. Mehrmals fiel er fast herunter. Die Gemüter waren angespannt. Im Licht der untergehenden Sonne wurden die Canyonwände blauschwarz und wirkten bedrohlich und abweisend. Pasquale kletterte den Hang hinunter und sagte der Gruppe, dass sie schnell zum Camp aufbrechen sollten, um den letzten Rest Tageslicht auszunutzen. Ein Schreiseeadler segelte in der Dämmerung in den Canyon hinab.

Schließlich war die Batterie des Satellitentelefons leer. Pasquale legte die Ersatzbatterie ein. Louis erreichte einen Nachbarn, der die Nummer eines Hubschrauberpiloten in Windhuk gefunden hatte. Pasquale rief ihn an. Der Pilot versprach, er würde versuchen, einen Hubschrauber aufzutreiben, aber er brauchte die genauen Koordinaten. Da das GPS im Camp war, konnte ihm Pasquale nur den Ort beschreiben: vom Zusammenfluss mit dem Fish River acht

Kilometer die Lion River Gorge hinauf. Das sei nicht genau genug, antwortete der Pilot, da er allein drei Stunden für den Flug aus Windhuk brauche und es bald dunkel werde. Er könne eine nächtliche Rettungsaktion versuchen, aber dazu brauche er die genauen Koordinaten. Louis sagte, er würde zurückrufen.

Inzwischen war auch die zweite Batterie fast leer und reichte gerade noch für einen Anruf. Louis beschloss, seine Mutter anzurufen, damit sie die Koordinaten auf der Karte suchte und dann den Piloten anrief. Als er Gerty am Apparat hatte, fing sie sofort zu schnattern an und erzählte ihm fröhlich jede Kleinigkeit ihres Tagesablaufs, ohne dass er zu Wort kam. »Sei still und hör zu, Mom«, konnte er gerade noch ins Telefon brüllen, bevor es sich ausschaltete.

Es war schwer, einen Weg über den Abhang zu der Stelle zu finden, wo Seth benommen von der Hitze auf seiner Trage lag. Tim Cahill, Pasquale und ich blieben bei ihm, während sich die anderen zum Camp aufmachten. Obwohl es jetzt fast Nacht war, schlug Louis vor, er wolle den Canyon hinunterlaufen bis zum Camp und dann mit dem Auto zu seinem Haus fahren. Dort konnte er übers Festnetz telefonieren. Wenn alles gut klappte, würde er gegen Mitternacht ankommen.

Also borgte sich Louis ein Paar Socken von Pasquale und brach in die Nacht auf. Louis gehen zu lassen war so, als würden wir einen Kompass wegwerfen. Wir übrig gebliebenen Trekker saßen weitab vom Schuss und ohne Verbindung zur Außenwelt im Tal eines afrikanischen Canyons fest.

Pasquale kam auf die Idee, ein paar Lagerfeuer anzuzünden und dem Hubschrauber mit Taschenlampen den Weg zu weisen, wenn er nachts kam. Tim, Pasquale und ich suchten in allen Rucksäcken nach Streichhölzern, fanden aber keine.

Wir trugen Seth auf eine ebene Stelle hinter einem schützenden Granitfelsen, der oberhalb des Flusses in der Nähe einiger Stechapfelbüsche lag. Da wir kein Feuer machen konnten, streckten wir uns auf dem Sand aus, schauten in die Sterne und unterhielten uns. Ich erzählte von einem dänischen Dogmafilm, den ich vor einiger Zeit gesehen hatte: *The King is Alive* mit Jennifer Jason Leigh. Darin verirrt sich eine Touristengruppe in der Namib und beschließt, *König Lear* aufzuführen, um sich von ihrem Schicksal abzulenken. Unten am Fluss begannen die Frösche zu quaken, und Seth war erstaunlich gut gelaunt, was unter anderem an den Dilaudid-Tabletten lag, die er schließlich doch noch geschluckt hatte. Er erzählte böse Witze und philosophierte über die Irrungen und Wirrungen seines Lebens. Glühwürmchen flogen umher, und ab und zu hoben wir den Kopf, um nachzusehen, ob nicht einer der Käfer vielleicht ein näher kommendes Rettungslicht war. Gegen 23 Uhr versiegte das Gespräch. Schweigend betrachteten wir das Kreuz des Südens.

Um Mitternacht flog eine Eule in tiefem Bogen über das provisorische Lager hinweg. Dann fegte ein trockener, warmer Wind den Canyon hinauf. Zuerst war es nur eine leichte Brise, deren nächtlicher Duft das Camp reinzuwaschen schien. Doch bald wurde der Wind stärker, und uns wehten Sandkörner ins Gesicht. Der Wind blies die Sterne fort, in der Ferne blitzte es, und die Luft hatte den typischen unbestimmbaren Geruch, der vor dem Regen kommt. Pasquale stand zähneknirschend auf. »Ein Sturm zieht auf. Heute Nacht wird kein Hubschrauber kommen.«

Eine Taschenlampe leuchtete Seth an, er sah ängstlich aus. Er war leichenblass, und ein Netz winziger Risse umgab seine Augen. »Was ist, wenn eine Sturzflut kommt?«, fragte er.

»Ach was, nicht hier ... Dazu ist der Canyon zu breit«, log Pasquale. Dann suchte er die senkrechten Wände nach einem flachen Vorsprung ab, auf den wir Seth legen konnten. Doch er fand keinen.

Eine Handelseinheit hier war etwa ein Liter Wasser, und wir alle hatten keines mehr. Also ging Pasquale zum Flussufer hinunter und füllte gefiltertes Wasser in alle Flaschen. Dann kam er zurück und verteilte sie an uns. Dabei bemerkte er ein paar Höhlen oberhalb unseres kleinen Lagerplatzes und ergriff die Taschenlampe, um sie zu erkunden. Es waren winzige, krumme Löcher mit harten, spitzen, von Rattenkot bedeckten Felsen auf dem Boden. Wahrscheinlich hausten dort Skorpione, Spinnen, Schlangen, Ölkäfer und andere giftige Kreaturen. Aber zugleich schützten sie auch vor dem unangenehmen Wind. Die eine oder andere Höhle war gerade groß genug, dass man sich hineinquetschen konnte.

Pasquale wickelte Seth in eine Plane, steckte die Enden fest und kletterte mit Tim Cahill und mir zu den Höhlen hinauf, um uns vor dem Sturm in Sicherheit zu bringen. Jetzt ging er richtig los: Sand sauste über die schwarze Erde wie eine Stromschnelle, hagelte wie Kugeln und hinterließ eine Schicht auf der nackten Haut. »Ich hab Sand in der Harnröhre!«, brüllte Seth.

Wir machten uns klein und zwängten uns in die Höhlen. Pasquale fand einen oberen Eingang und quetschte sich über mir hinein. Dann öffneten sich die Schleusen; Regeln prasselte herab. Blitze zuckten, Donner grollte. Der Wind begann seltsam zu heulen wie ein Tier, und der Regen war so laut, dass er sich wie ein herandonnender Güterzug anhörte. »Nein, nein, Kumpel«, rief Pasquale zu mir herunter. »Hier gibt's keine Sturzflut ...«

Von unserem Platz aus konnten wir Seth gut sehen, sein eingewickelter Körper wurde immer wieder von zuckenden Blitzen beleuchtet. Wir warteten, bis der Regen zeitweise nachließ, streckten die Glieder und wagten uns in den sandgeschwängerten Wind hinaus, um nach Seth zu sehen. »Alles okay?«

»Soll das ein Witz sein?«, antwortete er mit schwacher Stimme, Sand knirschte zwischen seinen Zähnen. »Zwei gebrochene Knöchel, Sandstürme, Windstürme, Blitze, Donner, Regen, Sturzfluten. Was kommt denn als Nächstes – Heuschrecken?«

Wir lachten dem Wind ins Gesicht und stolperten zum Fluss hinunter, um nachzusehen, ob der Albtraum einer Sturzflut vielleicht wahr wurde. Aber nein, der Wasserstand hatte sich kaum verändert. Wir stießen einen erleichterten Seufzer aus und kehrten zur Höhle zurück.

Wieder zwängten wir uns hinein und zogen die Beine an die Knie. Wir lagen auf zersplitterten Felsen, die Decke war nur Zentimeter von unseren Köpfen entfernt, und ich hatte Pasquales Fuß im Nacken. Draußen knarrte ein Baum wie ein altes Seil. »Immerhin ist es hier trocken«, versuchte Pasquale uns zu trösten. Doch dann begann es in der Höhle zu tropfen, und kleine Regenbäche rannen uns auf Nacken und Beine. Wieder blitzte es, und zwei lange, krachende Donnersalven folgten. Der Wind schien draußen einen neuen Höhepunkt des Elends zu feiern.

Da Pasquale und ich nicht schlafen konnten, unterhielten wir uns. Und wir erkannten, dass wir trotz all der Strapazen und trotz Seths Unfall eine Art Forschertrost erfuhren. Aller überflüssigen Schichten entledigt und aufs Wesentliche reduziert, fühlte sich unsere Situation angenehm und echt an; das Leben war unmittelbar hier und nicht hinter einem Fenster oder auf einem Bildschirm. Es kam uns vor, als ständen wir jenseits aller geografischen und geschichtlichen Grenzen. Wir hatten uns nicht abgefunden, noch waren wir beruhigt. Wir machten uns immer noch Sorgen um Seth. Aber wir fühlten uns frei von allem Putz und Schmuck.

Im blassen, ungesunden Licht des anbrechenden Morgens schälten wir uns aus der Höhle. Mund und Kehle fühlten sich blechern an. Die Luft, die nach dem Sturm umso stiller wirkte, schien gerade aus einem Brunnen hochgezogen worden zu sein; sie war frisch und kühl. Wir gingen zu Seths Trage hinunter. Sein Gesicht war rissig wie ein Krokodilbauch, und unter den Augen waren staubige Ringe. Kein Hubschrauber war gekommen. Kein Rettungstrupp.

»Das war die schlimmste Nacht meines Lebens, ohne Ausnahme«, gestand Seth, der in seinem Berufsleben schon an viele Orte des Elends gereist war.

»Du hattest es doch gar nicht so schlecht«, scherzte Pasquale. »Mein Höhle war so eng, dass ich nach draußen gehen musste, um meine Meinung zu ändern.«

Seth brachte ein Lächeln zustande. »Was machen wir jetzt?«, fragte er, und seine Stimme klang im weiten, morgendlichen Canyon besonders schwach und leise. »Ich weiß nicht, ob ich noch einen Tag bei dieser Hitze aushalte.«

»Wir warten«, schlug Pasquale vor. »Es wird bald jemand kommen.« Schon jetzt kitzelte uns die Hitze im Nacken.

Nur wenige Minuten später blickten wir über den Fluss und entdeckten ein seltsames Gefährt, das sich an einem Hang herunterarbeitete. Durchs Fernglas erkannten wir, dass es Louis' Unimog war, ein Überbleibsel aus dem südafrikanischen Grenzkrieg. Er kam etwa 100 Meter weiter aufwärts knirschend zum Stehen, Louis sprang heraus, lief zum Fluss hinunter und kam zu uns.

»Wo bleibt der Hubschrauber?«, fragte Pasquale.

»Keine Ahnung. Ich hab's gestern nicht bis zur Hütte geschafft. Ich hab nur ein bisschen geschlafen, den Truck am Camp genommen und mich hierher gekämpft.«

Eine Stunde später flatterte ein schwarzer Kormoran in der Nähe unseres Lagerplatzes in den trüben Himmel auf. Plötzlich schwirrte ein Hubschrauber durch den Canyon. Louis fing an zu rufen; wir schwenkten unsere roten Jacken und Isoliermatten hin und her. Der Hubschrauber sah uns anscheinend nicht, flog weiter und verschwand um eine Kurve. Danach erschien uns die Stille im Canyon ohrenbetäubend laut. Hatte uns der Pilot aufgegeben? Wir warteten drei Minuten, dann fünf, dann zehn und wurden unruhig. Die Wüste schien eingeatmet zu haben und die Luft anzuhalten.

Schließlich zerriss ein Geräusch die Stille: Ein deutliches Woppwopp-wopp hallte durch die Schlucht. Nach ein paar Drehungen landete der Hubschrauber – fast 20 Stunden nach dem Unfall.

Ein Sanitäter in einem Fliegeranzug, auf dem das Logo von *Nam Power* eingestickt war, sprang heraus, lief zu Seth hinüber und kümmerte sich um ihn. Er holte eine Aluminiumschiene und nahm die Notizblöcke, mit denen wir Seths linken Knöchel gestützt hatten, zu Tim Cahills großer Erleichterung ab. Kurz darauf verabschiedeten sich alle von Seth, der Hubschrauber verließ Seths Ort des Leidens und brachte ihn in die Obhut eines Krankenhauses.

Etwas später tauchten Lisa und Peggy auf, die mit Lebensmitteln und anderem Nachschub vom Canyonrand aus heruntergewandert waren, und wir setzten unseren Marsch zum Camp fort. Dort warteten Zelte und gekühltes Bier auf uns, und wir würden uns wieder in die Schichten der Zivilisation einhüllen. Doch auf den nächsten paar Kilometern waren wir noch rein und innerlich frei.

Kapitel 24

Der Nil kommt aus dem Paradiesgarten, und wenn man ihn an der Stelle untersuchte, wo er herauskommt, so würde man die Blätter des Paradieses in ihm finden.

Mohammed, Prophet Gottes

»Es mag ja heiß sein, aber zumindest ist es feucht«, sagte Pasquale zu seiner Crew auf dem Blauen Nil, die sich fast reglos auf den Booten räkelte. Falls sie ihn hörten, antworteten sie nicht. Pasquales Schläfen fühlten sich an, als wären sie mit einem Seil festgebunden; sein Kopf kam ihm zu groß und zu spröde zugleich vor.

Mit der Temperatur stieg auch die Zahl der Insekten an. Ganze Schwärme von Malaria übertragenden Anopheles-Mücken und anderem beißenden und stechenden Getier wählten sich die Männer zu ihrem Angriffsziel aus. Zu den körperlichen Attacken kam das ständige Tauziehen zwischen Pasquale und Gordon, die sich einen Zweikampf lieferten um die Autorität bei der Expedition.

Tagebuch 48. Tag

Wieder ein Streit mit Gordon, dessen Laune nie vorhersehbar ist. Er hat einfach keine Sensibilität dafür, wie man sich auf einer Expedition benimmt oder wie so eine Unternehmung funktioniert. Vielleicht liegt das daran, dass er nur an kleine, unabhängige Expeditionen gewöhnt ist, bei denen man keine Rücksicht auf andere nehmen und nichts planen muss.

Nach einer Weile, die ihnen wie eine Ewigkeit vorkam, erspähten sie endlich die Silhouette des Sennar-Damms. Diesmal war Pasquale einverstanden damit, nicht direkt darauf loszusteuern, da die Soldaten wahrscheinlich nicht über ihr Kommen informiert waren. Der 100 Meter breite Kanal führte sie aber direkt zu den Hauptschleusentoren in der Mitte des Damms und ließ kein anderes Heranfahren als das zu, das sie vermeiden wollten. Sie hatten keine andere Wahl. Vorher am Ufer zu landen und auszusteigen war einfach nicht möglich – der Schlamm auf beiden Seiten verhinderte es.

Der Damm war eine alte graue Dame, etwa drei Kilometer lang und in der Mitte knapp 20 Meter hoch, mit rund 30 drei Meter breiten geschlossenen Schleusentoren aus rostigem Stahl. Als sie nur noch 15 Meter von der großen Betonwand entfernt waren, entdeckten sie zu ihrer Linken eine kleine Kiesinsel im See. Auf dem Kieshügel stand ein kleines, verrottendes Gebäude – offensichtlich der Armeeposten zur Bewachung des Damms. Pasquale fuhr bis an die Dammmauer heran und wartete. Nichts passierte.

Eigentlich gehören solche Stauseen zu den am besten gesicherten Anlagen eines jeden Landes, da sie die entscheidende Energie liefern. Dennoch konnten die Expeditionsmitglieder niemanden entdecken, der patrouillierte, Wache hielt oder sich sonst irgendwie bewegte. Sie warteten ein paar Minuten, sprangen dann aus dem Boot und näherten sich vorsichtig dem Wachposten. Sie riskierten einen Blick in das dunkle, türlose Gebäude. Dort befand sich eine ganze Truppe sudanesischer Wachsoldaten ... sie schliefen.

»*Salaam*«, sagte Pasquale leise. Der Soldat neben ihm rührte sich, rieb sich die Augen und setzte sich auf. Dann griff er nach seinem Gewehr und richtete es auf die Türöffnung. Pasquale nahm die Hände hoch und erklärte ruhig, wer er war. Der Soldat senkte die Waffe. Er hatte ebenfalls von der Expedition auf dem Blauen Nil gehört und die Anweisung erhalten, sie herzlich zu empfangen.

Der Soldat führte die Männer über eine Leiter den Damm hinauf, den Damm oben entlang und in die angrenzende Stadt Sennar, den schmutzigsten, schäbigsten Ort, den Pasquale am Nil kennen lernen sollte. Das Zusammenwirken von Hitze, fauligem Abfall und dampfendem Urin war unerträglich. James Bruce schrieb 1772 über Sennar: »Kein Pferd, Maultier, Esel oder anderes Lasttier will sich in Sennar fortpflanzen oder auch nur dort leben. Kein Geflügel hält es dort aus. Keine Katze und kein Hund, kein Schaf und kein Ochse kann dort über eine Paarungszeit hinaus erhalten werden …« Sennar war früher einmal ein wohlhabendes und mächtiges Reich gewesen. Unter der Funsch-Dynastie hatte es sich im 16. Jahrhundert über 1.000 Kilometer entlang des Nils erstreckt. Jetzt war es nur noch ein zerfallendes, heruntergekommenes Provinzkaff.

Pasquale beschloss, die Nacht in Sennar zu verbringen, um sich mit allem zu versorgen, was nötig und erhältlich war, und um Kraft zu tanken. Am nächsten Morgen würden sie nach Khartum weiterfahren. Gordon protestierte; er war der Meinung, dass man sich an einem solchen Ort nicht aufhalten konnte. Es folgte eine lautstarke Auseinandersetzung.

Tagebuch 49. Tag

Gordon fürchtet, dass es in seinem Zimmer im einzigen Hotel von Sennar Moskitos und Bettwanzen gibt. Er will nicht im Bett schlafen, sondern entweder zu den Booten zurückgehen oder im Zimmer ein Zelt aufstellen.

Während sich Gordon noch über die Verhältnisse im Hotel beschwerte, erfuhr Pasquale von ernsteren Problemen. Yibeltal kam zu ihm und vertraute ihm an, er habe gerade festgestellt, dass er einen Bandwurm hatte. Wahrscheinlich hatte er ihn sich durch das rohe Fleisch namens *kitfo* zugezogen, das Äthiopier gern essen.

»Woher weißt du, dass du einen Bandwurm hast?«, fragte Pasquale. »Spürst du ihn im Bauch?«

Yibeltal blickte sich verlegen um und antwortete dann leise: »Wenn ich aufs Klo gehe, schaut er aus meinem Anus heraus und krabbelt an meinem Bein entlang.«

»Wir müssen unbedingt in Khartum zum Arzt«, sagte Pasquale.

Der Sennar-Damm leitete riesige Wassermengen in die Wüste ab. Als die Männer hinter dem Damm die Boote beluden, kam es ihnen daher so vor, als wäre der Fluss gestohlen worden. Er war so langsam – nur ein Rinnsal, das sich zwischen breiten weißen Sandbänken hindurchschlängelte –, dass Pasquale fürchtete, er müsste die Expedition abbrechen, weil es kein befahrbares Wasser gab.

In Ostafrika war jetzt Trockenzeit. Wenn in den Sommermonaten, normalerweise von Juni bis September, der Regen kommt, gehen auf das äthiopische Hochland mehr als 95 Prozent der Jahresniederschlagsmenge nieder und sorgen für Überschwemmungen. In diesen Monaten führt der Blaue Nil enorm viel Wasser und überflutet weite Landstriche in Äthiopien und im Sudan. Die Überschwemmungen dauern bis Mitte Oktober. Im Januar beträgt die Wassermenge dann nur noch einen Bruchteil der Regenzeitmenge.

Pasquale wollte die Expedition auf dem Blauen Nil unbedingt in der Trockenzeit durchführen, da die Stromschnellen in den oberen und nördlichen Schluchten dann besser zu befahren waren. An die Wirkung der Dämme im Sudan hatte er nicht gedacht.

Oft war das Wasser nur wenige Zentimeter tief, so dass sie sich mühsam vorwärts kämpfen mussten. Nach einer Weile tauchten an beiden Ufern gemauerte Wasserpumpstationen auf. Die verlassenen Ungetüme waren mehrere Stockwerke hoch. Die oft 60 Zentimeter dicken Stahlrohrzuflüsse reichten weit in die Hauptströmung des Flusses hinein. Samt und sonders machten sie einen lädierten, vernachlässigten Eindruck; es war, als würde die Expedition durch ein Museum gescheiterter Projekte fahren.

In seinem Buch *The Blue Nile* schreibt Alan Moorehead von immensen britischen Bewässerungsprojekten von der sudanesischen Grenze bis nach Khartum. Die industrielle Welt gierte nach Baumwolle für die Textilrevolution, während die riesigen, fruchtbaren Überschwemmungsgebiete im Sudan und das unaufhörlich fließende Wasser des Blauen Nils nur darauf warteten, genutzt zu werden. Jetzt war alles baufällig und lag brach. Nach dem Ende der britischen Kolonialzeit und während der Misswirtschaft der postkolonialen Diktaturen wurden die meisten Baumwollfarmen und Pumpstationen geschlossen und gerieten in Vergessenheit. Wo früher einmal über die ganze Weite des Landes Baumwollfelder wogten und mit ausgeklügelten Pumpstationen und endlosen Rohrleitungen bewässert wurden, erstreckte sich nun ödes Land. Die Ziegelstationen waren Ruinen, die langsam zerfielen.

TAGEBUCH 50. TAG

Den ganzen Tag lang erstrecken sich an beiden Ufern über viele Kilometer weiße Sandstrände. Sehr seichtes, grünliches Wasser. Dazu blauer Himmel und kleine Wellen – man kommt sich vor wie auf den Bahamas. Tausende einfacher Dieselhubpumpen am Ufer saugen Wasser aus dem Fluss. Gut möglich, dass der Blaue Nil vor dem Zusammenfluss bei Khartum austrocknet. Nachdem wir acht bis zehn Stunden am Stück mit einem der Motoren gefahren sind, sind wir alle erschöpft. Allmählich fühlen wir uns wie Zombies. Gordon hat schlechte Laune. Geht leicht in die Luft.

Als sie sich auf Khartum zubewegten, wurde der Wind stärker und peitschte feine weiße Sandwolken auf. Windstöße mit 25 bis

30 Stundenkilometern wurden normal. Zum ersten Mal sank die Temperatur – eine indirekte Folge der schweren Winterstürme in Europa.

Sie kamen jetzt nur noch extrem langsam voran und setzten daher beide Außenbordmotoren gleichzeitig ein. Das half nicht viel, war aber doppelt so laut, kostete doppelt so viel Benzin und vergrößerte das Risiko, das Boot im seichten Wasser auf den Grund zu setzen. Sie steckten so oft an Sand- und Kiesbänken fest, dass sich die Motorblätter allmählich abnutzten.

In den nächsten drei Tagen und Nächten wurde der Wind kalt, nahm an Geschwindigkeit zu und hielt länger an. Immer wieder peitschten Windböen fast meterhohe Wellen mit weißen Schaumkronen auf, die über dem Bug brachen und die Bootsbesatzung mit Gischt besprühten. Die Temperatur fiel auf zehn Grad ab. Alle zogen sie Fleece- oder Goretex-Jacken und Schwimmwesten an, was immer sie hatten. Yibeltal und Michel verfügten über keine Jacken und wickelten sich in Abdeckplanen ein. Gordon, der im kalifornischen Marina del Rey auf einem Boot lebte, fühlte sich wie beim Segeln. »Das erinnert mich an den Ozean, den kalten, offenen Ozean«, sagte er.

Dann verschwanden alle Farben. Es war, als hätte jemand den ganzen Blauen Nil und den gesamten Sudan mit einem Pinsel in Grau- und Weißtönen angemalt und dabei das Grün des Flusses, das Gelb der Sonne und das Blau des afrikanischen Himmels übergestrichen. Zuerst war es nur eine tief hängende hellbraune Dunst- und Staubwolke am Horizont, doch dann wurde daraus eine Wolke aus feinem, pulverisiertem weißem Sand, die sich über sie wälzte und ihnen Ohren, Nase, Lungen und Poren verstopfte. Der Sandsturm schluckte sie wie Pillen.

Dies war der erste von vielen *haboobs*, die das Expeditionsteam während der nächsten zwei Monate und auf den nächsten 3000

Kilometern quälen würden. Der Begriff *haboob* rührt vom arabischen Wort für »Phänomen« her. Er bezeichnet eine Art Monsun oder Staubsturm, der entsteht, wenn ein Gewitter einen Abwind kalter Luft erzeugt. Er kann bis zu drei Stunden dauern und mit einer Geschwindigkeit von über 80 Stundenkilometern toben.

Mehrere Tage lang waren sie von einer weißen Welt umgeben, in der für die afrikanischen Sonnenuntergänge, die sonst in Ocker- und Orangetönen erstrahlten, kein Raum mehr war. Der farblose Dunst hing in der Luft wie Nebel in London. Gelegentlich erschien die Sonne wie eine in der Luft schwebende weiße Kugel. Die Minarette der Moscheen, die an beiden Ufern auftauchten, waren von weißen Schleiern bedeckt. Auch Yibeltal wurde blass; seine sonst so dunkle Haut sah aus wie Reispapier. Dazu kamen der Rauch und der Gestank von brennendem Tierdung, der für Feuer zum Kochen verwendet wurde. Welchen Glauben man auch immer im Sudan hatte – hier waren sie zweifellos in einer weißen Hölle.

Als sie endlich in Khartum ankamen, fuhren sie unter den Stahlspannbrücken her, die Jahrzehnte zuvor von den Briten erbaut worden waren, und am Gouverneurspalast vorbei, wo Charles George Gordon, auch als Gordon von Khartum bekannt, 1885 getötet worden war. Sie steuerten einen Kai am *Blue Nile Sailing Club* an und drosselten die Geschwindigkeit so schnell, dass Pasquale übel wurde.

Irgendwie kam ihnen die Ankunft in Khartum wie ein Tiefpunkt vor. Pasquale und Gordon hatten die erste Befahrung des Blauen Nils vom Anfang bis zum Ende gemeistert, und doch waren sie nicht in Feierstimmung. Eine Strecke, die das Viertel eines Kontinents ausmachte, lag noch vor ihnen, und Yibeltal war krank. Sie machten die Boote fest und stiegen in einen Bus zum Acropol Hotel in Khartums Innenstadt.

Es gibt Augenblicke auf einer Expedition, in denen man im wahrsten Sinne des Wortes einen Kulturschock erlebt: Der Übergang von einer Welt in die andere ist dann so abrupt und absolut, dass er die Sinne verwirrt. Schon als sie im Bus saßen, durchströmte sie die Stadt und drängte sich in ihre Augen, Nasenlöcher und Ohren. Die ungewohnte Atmosphäre war staubiger, muffiger und voller Gerüche, die sich in der Nase zu übertrumpfen suchten: der scharfe, säuerliche Rauch von türkischem Tabak; das süße, blumige Miasma, das an Orten lauerte, wo man leichter an Parfüm als an eine Dusche kommen konnte; der Geruch von kochendem Fleisch und aufgebrühtem Tee. Sie checkten im Hotel ein, durchquerten die geflieste Eingangshalle, gingen an Möbeln vorbei, die mit Schonbezügen bedeckt waren, ließen in Zimmern mit Deckenventilatoren die Rucksäcke fallen und nahmen eine heiße Dusche. Dann tranken sie mit dem Hotelbesitzer George Pagoulatos ein kaltes Bier oder zwei.

Pagoulatos war der Mann von Einfluss, der ihnen bei der Einreise hätte behilflich sein sollen, davon aber keine Ahnung gehabt hatte. Obwohl gebürtiger Grieche, hätte er vom Aussehen her ein Nachkomme der Effendis sein können, die den hiesigen Einflussbereich des Osmanischen Reiches verwalteten, bevor die meisten von ihnen vom Mahdi vertrieben wurden. Pagoulatos war stolz auf sein Hotel, erzählte ihnen aber offen, dass 1988 sieben Menschen bei einem Granatenangriff auf das Hotel ums Leben gekommen waren, darunter zwei britische Missionare und deren kleine Kinder.

Das war Vergangenheit – Pasquale hatte im Moment andere Sorgen. Er trank das Glas leer und ging mit Yibeltal zum Arzt.

Kapitel 25

Wenn man diese Teilstrecke des Flusses in 40 Tagen zurückgelegt hat, geht man an Bord eines anderen Schiffes und fährt noch zwölf Tage weiter. Danach hat man eine große Stadt namens Meroe erreicht, die als Hauptstadt der anderen Äthiopier gilt.

Herodot, Historien

Ich träume davon, die verlorene Stadt Meroe zu finden, doch die Wirklichkeit zeigt, dass ich fast alle Zähne verloren habe.

David Livingstone, Tagebücher, 1873

Der Begriff »Sudan« hat seinen Ursprung in einem Ausdruck muslimischer Geografen aus dem Mittelalter: *Bilad al-Sudan*, »Land der Schwarzen«. Ethnisch gesehen ist jedoch etwa ein Drittel der Bevölkerung Araber. Arabisch ist Verkehrssprache, und Araber beherrschen die Regierung und den Großteil des Landes.

Ausgemergelt, blass und dünn wegen des Parasiten in seinen Eingeweiden brach Yibeltal an Pasquales Schulter zusammen. Pasquale stützte ihn und brachte ihn in die Arztpraxis in Khartum. Der arabische Arzt sagte, mit Bandwürmern kenne er sich nicht aus.

»Ich muss nach Äthiopien zurück«, sagte Yibeltal zu Pasquale. »Ich muss zu einem äthiopischen Arzt, der sich damit auskennt. Hier essen die Leute andere Sachen und wissen nicht, wie man die *kitfo*-Krankheit behandelt.«

Pasquale fragte sich, ob die Tatsache, dass der Arzt keine Diagnose stellen konnte, allein mit seiner Unkenntnis zu erklären war.

Der Arzt in Khartum war Muslim; Yibeltal war ein christlicher Amhare, der kein Arabisch sprach. Da Pasquale selbst jahrelang in Projekten mit äthiopischen Christen und somalischen Muslimen gearbeitet und sie zur Zusammenarbeit zu bringen versucht hatte, war ihm bewusst, dass hier ein nicht zu unterschätzendes Problem bestand.

Pasquale hätte seinen getreuen Berater Yibeltal gern bis zum Ende der Expedition dabeigehabt, aber es sollte nicht sein. Yibeltal konnte nicht weiterreisen. Gordon hatte mehrmals darum gebeten, dass Yibeltal die Expedition verließ, und jetzt bekam er seinen Willen. Pasquales und Yibeltals Wege trennten sich in Khartum, und Yibeltal reiste nach Hause, um sich in ärztliche Behandlung zu begeben.

Michel, der erst an der zweiten portugiesischen Brücke unterhalb der Nördlichen Schlucht zur Expedition gestoßen war, verabschiedete sich ebenfalls in Khartum. Er war erschöpft und fand das ewige Motorbootfahren langweilig. Also nahm er den ersten Flug zurück nach Spanien. Jetzt blieben nur noch Pasquale und Gordon übrig, die bis zum Mittelmeer durchhalten mussten.

Pasquale wünschte sich inständig, dass er sich während der zweiten Hälfte der Expedition besser mit Gordon verstehen würde. Beim gemeinsamen Einkaufen in einem Khartumer Supermarkt fing Gordon erneut an zu streiten, und wieder einmal sah Pasquale seine Führungsrolle in Frage gestellt.

Tagebuch 55. Tag

11 Uhr. Gordon und ich haben uns beim Einkaufen bei Amaret, einem Laden in Khartum, gestritten. Gordon hat sich absolut merkwürdig, passiv und zugleich aggressiv, benommen, und das in hohem Maße. Er rannte herum und nahm willkürlich alles Mögliche aus den Regalen. Alles, was ich kaufen wollte,

war angeblich Mist: »DAS würde ich ja nie essen ... Aber wenn du es unbedingt haben willst, kauf es.«

Da sie jetzt nur noch zu zweit waren, hatte Pasquale vorgehabt, mit nur einem Boot weiterzufahren, um schneller den Nil herunterzutuckern und so Zeit und Benzin zu sparen. Gordons letzter Ausbruch brachte ihn aber zu der Überzeugung, dass es besser war, beide Boote auf dem Fluss zu belassen, da sie dann mehr Abstand voneinander halten konnten. Jeder steuerte sein eigenes Boot, blieb in seiner eigenen kleinen Welt und hatte nur wenig mit dem anderen zu tun.

An einem der Abende in Khartum war Pasquale zu einer Party eingeladen. Sie fand hinter von Zinnen besetzten Mauern statt, und bei Auberginen und rohen Lammnieren in scharfer Sauce lernte er den Geschäftsträger der amerikanischen Botschaft kennen. Jerry Gallucci war der hochrangigste US-Diplomat im Sudan, da noch kein Botschafter ernannt worden war. Pasquale und Jerry unterhielten sich bis spät in die Nacht, und Jerry vertraute Pasquale an, dass er sich der Expedition gern für ein paar Tage bis nach Shandi, einer kleinen Stadt flussabwärts, knapp 200 Kilometer nördlich von Khartum, anschließen würde. Pasquale war begeistert und sagte ihm sofort zu.

Pasquale wollte außerdem einen neuen Dolmetscher und einen Koch anstellen und bat Jerry um Hilfe. Der empfahl ihm auf Anhieb zwei fähige Leute: erstens eine mehrsprachige Küchenhilfe namens Ahmet Ali aus einem Dorf in der nördlichsten Provinz; zweitens einen seiner eigenen Köche namens Raum, einen 48-jährigen Katholiken vom Volk der Dinka im südlichen Sudan, der zwei Frauen und neun Kinder hatte.

Der Bürgerkrieg im Sudan, der vor allem ein Krieg zwischen dem christlichen Süden und dem muslimischen Norden war, tobte mit

Ausnahme einer elfjährigen Unterbrechung seit der Unabhängigkeit im Jahr 1956. Es gab schätzungsweise zwei Millionen nichtarabische Flüchtlinge im Sudan – größtenteils christliche Dinka und Nuer aus Südsudan, und zwar der Region zwischen Khartum und Uganda am Weißen Nil. Viele von ihnen lebten in ärmlichen Verhältnissen in oder um Omdurman, Khartums Schwesterstadt auf der anderen Seite am westlichen Nilufer. Diese Nichtaraber nahmen oft Dienstbotenstellen bei den Mächtigen in Khartum an. Raum war so ein Flüchtling, und Pasquale war nicht sicher, ob es ratsam war, einen schwarzen Christen aus dem Süden in den fundamentalistischen Norden des Landes zu bringen. Er wollte aber unvoreingenommen bleiben, und außerdem hatte er keine andere Wahl.

Als Pasquale Raum am nächsten Tag kennen lernte, kamen ihm noch größere Zweifel, ob der Koch der richtige Mann für den Job war.

Tagebuch 56. Tag

Raum hat zu viel geredet und einen streitlustigen Eindruck auf mich gemacht. Ich mache mir Sorgen, dass er und Gordon sich nicht gut verstehen. Das Schlimmste wäre, noch einen Helfer dabeizuhaben, der mit Gordon aneinander gerät. Obwohl ich Raum aufgefordert hatte, sein Gepäck mitzubringen, hatte er nichts dabei außer dem, was er am Leibe trug. Wirklich gar nichts. Weder Jacke noch Decke, Kissen, Zahnbürste, Teller, Tasse ... Einfach nichts.

Da Pasquale den Geschäftsträger nicht verärgern wollte, stellte er Raum trotzdem ein und hoffte das Beste.

Am nächsten Tag machte sich er sich auf die Suche nach genauen Karten der bevorstehenden Route.

Tagebuch 57. Tag

10.30 Uhr. Gehe zum Amt für Kartografie, um Karten zu kaufen. Ein riesengroßes Gebäude mit vielen Lampen, Zeichentischen und Kartenschränken. Alles nicht mehr in Gebrauch. Überall stapelweise alte Karten. Was für eine Schande. Alter zweistöckiger Bau aus der englischen Kolonialzeit.
Völlig verfallen.
Der Direktor isst gerade zu Mittag. Man sagt mir, dass ich warten muss.
Der Direktor erklärt: »Wir haben nicht die richtigen Karten – das dauert drei Monate.«
Ich frage: »Warum so lange?«
»Wir haben kein Papier.«
»Kann ich Ihnen Papier kaufen?«
»Nein, es dauert drei Monate.«
»Kann ich mir die Karten in den Regalen ansehen?«
»Nein, die brauchen Sie nicht.«
Ich gehe ärgerlich raus.

Vor der Abfahrt mussten sie sich noch um eine wichtige Angelegenheit kümmern: ihre Papiere. Sie hatten noch immer keine offiziellen Genehmigungen, und als Nächstes würden sie Ausreisevisa für den Sudan und Einreisevisa für Ägypten brauchen, das als bürokratischster Staat von ganz Afrika galt.

Also pendelten Pasquale und Gordon zwischen verschiedenen Regierungsstellen und Ministerien hin und her: dem Zoll, dem Amt für Einwanderung, dem Finanz-, Handels-, Verteidigungs-, Kommunikations-, ja sogar dem Tourismusministerium. Meist fühlte sich keine der Behörden dafür zuständig, ein bestimmtes Dokument auszustellen. Befugnisse waren nicht auf die Hierarchien abgestimmt, so dass Minister, Staatssekretäre und Amtsleiter häufig nicht wussten, welche Befugnisse sie hatten, oder es nicht darauf ankommen lassen wollten. Obwohl jeder Termin in einer gastfreundlichen und optimistischen Atmosphäre verlief und reichlich Minztee eingeschenkt wurde, war noch niemals ein solches Ansinnen gestellt worden. Niemand im Sudan konnte sich an einen Versuch erinnern, den Nil von Khartum nach Assuan in Ägypten zu befahren. Soweit die Beamten in Khartum wussten, war die Nilgrenze nach Ägypten geschlossen.

Entnervt von den Sackgassen im Ämterlabyrinth, wandte sich Pasquale an George Pagoulatos, den Mann mit Beziehungen, der ihn durch das Bürokratengewirr von Khartum leitete und schließlich bei seinem alten Freund Osman Abubaker vom *External Information Council* landete. Während des Smalltalks und beim Anbieten einer Zigarette zwischen der ersten und zweiten Tasse Tee achteten beide auf die versteckten Signale – darauf, wie der Tee umgerührt und getrunken oder ein Streichholz angeboten wurde –, um herauszufinden, wie sie vorgehen mussten. Schließlich floss etwas Geld, und ein Brief wurde aufgesetzt und abgestempelt, der die Expedition absegnete und die Ausreise aus dem Sudan sowie die Einreise nach Ägypten genehmigte. Damit war die Sache erledigt – dachten sie zumindest.

Am 1. März trafen sich Pasquale, Gordon und die neuen Expeditionsteilnehmer am *Blue Nile Sailing Club*, wo sie die Boote aufpumpten, beluden und zu Wasser ließen. Mit der Skyline von Khartum im Süden tuckerten sie nach Tutti Island, der Landzunge, wo der Blaue und der Weiße Nil zusammenfließen. Sie erreichten sie um 12.05 Uhr mittags. Auf den nächsten ein bis zwei Kilometern traf das helle blaugrüne Wasser des Blauen Nils auf das milchige blassgraue Wasser des Weißen Nils, und sie fuhren quasi auf der Naht der beiden großen Flüsse entlang. Nach ein paar Kilometern mischten sich die Strömungen und Farben.

Wieder einmal glühte die Luft, als führen sie durch eine offene Ofentür. Erde und Wasser schienen sich zu einer höllischen Flüssigkeit zu verbinden, die sich bei jedem Atemzug entzündete.

Nach zwei Tagen kamen sie an das erste bedeutende natürliche Hindernis auf dem Nil: Sabaluga, den sechsten Nilkatarakt. Er gilt als der berüchtigtste einer Reihe, die direkt unterhalb des Assuandamms mit dem ersten Katarakt beginnt und flussaufwärts gezählt wird. Wie die anderen fünf Nilkatarakte wurde Sabaluga gebildet, als harte, dichte, präkambrische Felsen der nubischen Schwelle an die Oberfläche gedrückt wurden und den Nil zuerst blockierten, dann über Äonen hinweg verwitterten und einen Abschnitt aus Granitgestein bildeten, der den Fluss zerschnitt, so dass er weiß blutete.

Man hörte immer wieder von Booten, die gegen die Felsen geschleudert wurden, doch Pasquale merkte erst, dass Sabaluga angefangen hatte, als die Expedition die Stromschnelle schon halb hinter sich gebracht hatte. Nach fast 1.300 Kilometern mit Stromschnellen der Kategorie vier bis sechs in Äthiopien konnte sich Pasquale nicht vorstellen, dass man für die berühmten Katarakte im Sudan und in Ägypten besonders wagemutig sein musste.

Am Abend machte Raum, der Koch, einen hilflosen Eindruck und bat bei den simpelsten Aufgaben um Hilfe. Gordon fiel seine mangelnde Erfahrung sofort auf, und er drückte seine Unzufriedenheit aus, indem er selbst etwas kochte. Raum rechtfertigte sich, dass dies sein erster Tag war und er etwas Zeit brauchte, um sich an das Kochen am Fluss zu gewöhnen. Pasquale und Jerry beruhigten ihn und versicherten ihm, dass er Zeit haben werde ... sehr viel Zeit.

Auf den nächsten mehreren hundert Kilometern legten sie fast jeden Tag eine ähnlich lange Strecke mit etwa der gleichen Geschwindigkeit zurück. Früh am Morgen kam ein Wind auf, der im Tagesverlauf immer stärker wurde und nachmittags am schlimmsten war – mit Böen, die Geschwindigkeiten von 65 Stundenkilometern erreichten. Es brach eine Zeit an, die Khamsin hieß: die Zeit der heißen, trockenen Wüstenwinde, die zu Beginn des Frühlings aus nördlichen Richtungen wehen. Khamsin ist das arabische Wort für 50, da die Winde angeblich 50 Tage dauern.

Wenn die Khamsin-Winde flussaufwärts wehten, schwankte die Temperatur zwischen 38 und 43 °C. Wenn der Wind oder der Fluss nur leicht die Richtung änderten, was oft der Fall war, kam der Wind jedoch aus der glühend heißen Sahara, die an beide Ufer grenzte. Dann kletterte die Temperatur auf 49 oder sogar 52 °C.

An den Abenden war das Wetter noch drückender. Wenn sich der Wind spät am Tag legte, stieg die Luftfeuchtigkeit auf 90 Prozent, und die schwüle, feuchte Luft drückte ihnen auf die Schultern und sickerte in ihre Lungen. Fiel die Temperatur dann auf knapp 30 °C, kondensierte die Feuchtigkeit, senkte sich herab und bedeckte alles mit Tau.

Drei Tage nach Khartum erreichten sie die muffige, schäbige Wüstenstadt Shandi, das ehemalige Zentrum des Sklavenhandels im Sudan. 1814 schätzte der Schweizer Forschungsreisende Johann Ludwig Burckhardt, dass jedes Jahr ungefähr 5.000 Sklaven – Schwarzafrikaner, die von arabischen Sklavenhändlern in ihren Dörfern gefangen wurden – auf dem Markt von Shandi landeten, bevor sie nach Ägypten und Arabien weiterverkauft wurden.

Hier war die Reise für Jerry Gallucci zu Ende. Er musste zu seiner Arbeit zurückkehren und sich um das Pulverfass Khartum kümmern. Am Ufer warteten schon drei gepanzerte weiße Chevrolets Suburban der amerikanischen Botschaft samt muskelbepackter Sicherheitsbeamten und Leibwächter und nahmen Amerikas obersten Vertreter im Sudan in Empfang.

Einen Moment lang staunte Pasquale über den Gegensatz. Drei Tage waren sie ohne Leibwächter und unbewaffnet den Nil hinuntergetrieben, und Jerry war ihm wie ein Kumpel auf einem Campingtrip vorgekommen. Jetzt kehrte er in seine gut gesicherte, paranoide, abgeschottete Welt zurück. Seine kleine Kolonne kehrte auf einer gepflasterten Straße zur Hauptstadt zurück, die Osama bin Laden in den 1990er-Jahren als sicherer Zufluchtsort gedient hatte. Aber wer wusste das schon – vielleicht hielt sich bin Laden oder einer seiner Anhänger ja gerade jetzt hier wieder auf.

Als Jerry in einer Staubwolke davonbrauste, überkam Pasquale eine plötzliche Einsamkeit. Gordon mochte zwar sein Gefährte und ein amerikanischer Landsmann mit einer gemeinsamen Vergangenheit, einer gemeinsamen Liebe zum Abenteuer und einem gemeinsamen Ziel sein. Aber oft war er auch ein Fremder für ihn und manchmal sogar ein Gegner. Viel häufiger herrschte zwischen ihnen eine ohrenbetäubende Stille, als dass sie sich unterhielten, und die einzigen wirklichen Gespräche führte Pasquale mit sich selbst.

Während der nächsten Wochen drangen Pasquale und sein Team mit ihrer Flottille immer tiefer in das braune Innere der Sahara vor. In der Ferne erspähten sie eine Reihe stumpfer blauer Berge oder Dschebels, die aus der Wüste ragten. Die beständigen nördlichen Winde hatten am Ufer Sanddünen aufgehäuft, lange Kämme, die in vielfältigen Mustern aneinander grenzten, sich überschnitten und überlappten, ein Netzwerk aus Kuppen und Tälern, Halbmonden und Sicheln, das vom Fluss aus wie die geschwungenen Linien riesiger Fingerspitzen aussah.

Bei einem Halt am Ostufer standen sie vor einer der imponierendsten Sehenswürdigkeiten am Nil, die man jedoch selten zu Gesicht bekam: die 50 königlichen Pyramiden von Meroe, die größte Pyramidenansammlung auf der Welt. Im vierten Jahrhundert v. Chr. wurde Meroe die wichtigste Stadt des alten Nubien, auch Kusch genannt, dessen Herrscher, die »schwarzen Pharaos«, vor etwa 2.500 Jahren das Land am mittleren Lauf des Nils, ungefähr von Assuan bis zum heutigen Khartum, regierten. Nubien galt als wichtiger

Handelsstützpunkt zwischen dem subsaharischen Afrika und dem Mittelraum, und die Nubier waren im Laufe der Geschichte mal Rivalen, mal Verbündete der alten Ägypter. Sie übernahmen viele Bräuche ihrer nördlichen Nachbarn, unter anderem den, Mitglieder der königlichen Familie in Pyramidengräbern zu bestatten.

Einige der Pyramiden waren vom orangefarbenen Saharasand bedeckt. Anderen fehlte die Spitze, was einem übereifrigen Schatzsuchers zu verdanken ist. 1832 kam ein italienischer Militärarzt namens Giuseppe Ferlini auf der Suche nach Gold in den Sudan. Wie er in seinem Reisebericht schrieb, wandte er eine äußerst »wirkungsvolle« – heute würde man sagen: barbarische – Methode an, um zu den Schätzen vorzustoßen: Er sprengte die Dächer von etwa 40 Pyramiden mit Dynamit in die Luft. Dabei fand er nur eine königliche Begräbnisstätte – die der Königin Amanishakheto –, beging dabei aber eines der größten archäologischen Verbrechen aller Zeiten. Den prächtigen Grabschatz schmuggelte er nach Europa und verkaufte ihn unter anderem an Ludwig I. von Bayern. Erst die preußische Expedition unter Leitung von Richard Lepsius zehn Jahre später erforschte die Pyramiden mit wissenschaftlichen Methoden.

Das Expeditionsteam beschloss, IMAX-Filmaufnahmen von Meroe zu machen. Was voraussetzte, dass die schwere Ausrüstung auf einen Aussichtspunkt heraufgetragen wurde. Daraus ergab sich eine weitere Meinungsverschiedenheit.

Tagebuch 67. Tag

Neuer Krach mit Gordon. Er bekam einen Anfall, weil wir nicht sofort aufgesprungen sind, als er anfangen wollte, die IMAX-Ausrüstung hochzutragen. »Dann trag ich eben alles selbst«, sagte er, als würde er sonst alle Arbeit allein erledigen. Er hat einfach nicht genug zu tun – er schreibt nicht, liest nicht, hat keinen Laptop. Stattdessen geht er früh schlafen, damit er viel Zeit hat, über alles nachzugrübeln, vor sich hinzubrüten und zu schmollen. Ich muss aufpassen, was ich sage, denn was ich sage, was ich tue und wie ich reagiere, meine Einstellung und meine kritischen Äußerungen heizen seinen Unmut weiter an. Er scheint sich wirklich in vielerlei Hinsicht zu quälen.

Weiter stromabwärts gelangten sie an den Zusammenfluss mit dem Atbara, dem größten und letzten Nebenfluss des Nils. Vor ungefähr 30 Millionen Jahren war er die Quelle des frühen Nils gewesen.

Der Atbara beginnt als Tekeze im äthiopischen Hochland, der nächsten Wasserscheide nördlich des Blauen Nils, und fließt um die Hänge des Semiengebirges herum, bis er den Sudan erreicht und Atbara genannt wird. Pasquale kannte den Fluss sehr gut. 1996 haben wir zusammen eine Expedition zur Erstbefahrung des Tekeze organisiert. Pasquale konnte die Reise fast nicht antreten. Eine der größten Tragödien seines Lebens stellte sich ihm in den Weg.

Es geschah im Dezember 1995. Pasquale und Kim aßen in ihrem Haus in Colorado spät zu Abend, als das Telefon klingelte. Es war Jody, Pasquales Exfrau, die in der gleichen Stadt lebte. Sie schluchzte und stammelte abgehackte Worte über ihren gemeinsamen Sohn Adam.

Schließlich brachte sie etwas Zusammenhängendes heraus: »Ich bin im Auto und fahre zum Krankenhaus. Adam hat sich das Genick gebrochen und kann sich nicht bewegen.«

»Was soll das heißen?«, fragte Pasquale. »Was ist passiert?«

»Ein paar von den Footballjungs haben gerungen, und einer von seinen Kumpels hat ihn zu Boden geworfen und ihm dabei das Genick gebrochen«, erklärte sie schluchzend. »Du musst schnell herkommen.«

Pasquale traf Jody am Eingang zur Notaufnahme, wo sie laut weinend wartete. Als er hineinstürzte, stieß Adam gerade einen tiefen Schrei aus, der durch die Station hallte. Er war von Kopf bis Fuß mit Isolierband auf einer Holztrage fixiert. Ein Haufen Ärzte und Krankenschwestern schwirrte um ihn herum. Adam versuchte verzweifelt, sich zu bewegen, während die Schwestern alles taten, um ihn ruhig zu halten. Pasquale wollte zu seinem Sohn und ihn umarmen, aber die Schwestern hielten ihn zurück.

Nach einer Weile kam eine Neurochirurgin zu Jody und Pasquale. »Adam hat sich das Genick zwischen dem sechsten und siebten Halswirbel gebrochen. Wir müssen noch ein paar Röntgenaufnahmen machen, aber wir wissen schon, was passiert ist.«

Um Pasquale drehte sich alles, als wäre das Ganze nur ein real wirkender Traum. So etwas passierte Kindern von *anderen* Leuten, aber doch nicht seinen. »Was wird aus ihm? Ist er gelähmt?« Er war so aufgewühlt, dass er kaum sprechen konnte.

»Ich habe schon viele solcher Verletzungen gesehen, und meistens sind sie irreversibel. Er wird wahrscheinlich für den Rest des Lebens gelähmt sein«, antwortete sie nüchtern.

Pasquale war verzweifelt und wusste nicht, wie ihm geschah. Adam war das jüngste seiner drei Kinder und ein Supersportler in der High School. Zehn Tage zuvor war er 17 geworden. Seine älteren Geschwister Tim und Sarah waren beide Überflieger, die sportliche und akademische Bestleistungen erbrachten, und Adam trat in ihre Fußstapfen. Als er ihn jetzt sah, wie er auf der Trage lag und für den Rest seines Lebens gelähmt sein würde, fühlte er sich wie betäubt. Er floh aus der Notaufnahme. Draußen vor dem Krankenhaus weinte er lange und wünschte sich, er könnte den Platz seines Sohnes einnehmen. Adams Leben hatte gerade erst begonnen.

In den nächsten zweieinhalb Monaten war Adam Patient im Craig Hospital in Denver. Pasquale und der Rest der Familie verbrachten viele Stunden bei ihm, um ihm zu helfen, sich an die neue Wirklichkeit zu gewöhnen; eine Wirklichkeit im Rollstuhl und mit ständiger medizinischer Betreuung. Nach einem Eingriff, bei dem die verletzten Rückenwirbel operiert und fixiert wurden, konnte sich Adam wieder ein wenig mehr bewegen. Eine Verletzung des sechsten und siebten Halswirbels war nicht so schlimm wie die des ersten und zweiten Halswirbels, wie sie der Schauspieler Christopher Reeve wenige Monate vorher erlitten hatte. Adam war zwar querschnittsgelähmt, aber die Rückenmarksverletzung war so weit unten, dass er ohne Hilfe atmen konnte und ihm etwa 50 Prozent seiner früheren Lungenkapazität erhalten blieben. Auch die Arme konnte er ein wenig bewegen.

Nach ein paar Monaten entwickelte Adam eine Überempfindlichkeit im Unterkörper – eine Seltenheit, die ihm helfen würde, sich im Rollstuhl besser zu bewegen. Die Ärzte staunten. Adams Entschlossenheit war fast übermenschlich; sein Sich-Aufbäumen gegen sein Schicksal beinahe ein Wunder.

Nach Adams Verletzung änderte sich Pasquales Leben. In Adams Kindheit war Pasquale häufig für längere Zeit von zu Hause fort gewesen und hatte als Geophysiker in entlegenen Ecken der Welt gearbeitet. Wenn sich die Gelegenheit ergab, hatte er seine Söhne auf Bergsteiger- und Raftingexpeditionen mitgenommen. 1991 war er mit Adam, der damals zwölf war, nach Bolivien geflogen und auf den 5.897 Meter hohen Cotopaxi gestiegen. Beim Abstieg hatten sie sich versprochen, eines Tages gemeinsam den Mount Everest zu besteigen.

Nach Pasquales Einschätzung waren solche Abenteuer nun nicht mehr möglich. Er fand sich damit ab, dass er sich in den nächsten Jahren ausschließlich um Adam kümmern und ihm dabei helfen musste, mit der neuen Situation fertig zu werden. Das schien ihm das Richtige zu sein.

Bis dahin war Abenteuer für Pasquale der vollkommenste Ausdruck von Freiheit und Selbstwertgefühl gewesen, den es gab. Die amerikanische Vorstellung von Freiheit verkörperten für ihn Huckleberry Finn, der mit einem Floß auf dem Mississippi schipperte, Henry David Thoreau, der den Merrimack hinauffuhr, oder John Muir, der die Sierra Nevada erforschte. Er hatte selbst erlebt, wie ein Abenteuer einen Menschen veränderte und welche Leichtigkeit es ins Leben brachte. Doch jetzt sah er auch die dunkle Seite. Wie konnte das Schicksal ein so viel versprechendes, fröhliches Leben stehlen? Welchen Faust'schen Handel war er eingegangen? Anscheinend hatte er sich mehr Auf und Ab erlaubt, als ihm zustand. Jetzt quälten ihn Schuld und Scham, und einen Fluss mit einem Schlauchboot hinunterzufahren erschien ihm als der pure Leichtsinn. Plötzlich sah er die Welt wie auf einem Negativ: Alles war anders als vorher, das Weiße war schwarz.

In dieser Situation hatte Pasquale das Gefühl, er könnte nicht an der Tekeze-Expedition teilnehmen, obwohl wir sie seit Jahren geplant hatten. Er rief mich an und sagte mir ziemlich niedergeschlagen, er wolle sich aus dem Projekt zurückziehen. Wir sprachen lange miteinander, und ich riet ihm, sich nicht herunterziehen zu lassen. Es sei besser, weiterzumachen, das Leben zu feiern und weiterhin viel zu erforschen und zu entdecken, als vor einem bitteren Schicksalsschlag zu kapitulieren. Adam sei in guten Händen und er, Pasquale, habe ihn immer inspiriert. Wenn er weiterhin seine eigenen Grenzen in Frage stellte – wenn er bewies, dass das Unmögliche möglich war, und wenn er sich weiter an Orte wagte, an die andere sich nicht wagten –, würde er seinem Sohn von dieser Kraft etwas abgeben. Und genau das war für ihn vielleicht das Wichtigste.

Pasquale hörte zu und antwortete, er würde später zurückrufen. Dann ging er zu Adam und sprach mit ihm. Adam bestärkte seinen

Vater darin, nach dem Unerreichbaren zu streben. Pasquale beugte sich zu ihm hinunter und drückte ihn an sich, und beide mussten weinen.

Am nächsten Tag packte Pasquale seine Sachen und brach auf zur Erkundung des Tekeze. Es war seine erste Bekanntschaft mit der Wasserscheide des Nils. Sie änderte seinen weiteren Weg und den Lauf der Geschichte. Und sein Sohn war stolz auf ihn.

Auch Pasquales und Adams Traum, den Everest gemeinsam zu besuchen, sollte noch wahr werden. An einem eiskalten, windgepeitschten Apriltag des Jahres 2001 machte sich Pasquale mit ein paar Sherpas daran, auf dem riesigen Fels- und Eishaufen des gefrorenen Khumbu-Gletschers, auf dem das Basislager liegt, herumzuklettern und einzelne Stücke abzuschlagen. Ein paar Tage später, am 4. Mai, sah Pasquale mit Tränen in den Augen, wie Adam im Basislager des Everest eintraf. In den letzten Wochen war er in einem traditionell geflochtenen Korb von mehreren Sherpa-Trägern aus dem Dorf Lukla mitten im Khumbu-Tal hergetragen worden. Nachdem sie Adam abgesetzt und herausgehoben hatten, ließ er den Blick über das hohe Gebirge schweifen, grinste in die dünne Luft hinein und rief durch den Schleier aus fliegendem Schnee: »Wir haben's geschafft, Dad!«

Kapitel 26

Je weiter einer in die Ferne schweift,
umso geringer wird sein Erkennen.

Laotse, deutsche Übersetzung: Rudolf Bachofen

Am Nil flog Sand statt Schnee. An den nächsten paar Tagen wehten die Saharawinde den Sand wie Mehl auf. Der Himmel nahm eine trübe gelbe Farbe an, und die Sonne blieb verdeckt. Sand knirschte zwischen den Zähnen und färbte die Augen gelb wie Bier. Die Dünen versanken im Sandschleier, und mit dem Wind ging ein kratzendes, trommelndes Geräusch einher, das vom Piezoeffekt der Quarzkristalle herrührte. Die Sahara schien sich zu verlagern, zu wandern. Die Männer mussten sich beim Fahren Taschentücher vors Gesicht halten und nach unten schauen.

Manchmal wehte der heiße Atem der Sahara so stark, dass weiße Körnchen mehrere 100 Meter hoch in die Luft gewirbelt wurden. Der Sand prasselte so auf die Boote ein, dass es sich anhörte wie heftiger Regen. Der staubige Dunst war so dicht, dass praktisch alles farblos war, nah und fern. Wegen des Sandfilters, der kaum Lichtstrahlen durchließ, konnten sie sogar ohne Augenschutz in die Sonne blicken. Es war, als lebten sie in einem Schwarzweißfilm.

Eines Abends wurde es dramatisch. Als es dunkel wurde, die Männer gerade das Abendessen zubereiteten und Pasquale ins Tagebuch schrieb, fiel die Temperatur unter 38 °C, und der bisher schlimmste *haboob* toste heran: ein Sturm aus Staub, Erde und feinkörnigem Quarz, der zischte und knisterte, trommelte und schmirgelte, als wäre er etwas Lebendiges; ein veränderliches, launisches, eigenwilliges Wesen, das alles zerstörte, was ihm in den Weg kam. Der Sturm war überall, erbarmungslos. Pasquale kroch auf dem Deck seines Bootes in den Schlafsack, legte sich ein Handtuch aufs Gesicht und gab sich in den folgenden sieben Stunden alle Mühe, keinen Staub einzuatmen. Am nächsten Morgen war der Schlafsack bis oben hin voller aschefarbenem Sand. Pasquale hatte das Gefühl, die ganze Sahara verschluckt zu haben.

Nördlich der Wüstenstadt Berber durchquerten sie den 13 Kilometer langen fünften Katarakt. Der Fluss gabelte sich in ein Dutzend einzelner Kanäle, die durch große, felsbedeckte Inseln voneinander getrennt waren. Sie wählten eine Passage durch Stromschnellen der Kategorie drei und kamen an mehreren Schiffswracks vorbei, die sich auf den Felsen türmten, manche seit mehr als einem Jahrhundert. Am nördlichen Ende des Katarakts vereinigten sich die Kanäle zu nur noch zwei Armen, die die schwarze Schieferinsel El 'Usheir umflossen. Am Steilufer auf der anderen Seite der Insel entdeckten sie ein altes Fort, eine imposante, von 15 Meter hohen Schlammziegelmauern umgebene Garnison.

Pasquale fand das Fort auf keiner seiner Karten, auch nicht auf der britischen Topografiekarte aus dem Jahr 1937. Wahrscheinlich gehörten die Expeditionsmitglieder zu den wenigen Menschen, die die versteckte Festung in den letzten 50 Jahren oder seit noch längerer Zeit vor die Augen bekommen hatten. Auf den nächsten 1.000 Kilometern sollten sie sogar Dinge sehen, die überhaupt nur sehr wenige Menschen je erblickt hatten. Kilometer für Kilometer fuhren sie an pharaonischen, römischen, türkischen und arabischen Ruinen vorbei – Hinterlassenschaften fast aller Völker, die je die Länder an den Ufern des Nils erobert hatten.

Parallel zu der Bewunderung der Zeugnisse zerstörter Ambitionen und der Relikte einer weit zurückreichenden Geschichte zeigten sich immer größere Risse in den Grundsteinen der Expedition. Der Koch Raum hielt mit seinem Hass gegen die Araber im Norden nicht hinter dem Berg: »Araber sind unehrlich und faul«, schimpfte er. Außerdem war er ein schlechter Koch. Gordon verlor allmählich die Geduld mit ihm, schrie ihn immer häufiger an und warf ihm Unfähigkeit vor. Pasquale überlegte, ob er Raum nicht einfach in einem der Nildörfer absetzen sollte, anstatt einen großen Krach zu riskieren.

Eines Tages beschloss Gordon, Raum und Ahmet etwas über Sicherheitsmaßnahmen auf dem Fluss beizubringen. Er stellte die beiden am Ufer auf und begann seine Lektion: »Also, wenn es zu einem Unfall kommt und jemand ins Wasser fällt, dann verschafft euch erst einen Überblick über die Situation, stellt euch mit den Füßen flussabwärts hin und bewahrt einen kühlen Kopf. Dann werft ihr ihm eine Schwimmweste zu …«

Raum und Ahmet, deren Englisch nur bruchstückhaft war, schauten Gordon verständnislos an.

»Versteht ihr, wovon Gordon redet?«, fragte Pasquale die Sudanesen.

Raum und Ahmet schüttelten die Köpfe.

Gordons Augen funkelten wütend auf. »Dann bring ich es ihnen halt auf dem Boot bei.«

Als sie weiter flussabwärts fuhren, warf Gordon eine Schwimmweste ins Wasser, als wäre jemand in den Fluss gefallen. Dann wies er Raum an, die Ruderpinne zu nehmen und das Boot herumzusteuern, um den Verunglückten aus dem Wasser zu holen. Raum lenkte das Boot mehrmals um die Weste herum, schaffte es aber nicht, sie zu erreichen. Nach jedem missglückten Versuch schnappte sich Gordon den Motorgriff, holte die Weste und fluchte über Raums Ungeschicklichkeit. Auch Pasquale zweifelte an den

Fähigkeiten des Mannes, den ihm der Geschäftsträger der USA im Sudan empfohlen hatte.

TAGEBUCH 70. TAG

Kurz nach dem Ablegen bekam Raum einen weiteren Wutanfall. Er beschwerte sich, dass er viel früher aufstehen müsste als wir, wenn es noch kalt wäre, um Feuer zu machen, dabei fühle er sich nicht gut und so weiter und so fort. Inzwischen hab ich ihn wirklich satt. Ich fragte ihn, ob er die Expedition verlassen wolle, und er antwortete mit Ja, jammerte dann aber wegen des Geldes und so weiter. Also schlug ich ihm vor, ihn im nächsten Dorf, das Kurt hieß, abzusetzen. Natürlich hatte er mich nicht richtig verstanden, denn als wir ankamen, wollte er nicht gehen und bestand darauf, dass sein Vertrag bis Wadi Halfa galt. »Hier draußen ist es viel zu gefährlich, und ich weiß nicht, wohin ich gehen soll. Ich bin Christ. Diese Leute sind wie Tiere. Die würden mich umbringen.«

Pasquale machte sich Sorgen. Da er Raum weder loswerden noch vor Gordons Wutanfällen schützen konnte, fürchtete er, dass sich ein weiteres Unwetter zusammenbraute.

TAGEBUCH 71. TAG

Gordon und Raum sind den ganzen Tag übereinander hergefallen. Ich sollte eingreifen, bin es aber leid, mich um die Kleinkinder zu kümmern. Eigentlich bin ich mit Gordon einer Meinung, aber er muss einfach lernen, sich unter Kontrolle zu halten. Ich selbst raste auch zu schnell aus. Ich kann es kaum abwarten, endlich nach Wadi Halfa zu kommen und neue Helfer anzustellen. Was für ein unglaublicher Unterschied zwischen den Äthiopiern und den Sudanesen.

Nachdem sie im Eisenbahndepot von Abu Hamed aufgetankt hatten, fuhr die Expedition in südwestlicher Richtung weiter und bog in die große S-Kurve des Nils ein, die 320 Kilometer lange Abu-Hamed-Strecke. Zum ersten Mal seit Wochen hatten sie Rückenwind. Der Fluss versteckte sich in einer engen schwarzen Schlucht, die sie an die äthiopischen Canyons erinnerte. Kleine, gepflegte Dörfer schmiegten sich an die rosafarbenen Felsen und waren von saftiggrünen Dattelpalmen und Weizenfeldern umgeben. Bisher hatten sie noch keinen so schönen Nilabschnitt wie diesen gesehen. Leider sollte er demnächst einem Stausee zum Opfer fallen. Der Merowe-Damm unterhalb des vierten Katarakts soll 2008 fertig gestellt werden und wird 170 Kilometer des Nilkorridors überschwemmen. Dabei werden etwa 50.000 Menschen zwangsumgesiedelt und ein Gebiet voller Altertümer wird überflutet, von denen manche 5.000 Jahre alt sind. Das Projekt wird von den arabischen Emiraten finanziell unterstützt; ausführende Firma ist das staatliche Unternehmen *China International Water and Electric Corporation*, das mit der deutschen Firma Lahmeyer International zusammenarbeitet. Die zehn Turbinen werden von der Firma ALSTOM, Paris, geliefert. Es hat weder umwelttechnische Gutachten gegeben, noch wurden die Rechte der Bauern berücksichtigt, die seit Generationen am fruchtbaren Nilufer leben.

Tagebuch 72. Tag

Viele Menschen auf beiden Seiten des Nils – Menschen und Dörfer. Wohin werden sie gehen? Was wird aus ihrer Kultur, ihren Gehöften, ihrer Nähe zum Fluss, ihrer Geschichte, ihrer Lebensweise, ihrem Erbe?

Es kommt mir unwirklich vor, so einen aufregenden und schönen Fluss entlangzufahren, dessen Anwohner uns auf ihren Gehöften und in ihren Dörfern immer wieder zuwinken, und zugleich zu wissen, dass diese Landstriche bald von einer gigantischen Flut verschlungen werden.

Hinter dem vierten Katarakt gelangte die Expedition ins Herz Nubiens, des legendären Reiches von Kusch. Mit Beginn der Kolonisation durch die Ägypter um 2000 v. Chr. wurde entlang des Nils eine Reihe von Pyramiden, Forts und Städten bis zum Barkal gebaut, einem gewaltigen graubraunen Tafelberg, der steil aus der Wüste emporragt. Um 900 v. Chr. entstand ein sudanesisches Königreich in Napata. Die »schwarzen Pharaonen« eroberten im achten und siebten Jahrhundert v. Chr. mehrmals Ägypten und regierten dort etwa 100 Jahre lang. Um 23 v. Chr. kamen die Römer und plünderten Napata. Schließlich wurde Nubien um 542 n. Chr. christianisiert. Dies blieb so bis etwa 1340, als die türkischen Herrscher in Ägypten das Reich von Kusch islamisierten. Während die Expedition durch Landschaften glitt, in denen Kriege geführt worden und Reiche entstanden und zerfallen waren, dachte Pasquale fasziniert über die wechselvolle alte Geschichte nach. Daneben musste er sich immer wieder mit den Widrigkeiten der Gegenwart auseinandersetzen.

Tagebuch 73. Tag

Geschlafen bis sieben Uhr. Bitterkalte Nacht, vor allem wegen des nassen Schlafsacks. Hatten einen guten Start, bis sich Raum und Gordon darüber gestritten haben, ob man Plastik verbrennen darf. Raum ist ziemlich dumm, schwerhörig oder zumindest dickköpfig. Er ist unfähig, die einfachsten Anweisungen zu befolgen, und man muss ihm etwas zehnmal zeigen, bis er es selbst richtig hinbekommt. Ich muss mich immer wieder zwingen, ruhig zu bleiben, und rufe mir dazu in Erinnerung, dass er ja nicht mehr lange bei uns ist.

Nach lautem Geschrei zwischen Gordon und Raum legen wir um halb neun ab.
Gordon will, dass Raum in Dongola die Expedition verlässt. Ich habe ihm gesagt, dass Raum bleiben muss, vor allem wegen seiner Verbindung zu Jerry Gallucci. Jerry hat uns sehr geholfen, die Genehmigungen für die Überquerung des Nassersees zu bekommen, und er soll nicht erfahren, dass wir ein Problem mit Raum haben. Gordon gefiel das überhaupt nicht. Allmählich zermürbt es mich, dass ich mich ständig mit Gordon und Raum befassen muss. Sie sind beide unzufrieden mit der Situation. Ich bin sicher, dass Raum die Expedition selbst gern verlassen würde. Die Nacht ist wieder sehr kalt und windig, und ich bin in Sorge, dass Raum absichtlich etwas tut, um Gordon in Rage zu bringen. Ich hätte einen anderen Lagerplatz auswählen sollen, denn bei dem umherfliegenden Sand ist es schwer, ein Lager aufzuschlagen und zu kochen. Raum versuchte eine Art Suppe zuzubereiten. Sie schmeckte scheußlich und war fast ungenießbar.

Hinter Kerma und dem dritten Katarakt stießen die Männer auf das größte Wildwasserstück des Nils seit Äthiopien. Es trug den Namen Dal Rapid und bestand aus einer Reihe bemerkenswerter Kaskaden der Kategorie drei und vier, die durch ein Tohuwabohu aus Strudeln und zahnartigen Ansammlungen spitzer, zerklüfteter Felsbrocken stürzten. Wegen der dicht stehenden Kameldornbäume war ein Erkunden vom Ufer aus nicht möglich, so dass sie die Länge oder Höhe der Fälle nicht einschätzen konnten. Pasquale entschied, die Motoren auf den Booten zu verstauen und hindurchzurudern. Gordon wollte von der längsten Stromschnelle auf dem eigentlichen Nil eine IMAX-Aufnahme machen. Es war außerdem die letzte Stromschnelle vor dem Nassersee.

Pasquale band die Bugleinen an einem schmalen Stück Treibholz fest und bat Raum, auf die Boote aufzupassen, während er und Gordon die IMAX-Kamera ausluden und aufstellten. Als sie das Stativ aufbauten, warf Pasquale einen Blick zurück und sah, dass sich eines der Boote gelöst hatte und in der Hauptströmung davontrieb. Raum schaute in die andere Richtung und hatte nichts bemerkt.

Pasquale rannte zum zweiten Boot, band die Bugleine los und sprang hinein. Dann ruderte er zur Flussmitte und fing das ausgerissene Boot mit dem Seil ein. Als er es ins Schlepptau nahm, blickte er nach oben. Er musste mit ansehen, wie Gordon mit wildem Gebrüll auf Raum zustürmte, hochsprang und Raum mit dem ganzen Gewicht seiner 90 Kilo Körpergewicht in die Brust trat. Raum sank zu Boden. Als Pasquale das Ufer erreicht hatte, lag Raum zusammengekrümmt, von Sand bedeckt, am Boden und schluchzte. »Er hätte mich beinahe umgebracht!«, schrie er mit tränenerstickter Stimme. »Genauso hat er mich gestern schon getreten, wir haben es dir nur nicht erzählt. Er ist verrückt. Ich bringe ihn um«, stieß er hervor und wand sich vor Schmerzen.

Den Rest des Tages hielt Pasquale Gordon und Raum auseinander. Raum erholte sich etwas, drohte aber mehrmals, die Behörden in Khartum über die Ungeheuerlichkeiten zu informieren, die auf der Expedition passierten. Das konnte Pasquale nicht auf die leichte Schulter nehmen. Wenn die falsche Nachricht die falschen Leute erreichte, geriet die gesamte Expedition in Gefahr. Es konnte sehr unangenehm werden und sich vielleicht sogar zu einem internationalen Zwischenfall hochschaukeln. Pasquale fühlte sich niedergeschmettert und hilflos. Er rief mich am Abend an und redete sich alles von der Seele. Und er wollte Gordon von der Expedition ausschließen. Dann rief er bei den Produzenten an und stellte dieselbe Forderung.

Alle sagten ihm, er solle durchhalten, versuchen, mit Gordon auszukommen und mit ihm Frieden zu schließen. Früher war Pasquale in die Wüste gereist, um Heilung und Trost zu finden. Doch jetzt war er betrübter als je zuvor und äußerst besorgt. Gordon und er waren bei einer Art hegelscher Dialektik angelangt. Gordon hielt Pasquale für unvernünftig, zu unbedacht in seinen Entscheidungen und zu waghalsig. Pasquale war inzwischen fest überzeugt, dass sein Partner durchgedreht, übergeschnappt und von einer unkontrollierbaren Wut besessen war. Nach 78 Tagen und 3.500 Kilometern war das Unternehmen ernsthaft gefährdet – nicht etwa durch Krokodile, Nilpferde, Banditen, Krankheiten oder Bürokraten, sondern durch simple zwischenmenschliche Konflikte.

Kapitel 27

Wir sind alle Reisende
In der Wildnis der Welt
Und das Beste, was wir finden können
Auf unseren Reisen,
Ist ein wirklicher Freund.

Robert Louis Stevenson

Sie schafften es ins Gelobte Land, mussten aber umkehren.

An den nächsten Tagen unternahm Pasquale alles, um Gordon und Raum zu trennen, ließ sie in verschiedenen Booten fahren und an entgegengesetzten Enden der Strände campen. Er fuhr so schnell wie möglich auf Wadi Halfa zu, das 280 Kilometer entfernt an der ägyptischen Grenze lag. Raum kochte abends weiterhin, aber niemand verspürte großen Appetit. Die Stimmung war auf dem Nullpunkt. Raum und Ahmet wollten die Expedition genauso gern verlassen, wie Gordon und Pasquale wünschten, sie wären die beiden los.

Tagebuch 77. Tag
Merkwürdig. Niemand spricht mehr miteinander. Seit Gordon Raum in die Brust getreten hat, ist es unerträglich geworden. Es erinnert mich an das Verhältnis zwischen Gordon und Yibeltal während des ersten Teils der Expedition, nur dass die Sache hier viel schlimmer ist.

Abgesehen vom Geschäftsträger Jerry Gallucci hatten sie seit ihrer Abreise aus Khartum keinen Menschen aus dem Westen mehr gesehen. Pasquale sehnte sich danach, mit jemandem zu sprechen, jemandem seine Gedanken anzuvertrauen und von den Momenten furchtbarer Schönheit und Langeweile zu berichten.

Die nubischen Sanddünen, von Kräuseln und Windrippeln überzogen, leuchteten golden und orange vor dem harten blauen Himmel. Die Boote sanken in ein Deflationsbecken ab, eine ovale Senke, die der stete Wind durch Abtragung geschaffen hatte. Sie fuhren durch einen Wald aus »Windkantern« – Steinen, die Wind und Sand zu ungewöhnlichen Formen geschliffen hatten. Es war, als würde man unter einer Infrarotlampe über ein Backblech fahren. Pasquale fühlte sich ausgelaugt, erschlagen von der Hitze. Der Afrikaforscher Heinrich Barth, der Mitte des 19. Jahrhunderts als erster Weißer die Sahara durchquerte, schrieb: »Es ist wirklich bemerkenswert, wie schnell die Kräfte eines Europäers in diesem Klima erschöpft sind.«

Als die Sonne den höchsten Punkt erreicht hatte, war es brennend heiß. Die Boote glitten an einem »Wüstenpflaster« aus Kies vorbei, das von Gipsablagerungen zementiert und mit fliesenartigen schwarzen Steinen übersät war. Es kam ihnen vor, als würden sie durch einen Friedhof fahren.

Die Strömung des Nils verschwand etwa 120 Kilometer vor Wadi Halfa, wo der Fluss in das stehende Wasser des Nubiasees (wie der Nassersee im Sudan genannt wird) einmündete. Als sie den See erreicht hatten, rief Pasquale Romany Helmy an, den Eigentümer von *Mery Ra Travel* in Kairo. Auch er war ein Mann mit Einfluss und Wochen zuvor von Jordi Llompart beauftragt worden, sich um die Drehgenehmigungen zu kümmern. Damals hatte er wahre Wunder vollbracht. Jetzt hoffte Pasquale, dass er auch Papiere besorgen konnte, die ihnen erlaubten, die Grenze zu überschreiten und den See mit den Schlauchbooten zu befahren.

»Keine Chance, mein Freund. Der Geheimdienst wird niemals gestatten, dass ihr mit euren Rafts den Nassersee überquert. Ihr müsst mit dem Schiff nach Assuan reisen«, antwortete Romany und meinte die staatliche Fähre, die einmal in der Woche fuhr.

»Was soll das heißen? Wir sind doch nicht den ganzen Weg aus Äthiopien hergekommen, um mit einem Schiff über den See zu fahren!«

»Das Problem besteht darin, dass auf ägyptischer Seite vor Assuan keine Städte am See liegen«, erklärte Romany. »Die offizielle Grenze ist in Assuan. Deshalb könnt ihr nicht allein über den See fahren. Es ist verboten.«

Pasquale war immer der Meinung gewesen, eine echte Nilexpedition von der Quelle bis zur Mündung müsse eigenständig und aus eigener Kraft vollbracht werden. Bisher hatten sie dieses Ziel erreicht. Auf den 3.200 Kilometern, die sie bisher zurückgelegt hatten, waren sie weder beim Umtragen an Wasserfällen, Stromschnellen oder Dämmen noch bei der Überquerung der Grenze zwischen Äthiopien und dem Sudan unterstützt worden. Das wollte Pasquale bis zum Mittelmeer so halten.

Ein paar Stunden bevor sie Wadi Halfa erreichten, fuhren sie zum Ufer, um sich eine Weile von dem ununterbrochen wehenden Wind zu erholen. Dort trafen sie einem Mann mit schlohweißem Haar, der in einer kleinen Bucht ein verwittertes Holzboot ruderte. Er hieß Mohedine Mohammed Hassan, war 68 Jahre alt und ein Fischer aus Wadi Halfa. Er verbrachte seine schwindenden Jahre damit, auf der sudanesischen Seite der Grenze am Seeufer auf und ab zu rudern und mit einem zerrissenen Netz seinen kargen Lebensunterhalt zu verdienen. Als Pasquale von der Expedition erzählte, antwortete Mohedine, dass 1958, also kurz bevor man begann, den neuen Staudamm zu bauen, drei Kajakfahrer den Nil heruntergekommen seien. Sie waren tief im Süden am Viktoriasee gestartet und den Weißen Nil hinuntergefahren. Er erinnere sich noch genau daran, wie er dem Schotten und den zwei Engländern begegnet war. Sie seien in drei rotweißen Holzkajaks gepaddelt. Als Pasquale fragte, ob er sich wegen des Datums sicher sei, antwortete er, ja, damals habe sein Gedächtnis noch gut funktioniert. Außer den Kajakfahrern sei, soweit er gehört hatte, nie jemand den Nil hinuntergefahren. Und er war felsenfest davon überzeugt, dass nach Fertigstellung des neuen Damms 1971 niemand je versucht hatte, den Nassersee überqueren. »Wenn ihr den See allein überquert, seid ihr die Ersten in der Geschichte, da bin ich ganz sicher«, sagte der alte Mann, ruderte davon und verschwand im Nebel.

In Wadi Halfa war das Ufer braun wie Ton, trocken wie Stroh und mit goldenen Akazien überzogen, die nach Staub und Honig rochen. Das Wasser strahlte im grellen Sonnenschein, und Pasquale musste sich die Hand über die Augen halten, als er das Boot auf einen langen Pier aus Holz und Beton zusteuerte, der etwa 300 Meter in den See hineinragte. Mehrere wuchtige, rostige Kähne waren dort festgemacht und warteten darauf, entladen zu werden. Sie fuhren an den Kähnen und den neugierigen Blicken der sudanesischen Arbeiter vorbei und hielten am Anfang des Piers. Als sie die Boote festmachten, marschierte ein kleiner Trupp uniformierter und bewaffneter sudanesischer Polizisten die Rampe hinunter auf sie zu.

Sie hatten die Expedition bereits erwartet: George Pagoulatos hatte sich mit Magdi Bushara, einem einflussreichen Mann in Wadi Halfa, in Verbindung gesetzt und ihn gebeten, alle Rädchen zu ölen, die es möglich machen könnten, dass die Expedition den Sudan verließ und nach Ägypten einreiste. Magdi drängte sich durch die Menge, fasste Pasquale am Arm und führte ihn über die Rampe in eine primitive, baufällige Zollstelle. Drinnen fiel der Putz von den Wänden und entblößte die Stützpfeiler darunter .

»Bitte geben Sie mir das Formular mit der Nummer 25, das Sie bei der Einreise vom sudanesischen Zoll erhalten haben«, bat Magdi.

»Ich habe keins«, antwortete Pasquale.

»Wie sind Sie dann ins Land gekommen?«

»Wir sind nur mit einem Brief vom Armeekommandeur an der Grenze zu Äthiopien in der Nähe von Bambudi eingereist«, erklärte Pasquale.

»Aber Sie haben doch das Formblatt 25 bekommen, weil Sie mit Ihrer Ausrüstung eingereist sind«, beharrte Magdi. »Ohne das Formular Nummer 25 kann niemand etwas in den Sudan einführen. So ist das Gesetz.«

Pasquale holte den Brief von Osman Abubaker vom *External Information Council* heraus. »Man hat mir gesagt, dieser Brief reicht aus, um nach Ägypten einzureisen.«

Im Gegensatz zu Bambudi an der äthiopisch-sudanesischen Grenze stellte die nubische Stadt Wadi Halfa einen der wichtigsten Grenzübergänge des Landes dar. Viele Menschen fuhren mit der wöchentlichen Fähre nach Assuan, um dort zu arbeiten und Verwandte zu besuchen – eine direkte Folge des Nassersees.

Der Nassersee entstand 1971 durch die Fertigstellung des 111 Meter hohen Assuan-Staudamms, eines Projekts, an dem seit 1960 gearbeitet worden war. Er staut den Nil rund 600 Kilometer weit auf und schafft auf diese Weise einen der größten künstlichen Seen der Welt mit einer Kapazität von 165 Milliarden Kubikmetern Wasser. Als Folge davon versank die ursprüngliche Stadt Wadi Halfa, ehemals eines der großen Dattelanbaugebiete der Welt, und mehr als 50.000 Nubier mussten umgesiedelt werden. Bis heute wird der Assuan-Staudamm als eine der größten Menschenrechtsverletzungen in der Geschichte des Dammbaus angesehen. Er zerstörte einmalige Denkmäler der nubischen Kultur und trennte die in Ägypten lebenden Nubier über hunderte von Kilometern hinweg von den wenigen, die im Süden des neuen Staudamms verblieben waren. Viele Nubier aus Halfa wurden hunderte Kilometer weit an den Atbara im

Ostsudan umgesiedelt, wo sie entfernt von ihrer Heimat mehr schlecht als recht an einem intermittierenden Fluss lebten.

Magdi las sich Osmans Brief durch und brummte: »Tut mir Leid, aber das reicht nicht aus. In Mossir (Ägypten) sind jede Menge Armeeposten. Sie verfügen über Schnellboote mit Gewehren und werden Sie sofort verhaften oder erschießen, wenn Sie einzureisen versuchen. Ihre Boote sind wirklich extrem schnell. Es ist noch nie jemand hineingekommen.« Laut Magdi mussten ausnahmslos alle die wöchentliche Fähre nach Assuan nehmen. Offensichtlich hatte er ein wenig Mitleid mit ihnen und lud sie in sein Haus ein, um über alles zu reden, während die Zollbeamten die Boote und die Ausrüstung beschlagnahmten.

Sie verließen den Pier und fuhren nach Wadi Halfa hinein. Von frühen Reisenden als wunderschön und eine Art Arkadien beschrieben – Kleopatra soll dort geboren worden sein –, bestand Wadi Halfa jetzt aus einem wirren Haufen hässlicher Lehmziegelhäuser auf einem windgepeitschten Plateau. Die neue Stadt lag oberhalb der alten, die in den finsteren Tiefen des Stausees begraben war. Richtige Straßen gab es nicht, nur ein paar Sandpisten, die in Zickzacklinien in die Wüste führten. Auch keine Informationsbüros für Touristen oder Reisende und nur einfachste Geschäfte und Restaurants. Das einzig wichtige Gebäude war der Bahnhof.

Der wöchentliche Zug von Wadi Halfa nach Khartum sollte an diesem Tag fahren, daher bestand die vorrangigste Aufgabe darin, Fahrkarten für Raum und Ahmet zu kaufen. Pasquale nahm Raum zur Seite, zahlte ihm den vollen Lohn und verdoppelte dann die Summe mit der Bitte, den Vorfall mit Gordon für sich zu behalten. Raum zählte das Geld und machte ein finsteres Gesicht.

»Das ist nicht genug Geld. Ich bin sehr schlecht behandelt worden, und Gordon hat versucht mich umzubringen. Ich habe die schwere Arbeit erledigt, und das war nicht leicht. Ich bin sehr erschöpft, und alles tut mir weh. Du musst mir mehr Geld geben«, verlangte er.

Jetzt reichte es Pasquale. »Ich habe jetzt wirklich die Nase voll von dir, Raum. Nimm das Geld und geh mir aus den Augen. Du bist kein ehrlicher oder rechtschaffener Mensch. Nimm das Geld und verschwinde von hier.«

Raum war verblüfft. Er hatte gehofft, dass Pasquale aus Angst davor, was er in Khartum über die Expedition erzählen könnte, klein beigeben würde. Doch auch wenn Pasquale die Unterstützung sudanesischer Beamter in Khartum und der amerikanischen Botschaft gut gebrauchen konnte, wollte er sich nicht erpressen lassen. Er würde Jerry Gallucci anrufen, ihm alles erklären und das Beste hoffen.

Das Gespräch war kurz, aber herzlich. Pasquale erklärte Jerry so gut wie möglich, was zwischen Gordon und Raum vorgefallen war. Jerry schien es zu verstehen und sagte, er werde sich um die Sache kümmern und Pasquale solle sich keine Sorgen machen. Er bot sogar an, sich mit dem US-Botschafter in Kairo in Verbindung zu setzen und ihn zu fragen, ob er seine Beziehungen spielen lassen könnte. Vielleicht bekämen sie so die Genehmigung, den Nassersee mit ihren eigenen Booten zu überqueren und nach Ägypten einzureisen.

In der Zwischenzeit kontaktierte Magdi Osman vom *External Information Council* und fragte nach dem ominösen Formular Nummer 25. Es würde zwar zwei Tage dauern, aber es würde nach Wadi Halfa gefaxt und dort als Ausreisegenehmigung abgestempelt. Eine Sorge hatten sie also weniger: Sie konnten den Sudan verlassen. Kurz darauf erhielt Pasquale jedoch einen Anruf von Romany in Kairo: »Schlechte Nachrichten von der amerikanischen Botschaft! Sie sagen, dass du mit Gordon nach Khartum zurückfahren und eure Pässe mit Visa von der ägyptischen Botschaft abstempeln lassen musst. Dann müsst ihr nach Wadi Halfa zurückkehren und die Fähre nach Assuan nehmen. Die ägyptischen Behörden lassen euch nicht ohne Visa einreisen und auf keinen Fall mit euren eigenen Booten über den See fahren.«

»Wir können doch nicht unsere ganze Ausrüstung wie die Touristen auf eine Fähre mitnehmen«, entgegnete Pasquale. »Damit ist alles hin, wofür wir gekämpft haben. Wir sind 3.200 Kilometer gefahren – wir können doch jetzt nicht aufgeben.«

»Tut mir Leid, aber ihr habt keine andere Wahl. Das ist eben Ägypten.«

Plötzlich fühlte Pasquale sich schrecklich allein, ohne einen Verbündeten oder Beistand, gestrandet im hintersten Winkel der Welt.

In der Dämmerung setzte Pasquale sich allein an das Seeufer. Der See sieht aus wie ein schlafender Riese, dachte er. Die Zeit schien stehen geblieben zu sein. Die Akazien ringsherum, der rissige Schlamm, der warme gelbe Sand, der See selbst – alles schien regungslos wie auf einem Schnappschuss, gefangen in einem ewigen Jetzt, in der Wärme der untergehenden Sonne, ohne Vergangenheit oder Zukunft.

Mitten in der Träumerei beschlich Pasquale eine unbestimmte, vage Unruhe. Vielleicht zum ersten Mal während der gesamten Expedition wurde ihm bewusst, dass er die Entscheidungen in Bezug auf die Logistik, den Zeitplan – einfach alles – fast immer allein getroffen hatte. Erst jetzt dämmerte ihm, dass es falsch gewesen war, Gordon das Mitspracherecht zu verweigern, auch wenn er noch immer meinte, dass Gordon nicht genügend Afrikaerfahrung besaß. Vielleicht hatte er selbst, Pasquale, ja auch entscheidend zu den Problemen beigetragen, die ihre Beziehung belasteten. Zum ersten Mal hatte er das Bedürfnis, Gordon sein Herz auszuschütten und ihn wissen zu lassen, dass er nicht sicher war, wie es jetzt weitergehen würde.

Pasquale stand auf und suchte nach Gordon.

»Gordon, sag mir bitte, was du dazu meinst. Ich habe es nicht geschafft, eine Einreisegenehmigung für Ägypten zu bekommen. Ich habe es über die amerikanische Botschaft, über Romany und über Kontakte in den USA versucht. Alle sagen, man wird uns nicht erlauben, den See mit unseren eigenen Booten zu überqueren. Du hast das genauso zu entscheiden wie ich. Wenn wir es versuchen, kann es gefährlich werden, und wir können verhaftet, vielleicht sogar erschossen werden. Aber ich will auf gar keinen Fall mit der Fähre fahren. Das würde bedeuten, dass wir nicht den ganzen Nil selbst befahren haben. Ich weiß nicht, was wir tun sollen.«

Gordon schwieg eine Weile und starrte auf einen fixen Punkt. Dann schaute er Pasquale direkt in die Augen. »Pasquale, wir haben einiges zusammen durchgemacht, und ich weiß, es war nicht immer einfach. Aber ich habe nie ans Aufgeben gedacht, auch wenn ich gelegentlich anderer Meinung war als du. Ich gebe auch jetzt nicht auf. Ist mir egal, wenn man uns aufhält. Es geht nur um dich und mich ... auf dem Weg zum Meer.«

Kapitel 28

Ohne Abenteuer befindet sich die Zivilisation in völligem Niedergang.

Alfred North Whitehead

Eine messingfarbene Sonne kündigte den neuen Tag an, als sie die Boote vom Pier abstießen. Pasquale rief Romany mit dem Satellitentelefon an. »Romany, wir fahren nach Assuan.«

»Der ägyptische Nachrichtendienst weiß, dass ihr kommt, und hält euch an Linie 22 an«, brüllte Romany ins Telefon. Linie 22 war der 22. Grad nördlicher Breite, wo laut Vertrag aus dem Jahr 1899 die Grenze zwischen Ägypten und dem Sudan verlief.

»Woher wissen die, dass wir kommen?«

»Wadi Halfa ist voller ägyptischer Spione, die euch gefolgt sind. Der Nachrichtendienst hat berichtet, dass zwei Amerikaner mit Booten voller elektronischer Ausrüstung illegal nach Ägypten einreisen und nach Assuan und zum Staudamm wollen. Sie halten euch für Terroristen, die den Damm in die Luft sprengen wollen und Attentate auf Ägypten planen.«

»Davon lassen wir uns nicht abhalten. Was machen sie mit uns, wenn sie uns geschnappt haben?«

»Keine Ahnung. Vielleicht bringen sie euch nach Abu Simbel. Oder sie schicken euch nur zurück. Oder sie verhaften euch. Oder sie erschießen euch.«

»Was meinst du, Gordon?«, wandte sich Pasquale an seinen Partner.

»Lassen wir's drauf ankommen.«

Als sie mit zehn Stundenkilometern auf die ägyptische Grenze zufuhren, jeder in seinem eigenen Schlauchboot und nur wenige Meter auseinander, war der See spiegelglatt und der Himmel klar und blau. Pasquale hoffte, dass sie vielleicht gar nicht entdeckt würden, wenn sie in der Mitte des 16 Kilometer breiten Sees blieben. Abgesehen von ein paar vertrockneten Inseln, die wie Leopardentupfer verstreut waren, war weit und breit nichts zu sehen.

Der Tag verlief ereignislos, bis Pasquale abends um kurz nach sechs weit vor sich auf der linken Seite Boote bemerkte. Er zog das Fernglas aus der Tasche und erkannte vier Boote mit bewaffneten Männern in Uniform. Das GPS zeigte N21°58,5' an, also waren sie kurz vor dem 22. Breitengrad. Nur wenige Minuten später schwärmten die Boote in Formation vor ihnen aus und blockierten ihnen den Weg.

Sie steuerten die Rafts auf das östliche Ufer zu und entfernten sich von den entgegenkommenden Booten. Doch die Patrouillenboote formierten sich sofort neu. Dreimal wich Pasquale ihnen aus und suchte nach einem Durchgang, doch jedes Mal rückten die Patrouillenboote nach und bauten sich vor ihnen auf. Pasquale war jetzt bei N21°59,99', also genau genommen noch im Sudan. Zwar schnitten die Patrouillenboote ihnen den Weg ab – außerhalb ihres Zuständigkeitsbereiches konnten sie aber nichts unternehmen. Das dachte Pasquale zumindest.

Doch plötzlich überquerten die schwarzen Patrouillenboote den 22. Breitengrad, rasten auf ihn und Gordon zu und bildeten einen Halbkreis. Pasquale drehte sich zu Gordon im anderen Boot um und stellte schockiert fest, dass er die Szene filmte. Pasquale brüllte zu ihm hinüber, schleunigst die Kamera wegzupacken, und Gordon versteckte sie gerade noch rechtzeitig, bevor sie von den Patrouillenbooten umzingelt wurden. Als sie schließlich von 30 Soldaten mit erhobenen Automatikwaffen umgeben waren, schalteten Pasquale und Gordon die Motoren ab und nahmen die Hände hoch. Sofort sprangen mehrere Soldaten auf die Schlauchboote, schoben Pasquale und Gordon auf die Ruderbänke, warfen die Motoren wieder an und übernahmen das Steuer. Dann brausten sie auf Ägypten zu, als brächten sie Tiere zur Schlachtbank.

Ein streng aussehender Offizier stellte sich mit einer Pistole in der Hand an den Bug des größten Patrouillenbootes und fragte: »Wer sind Sie, und weshalb sind Sie gekommen?«

»Wir fahren nach Assuan«, antwortete Pasquale in heiterem Tonfall, um die Situation zu entschärfen.

»Nein, da irren Sie sich. Sie kommen mit uns. Sie halten sich illegal in Ägypten auf«, entgegnete er.

»Nein, tun wir nicht. Wir sind immer noch in sudanesischem Gewässer.« Pasquale hielt seinen GPS-Empfänger hoch und deutete auf die Anzeige.

»Darauf kommt es nicht an. Wir warten seit vier Tagen auf Sie. Wir haben sogar auf den Booten übernachtet, damit wir Sie nicht verpassen. Sie sind jetzt verhaftet und kommen mit«, verkündete er.

Der Soldat in Pasquales Boot erhöhte das Tempo, und sie rasten auf das Westufer des Sees zu, während zwei andere Soldaten Gordons Boot an das größere Patrouillenboot banden und hinter ihnen herfuhren.

Sie hielten am ägyptischen Militärstützpunkt in Argeen, wo Pasquale und Gordon, unter Bewachung, auf den Booten bleiben und warten sollten. Was die Wachen nicht wussten, war, dass Pasquale das Satellitentelefon unter der Jacke versteckt hielt, und als sie sich drei Stunden später entfernten, um eine Zigarette zu rauchen, wählte Pasquale eine Nummer.

»Richard, hier ist Pasquale«, flüsterte er in das Mundstück.

»Hallo, Pasquale, du musst lauter sprechen. Was gibt's? Wie geht es euch Jungs denn so?«, antwortete ich, da ich davon ausging, dass sie sich glücklich in den letzten Expeditionsabschnitt stürzten.

»Hör zu, wir sind verhaftet worden. Wir sind in Ägypten, in der Nähe der Grenze an einem Ort namens Argeen. Versuche irgendjemanden zu erreichen, den Botschafter oder sonst wen, der uns helfen kann.« Pasquale machte Schluss und steckte das Telefon schnell wieder ein, damit es die Wachen nicht sahen.

Ich ging sofort ins Internet und verschickte eine Flut von E-Mails, in denen ich die Situation erklärte und um Hilfe bat, an alle unsere Kontaktpersonen in Ägypten, im Sudan und im amerikanischen Außenministerium. Die wenigen, die antworteten, zuckten quasi elektronisch mit den Schultern und schrieben nur: »Viel Glück.«

Während sie auf den Booten warteten, äußerte Pasquale die Bemerkung, dass es ziemlich unhöflich sei, Besucher nicht zu einer Tasse Tee in den Stützpunkt einzuladen. Schon seit Herodots Zeiten hießen die Ägypter Fremde mit einer Mischung aus freundlichem Geplänkel, herzlicher Einschüchterung, Überschwänglichkeit und der plumpen Vertraulichkeit willkommen, die man normalerweise mit Leuten in Verbindung bringt, die sich zuerst ins Vertrauen schleichen und einem dann die Tasche ausräumen wollen. Daher wurde es als größte Beleidigung angesehen, wenn jemand die Landsleute als nicht gastfreundlich genug bezeichnete. Einer der jungen Soldaten lief also los, um den Kommandeur zu holen, der auch sofort mitkam.

Kommandeur Mohammed Mohammed entschuldigte sich dafür, dass sie warten mussten, und erklärte ihnen, dass er über Funk mit Vorgesetzten in Assuan gesprochen und um Anweisungen gebeten habe, wie mit den Eindringlingen zu verfahren sei. Einige verdächtigten sie, Al-Qaida-Terroristen zu sein, die den Assuan-Staudamm zerstören wollten, das lebenswichtige pumpende Herz Ägyptens.

Pasquale forderte den Kommandeur auf, die Boote und die Ausrüstung genau zu untersuchen, und erklärte, dass er und Gordon beileibe keine Terroristen, sondern harmlose Abenteurer seien. Er erzählte dem Kommandeur, dass sie den gesamten Nil befahren wollten und eine Flasche mit heiligem Wasser von der Nilquelle dabei hatten, die sie wenn möglich Präsident Mubarak in Kairo überreichen wollten. Kommandeur Mohammed Mohammed antwortete, dass er ihnen glaube, und lud sie ein, in seinem Haus zu übernachten, bis die Sache geklärt war.

Pasquale wälzte sich im Schlaf ... Irgendetwas stimmte nicht. Der übliche Insektenchor war verstummt. Die Stille war so intensiv, dass er sie erdrückend fand, das Fehlen so extrem, dass daraus ein Vorhandensein wurde. Sie drückte ihm nicht nur auf die Ohren, sondern auch auf die Gedanken. Er drehte sich um und merkte, dass das Laken schweißnass war. Und er begann vor Kälte zu zittern. Schließlich schlief er ein.

Bei Sonnenaufgang teilte ihm der Kommandeur zwischen herumwirbelnden Staubteilchen die schlechten Nachrichten mit. »Mein Kommandeur in Assuan sagt, er weiß, welche Tricks Sie auf Lager haben. Sie dürfen nicht allein weiterfahren. Sie haben zwei Möglichkeiten: Sie kehren um nach Wadi Halfa, oder Sie kommen in Handschellen in Assuan an.« Er sah Pasquale starr und kühl an.

Sie hatten keine Wahl. Pasquale und Gordon wurden zum 22. Breitengrad zurückgebracht. Dort wurden sie freigelassen, und die ägyptischen Soldaten schauten zu, wie sie in den Sudan zurücktuckerten, wieder einmal ohne Einreisevisa.

Im Sudan legten sie keine 100 Meter hinter der Grenze am ersten Dorf an: Argeen, das genauso hieß wie der ägyptische Armeeposten auf der anderen Seite, da sich das Dorf früher einmal bis dorthin zog. Bis vor fünf Jahren hatten hier mehrere 1000 Nubier gelebt. Doch 1998 war der Nassersee bei einer Überschwemmung über die Ufer getreten und hatte die Stadt überflutet. Jetzt war Argeen eine verlassene Geisterstadt. Die Moschee und die Geschäfte waren noch da, aber es lebte niemand mehr dort – außer vielleicht den etwa 30 sudanesischen Soldaten, die zwischen den Tamarisken hervorsprangen und ihre Kalaschnikows schwenkten.

Trotz ihres bedrohlichen Auftretens waren die Sudanesen gute Gastgeber. In den nächsten drei Stunden wurden Pasquale und Gordon vom örtlichen Kommandeur eingeladen und festlich bewirtet. Ein Blick in ihre Pässe verriet ihm, dass sie keine gültigen Visa hatten. »Kein Problem! Ihr seid unsere Gäste, und das regeln wir schon. Ihr müsst unbedingt hier bleiben und mit uns zu Abend essen. Ruht euch aus, schlaft ein wenig, ihr müsst sehr müde sein. Ihr könnt gern die Nacht hier verbringen.«

Am nächsten Morgen machten sich Pasquale und Gordon in südlicher Richtung auf. Sie brauchten einen Beschluss, und Wadi Halfa war ihre einzige Hoffnung.

Als sie müde an den gegossenen geometrischen Formen der hohen Sanddünen vorbeituckerten, leuchtete die Oberfläche des Nassersees rosarot im Morgenlicht. Gordon fuhr dicht an Pasquale heran und beugte sich vertraulich zu ihm hinüber, als müsste er ihm etwas beichten. »Weißt du, ich habe ein bisschen Heimweh. Ich weiß nicht, wieso, das ist mir noch nie so gegangen. Vielleicht vermisse ich das Grün ... das Meer ... keine Ahnung. Es kommt mir vor, als wären wir am Ende der Welt.«

»Das sind wir ja auch«, antwortete Pasquale. »Sieh mal auf die Karte. Das sind wir tatsächlich.«

Kapitel 29

You can check out any time you like,
but you can never leave.

The Eagles, Hotel California

Als sie am Pier von Wadi Halfa anlegten, lief ihnen sofort Magdi entgegen, der ihnen mitteilte, dass neue Probleme sie erwarteten. Da sie am Tag zuvor aus dem Sudan ausgereist waren, besaßen sie nun keine gültigen Papiere mehr, um wieder einreisen zu können, auch kein Formblatt 25.

Zollchef Hassan erschien persönlich am Hafen, um mit Pasquale zu reden. Er sagte, er könne ihnen auf keinen Fall die Wiedereinreise gestatten. Sie dürften aber die Boote zwischen den festgemachten Flusskähnen parken und an den nächsten drei Tagen am Ende des Piers kampieren, um auf die ägyptische Fähre zu warten, die sie hoffentlich mitsamt ihrer Ausrüstung nach Assuan bringen würde.

Als die Schatten länger wurden, fühlten sich Pasquale und Gordon eher wie Flüchtlinge als Abenteurer. Jetzt saßen sie zwischen allen Stühlen und hatten weder ein Visum für das eine noch für das andere Land. Sie schlugen ein provisorisches Lager am Ende des viereinhalb Meter breiten Piers auf, ihres eigenen kleinen Fegefeuers, und zündeten ein kleines Feuer zum Kochen an.

Als die Nacht hereinbrach, wurden sie plötzlich von einem riesigen Schwarm seltsamer Insekten mit langen, samtigen Körpern, hauchdünnen Flügeln und blassen grünweißen Drachenköpfen eingehüllt. Pasquale flüchtete in einen der Kähne und freundete sich mit einem alten Kapitän an, dessen Gesicht so runzlig und braun wie eine Walnuss war. Bereits wenige Minuten nachdem sie sich kennen gelernt hatten, vertraute Mohammed Wahabe Abbas seinem Besucher an, dass er unter einem schweren Anfall von Verstopfung litt. Pasquale gab ihm ein Mittel aus seinem Medikamentenvorrat, und der Kapitän holte eine Flasche Whisky hervor. In den folgenden Stunden tranken sie zusammen und erzählten sich gegenseitig Geschichten über die verschiedenen Wesensarten und Launen des Nils. Als Pasquale dem Kapitän erzählte, dass er von der Quelle hoch oben im äthiopischen Hochland kam, sagte Mohammed, so eine mysteriöse Geschichte habe er noch nie gehört. Wie die meisten Ägypter wusste er, wohin der Nil führte, aber nicht, woher er kam.

»Ich würde gern zum Anfang des Nils reisen«, sagte der Kapitän.

»Ich würde gern zum Ende des Nils reisen«, antwortete Pasquale. »Und ich möchte den See mit unseren Booten überqueren, um dorthin zu kommen.«

»Nein, nein, lieber nicht«, warnte ihn der Kapitän. »Er mag vielleicht ganz ruhig aussehen, aber oft brechen Stürme auf dem See los. Viele, viele kleine Boote hat er schon verschlungen. Du brauchst schon ein Wunder, wenn du ihn überqueren willst.«

»Ich glaube daran, meine eigenen Wunder zu schaffen«, entgegnete Pasquale.

Zwei Tage später verließ die alte, von Deutschen gebaute und von zwei 850-PS-Dieselmotoren angetriebene Personenfähre *Sagalnaam* Wadi Halfa und steuerte auf Assuan zu. Auf dem überfüllten Deck standen zwei entmutigte Amerikaner, etwa 500 sudanesische Arbeiter und ein Dutzend ägyptischer Soldaten, die die Ausländer bewachen sollten. An Bord waren auch zwei gelbe Schlauchboote und ein gelber Kajak, die zuvor 3200 Kilometer den Nil hinuntergefahren waren.

TAGEBUCH 87. TAG

Ein seltsames Gefühl, mit 500 Menschen in einem stinkenden Raum eingeschlossen zu sein, nachdem wir drei Monate unter freiem Himmel auf den Booten verbracht haben, unser eigener Herr waren und völlige Freiheit genossen.

Die »Toilette« ist auf dem Flur – rostig und schmutzig. Eines der Abwaschbecken ist mit irgendeinem Tabakzeug verstopft, voller Spucke und läuft auf den Boden über. Die Passagiere zwängen sich auf die Bänke wie Ölsardinen. Sie schlafen in den Gängen und überall auf den Decks, und wie ich höre, ist das Schiff keineswegs voll. Was für ein Albtraum! Die Laken auf den Betten in unserer Kabine haben Blutflecken. Habe den Angestellten darauf hingewiesen, der sich um die Kabinen kümmert, und irgendwann hat er eingewilligt, sie zu wechseln. Hierfür sind wir nicht gekommen. Ich will wieder auf dem Fluss sein.

Die ganze Nacht bin ich wach geblieben und habe mir das Hirn zermartert, wie wir den See überqueren können. Fühle mich nicht gut. Irgendwas ist nicht in Ordnung mit mir.

Um zehn Uhr am nächsten Morgen legte die *Sagalnaam* am Kai im Hafen von Assuan an. Sofort wurde Romany von der ägyptischen Militärpolizei auf die Fähre gescheucht. Er war aus Kairo hergeflogen, um Pasquale und Gordon in Empfang zu nehmen. »Wir müssen uns beeilen. Man hat mir gesagt, ich soll euch und eure Ausrüstung als Erstes vom Schiff holen. Ich habe eure Visa.«

»Was ist mit den 500 anderen Passagieren?«, fragte Pasquale. »Die werden uns wohl kaum vorlassen.«

»Vergesst sie. Ich hatte den ganzen Vormittag mit dem Staatssicherheitsdienst zu tun, und sie wollen euch vom Schiff haben«, antwortete er. »Vergesst die anderen Fahrgäste. Hier ist Ägypten, und hier läuft es eben so.«

Romany war ein ziemlich kleiner, kahlköpfiger, geschäftiger Ägypter Anfang 50 mit großen Augen, die ihm fast aus dem Kopf zu quellen schienen, und Augenbrauen, die auf und nieder schwirrten wie ein Kolibri. Obwohl er vielleicht der beste Mann in ganz Ägypten war, um bestimmte Dinge zu deichseln, war selbst er an der Genehmigung gescheitert, mit Schlauchbooten über den Nassersee zu fahren.

Sie steckten dem Zollchef acht Liter zollfreien Whisky zu und räumten die Ausrüstung fürs Erste in einen Lagerraum des Zolls. Dann wandte sich Pasquale an Romany: »Hör mal, Romany, ich habe nicht vor aufzugeben. Noch nicht. Lassen wir die Ausrüstung hier beim Zoll, Gordon kann darauf aufpassen. Du und ich, wir fliegen morgen früh nach Kairo und bemühen uns um eine Genehmigung zur Überquerung des Nassersees – was immer dazu nötig ist. Und wenn wir zu jedem einzelnen Ministerium in Ägypten gehen müssen. Wir müssen diese Genehmigung bekommen.«

»Soll das heißen, du willst nach Wadi Halfa zurückkehren und noch mal rüberfahren?«, fragte Romany ungläubig.

»Genau so ist es«, antwortete Pasquale.

In Assuan stiegen sie im Old Cataract Hotel ab, das 1899 im Auftrage von Thomas Cook gebaut wurde und in dem Agatha Christie ihren berühmten Roman *Tod auf dem Nil* geschrieben hat. Gordon und Pasquale zogen sich in den Speisesaal von 1902 zurück, der ein Gewölbedach, maurische Bögen und eine Aussicht auf die 3.000 Jahre alten Garnisonsruinen auf der Insel Elephantine hat. Es war schon sehr verwirrend, in einem Raum zu dinieren, in dem Zar Nikolaus II., Howard Carter, der Entdecker von Tutanchamuns Grab, und Winston Churchill von feinem Porzellan gegessen und aus Waterford-Kristall getrunken hatten. Vor allem, wenn man vorher drei Monate lang nur Linsensuppe, Kuskus und frisch geschlachtete, in ihrem eigenen Fett gekochte Ziegen gegessen hatte, und das alles großzügig mit Flussschlamm und Sand gewürzt.

An dem Tag trafen sie auch Gordons über 80 Jahre alten Stiefvater Leo Hargrave und seine Frau Ellen. Sie waren ein paar Tage zuvor nach Assuan geflogen, um ein bisschen Zeit mit Gordon zu verbringen. Leo erzählte Pasquale, dass sich Gordons Mutter von seinem leiblichen Vater scheiden ließ, als der Junge drei Jahre alt war, dann Leo geheiratet hatte und mit ihm auf seine Ranch am Thompson River in Montana gezogen war. Leo zog Gordon auf und brachte ihm das Reiten, Viehtreiben und die Liebe zur Natur bei. Sie standen sich bis heute nah. »Und jetzt seht ihn euch an! Jetzt leitet er große Expeditionen!«, verkündete Leo stolz und hob sein Glas. Pasquale hob seines ebenfalls – direkt vor dem Gesicht, um eine Grimasse dahinter zu verbergen.

Am folgenden Tag nahm Pasquale Gordon zur Seite, bevor er mit Romany das Flugzeug nach Kairo bestieg. »Bitte bleib in Kontakt und lass mich immer wissen, wo du steckst, Gordie. Ich bin in ein paar Tagen zurück ... hoffentlich mit einer Genehmigung.« Damit trennten sich Gordon und Pasquale zum ersten Mal seit Beginn der Expedition drei Monate zuvor.

Kapitel 30

Sosehr Sie und wir alle es auch wünschen mögen, es gibt nicht viel Hoffnung auf Erlösung ohne Blutvergießen.

Henry Highland Garnet

Tagebuch 88. Tag

Kairo, die größte arabische Stadt der Welt – 22 Millionen Menschen, die sich in alle Richtungen bis zum Horizont bewegen. Eingehüllt in Smog und Staub. Verkehr – selbst an einem Freitag, dem muslimischen Feiertag. Ein unglaublicher Kulturschock, wenn man aus Nubien und der Sahara kommt.

Im Laufe der nächsten Woche statteten Pasquale und Romany nahezu jedem einzelnen ägyptischen Ministerium und jedem Amt für Sicherheit in Kairo einen Besuch ab. Dank Romanys Zauberstab und großzügig angewendetem Schmieröl erhielten sie Genehmigungen von der nationalen Sicherheitsbehörde, dem Verteidigungsministerium, dem Innenministerium, dem Informationsministerium und dem Tourismusministerium. Was noch fehlte, waren Genehmigungen vom Staatssicherheitsdienst und Geheimdienst, und genau darauf kam es an. Pasquale und Romany gingen weiter Klinken putzen und glaubten auch, Fortschritte zu machen, als das Wochenende dazwischenkam.

An seinem siebten Morgen in Kairo wurde Pasquale um zwei Uhr nachts durch einen Telefonanruf von Romany aus dem Tiefschlaf gerissen. Romany klang aufgeregt. »Die Staatssicherheit hat mich gerade angerufen. Gordon ist verschwunden, und sie können ihn nicht finden.«

Pasquale setzte sich auf. »Was ist denn passiert?«

»Die Wachen von der Staatssicherheit sagen, er hat sich irgendwie davongeschlichen, und sie wissen nicht, wo er ist. Sie haben sofort in seinem Zimmer im Old Cataract Hotel nachgesehen, und alle seine Sachen waren weg. Sie sind ziemlich aufgebracht deswegen.«

»Ist das schlecht für unsere Genehmigung?«

»Wenn wir ihn nicht finden, ja. Sie sind für seine Sicherheit verantwortlich, und sein Verschwinden kann uns große Schwierigkeiten machen. Du musst unbedingt anrufen und herausfinden, wo er sich aufhält.«

Pasquale war wütend. Er arbeitete unaufhörlich daran, Genehmigungen für den Nassersee einzuholen, und Gordon setzte mal eben all seine Bemühungen aufs Spiel. Pasquale rief Kim in Denver an und bat sie, Gordons Exfrau Allison und seinen leiblichen Vater Roger Brown anzurufen, um zu erfahren, ob er sich vielleicht bei ihnen gemeldet hatte. Doch Kim rief ihn zurück und sagte, niemand habe von ihm gehört. Pasquale rief als Nächstes den Produzenten Greg MacGillivray in Kalifornien an, der Gordon für den IMAX-Film eingestellt hatte, doch auch er wusste nichts. Bei Tagesanbruch war aus Gordons Verschwinden fast ein internationaler Zwischenfall geworden, und Freunde und Verwandte in den USA machten sich Sorgen, ob er von islamischen Terroristen entführt worden war.

Pasquale und Romany nahmen den ersten Flug zurück nach Assuan. Als sie gelandet waren und ihr Gepäck holten, klingelte Pasquales Telefon.

»Hey, was ist los?«, fragte Gordon unschuldig.

»Wo zum Teufel steckst du?«, fuhr Pasquale ihn an. »Alle möglichen Leute auf zwei Kontinenten suchen nach dir. Die Staatssicherheit ist sauer. Dein Vater und Allison sind verrückt vor Sorge. Alle dachten, du wärst von Al-Qaida entführt worden!«

Eine Weile war es still am anderen Ende. »Äh ... Ich bin in Luxor mit Leo und Ellen und wollte gerade nach Assuan zurückkommen. Als du weg warst, haben wir beschlossen, nach Norden zu fahren und uns ein paar Tempel anzusehen. Wir haben aus dem Hotel ausgecheckt und sind zur Hintertür rausgegangen. Mist. Tut mir Leid, wenn es Probleme gab.«

»Probleme? Du hast vielleicht unsere letzte Chance vermasselt, diese Expedition zu Ende zu bringen, du Arschloch!« Pasquale legte wutschnaubend auf.

Er fuhr zum Old Cataract Hotel und setzte sich an die Terrassenbar. Ein paar Stunden später kam Leo und bestellte sich ein Bier.

»Du kennst Gordon wahrscheinlich besser als sonst jemand«, sagte Pasquale.

»Kann gut sein«, antwortete Leo.

»War er immer schon so? Sein Benehmen auf dieser Reise ist einfach unberechenbar.«

Leo nahm einen langen Zug von seinem Stella-Bier und schaute Pasquale dann in die Augen. »Du weißt doch von seinem Gehirntumor, oder?«

Pasquale sah ihn schockiert an und schüttelte dann langsam den Kopf.

»Vor ungefähr fünf Jahren hat man einen Tumor mitten in seinem Gehirn entdeckt. Gordon musste ein halbes Jahr Chemotherapie durchstehen. Sie haben ihm keine großen Überlebenschancen gegeben. Der Arzt sagte, er habe die höchstmögliche Dosis verabreicht, und war erstaunt, als Gordon es schaffte. Er ist ein richtiger Kämpfer. Manche Leute finden, dass er sich verändert hat; dass er launischer, ungeduldiger, kraftloser geworden ist. Aber, hey, er hat den Krebs besiegt. Er hätte sich etwas Ruhe verdient. Und trotzdem macht er so großartige Sachen. Ich bin wirklich stolz auf meinen Jungen.«

Pasquales Zorn schmolz dahin. Seit Gordons Verschwinden war er endgültig zu der Überzeugung gekommen, dass sein Partner das personifizierte Unglück war. Jetzt dachte er jedoch noch mal über die ganze Expedition nach und führte sich Gordons Rolle vor Augen, seine Worte, seine Taten. Plötzlich erschienen ihm seine eigene Kritik und seine Vorwürfe grausam und ungerecht. Pasquale entschuldigte sich, ging in sein Zimmer und rief mich an.

»Ja, ich wusste davon«, sagte ich ihm. »Und ich finde schon, dass es ihn verändert hat. Ich habe mit ihm Anfang der 1990er-Jahre an einem Filmprojekt in Sulawesi gearbeitet, und er war der Held des ganzen Drehs. Als ich auf einer Wanderung in einer steilen, tropisch-schwülen Schlucht zusammengeklappt bin, hat er sich um mich gekümmert und mich ins Lager zurückgebracht. Ja, er hat sich tatsächlich verändert, ist vielleicht emotionaler und weniger tolerant geworden. Zumindest dachte ich das, als wir am ersten Teil des IMAX-Films gearbeitet haben. Anderen erging es wohl ebenso. Sogar Greg MacGillivray hat mir das gesagt. Aber er ist immer noch ein treuer Kerl. Er hat immer noch ein großes Herz. Er ist immer noch der alte Gordon Brown.«

Pasquale suchte Gordon in seinem Zimmer auf.

»Gordon, es tut mir Leid.«

»Was tut dir Leid?«

»Leo hat mir gerade von deinem Krebs und den Nachwirkungen erzählt. Es tut mir Leid, wenn ich dich falsch eingeschätzt habe.«

»Ach was, Pasquale. Ich weiß deine Worte zu schätzen, aber ich glaube nicht, dass der Krebs mich verändert hat. Ich nehme immer noch Medikamente, und vielleicht wirken die sich ein wenig auf meine Stimmung aus. Ich stolpere eher über meine Worte als früher. Aber ich denke eigentlich nicht darüber nach. Ich bin froh zu leben und froh, hier zu sein.«

Nachdem sie über Wochen und Monate hinweg so viele Höhen und Tiefen durchfahren hatten, fanden Pasquale und Gordon endlich das verloren gegangene Vertrauen zueinander wieder, und jeder erzählte dem anderen offen von seinem persönlichen Nil. Sie reisten durch Schönheit, Gefahr, Angst und Anmut von einem Prüfstein zum anderen, landeten schließlich dort, wo alles angefangen hatte, und wussten zum ersten Mal, wo das war.

Sie tranken und redeten bis spät in die Nacht. Pasquale erfuhr, dass Gordons Mutter wie seine eigene unter Schizophrenie litt. Sie war eine Weile in der Psychiatrie gewesen und hatte Gordon sich selbst überlassen. Gordon sprach vom Glück, das er in seinem Kajak empfand, ein Glück, das ihm in so vielen anderen Dingen verwehrt geblieben war. Und Pasquale erkannte, je mehr er über Gordon erfuhr, desto mehr erfuhr er über sich selbst. Sie waren sich in vielen Dingen sehr ähnlich: in ihrer Stärke, ihren Neigungen. Beide hatten viele Begabungen, waren *tough*, dickköpfig, unverwüstlich, ungeduldig, impulsiv, jähzornig, einfallsreich, hartnäckig und fair. Wie sie beide nebeneinander und nach vorn gebeugt in ihren zusammengebundenen Booten saßen und nicht abwarten konnten, was auf sie zukam, waren sie vielleicht das einzige zweiköpfige Team, das die erste Fahrt über den gesamten Blauen Nil und weit darüber hinaus schaffen konnte.

»Weißt du, du hattest mit vielen Dingen unterwegs Recht. Damit, dass es besser ist, nicht die ganze Strecke zu paddeln und dass die Krokodile zu gefährlich sind. Und damit, wie man mit den Behörden und bestimmten Situationen umgeht. Ich empfinde große Bewunderung für meinen Teamkollegen«, sagte Gordon nach zu vielen Gläsern Bier.

»Ich auch, mein Freund«, antwortete Pasquale.

Kapitel 31

Alle träumen, aber nicht alle auf die gleiche Weise. Diejenigen, die nachts in den staubigen Hinterhöfen ihres Geistes träumen, wachen des Morgens auf und merken, dass alles eitles Nichts war. Die Tagträumer aber sind gefährlich; denn vielleicht leben sie ihre Träume mit offenen Augen aus, um sie in die Wirklichkeit hineinzutragen.

T. E. Lawrence, Die sieben Säulen der Weisheit

Wie ein Seiltänzer, der weitergehen muss, um oben zu bleiben, konnte Pasquale einfach nicht länger auf eine Genehmigung für den Nassersee warten.

Als er am Morgen aufstand, dröhnte ihm der Kopf, und sein Körper war steif und schmerzte – wahrscheinlich die Folgen seines nächtlichen Gelages mit Gordon, oder vielleicht war auch eine Grippe im Anzug. Aber er hatte keine Zeit, sich auszuruhen oder darüber nachzudenken, wie er sich fühlte. Es gab zu viel zu tun.

Nach mehreren Tassen schwarzen Kaffees holten Pasquale und Gordon ihre Ausrüstung und die Schlauchboote vom Zoll am Hafen von Assuan ab und machten sich daran, die Boote aufzupumpen und für die Weiterfahrt herzurichten. Nun würden sie die Expedition also am Fuß des Assuan-Staudamms fortsetzen, der Traum einer Gesamtbefahrung des Nils war dahin.

Als Pasquale und Gordon an jenem Tag trübsinnig ihr Abendessen im Speisesaal von 1902 einnahmen, trat ein deprimierter Romany ein und setzte sich zu ihnen. Wegen des Schlafmangels hatte er dunkle Ringe unter den Augen, und die wenigen Haare, die noch auf seinem Kopf wuchsen, standen in alle Richtungen ab wie die Stacheln eines Stachelschweins. Er stützte den Kopf in die Hände und berichtete Pasquale und Gordon, dass er an den letzten beiden Tagen ununterbrochen mit dem Staatssicherheitsdienst und dem Geheimdienst verhandelt hatte, um die beiden unversöhnlichen Organisationen zusammenzubringen und so eine Genehmigung für den Nassersee zu erkämpfen. Er sprach mit der Endgültigkeit eines Grabsteins.

»Sie sagen, sie werden uns niemals eine Genehmigung erteilen. Niemand überquert den See und Schluss. Ich bin müde. Ich habe Kopfschmerzen.«

»Was soll's.« Pasquale zuckte mit den Achseln. »Wir haben uns sowieso schon viel zu lange mit der Überquerung dieses blöden Sees befasst. Zwei Wochen haben wir uns um diese verdammte Genehmigung bemüht. Und am Ende interessiert es niemanden. Meine Güte, das ist ein von Menschen angelegter Stausee. Ist doch egal, ob wir in unseren eigenen Booten über dieses künstliche Gewässer fahren oder nicht«, sagte er, doch seine Worte klangen verdächtig hohl.

Kaum hatte Pasquale zu Ende gesprochen, als ein Telefon klingelte. Romany klappte sein Handy auf und sprach auf Arabisch hinein. Aus dem Telefon drangen laute, aufgeregte Sätze. Als Romany auflegte, huschte ein zufriedenes Lächeln über sein hellbraunes Gesicht. Der Geheimdienst und die Staatssicherheit hatten eingelenkt. Aufgrund des Drucks der amerikanischen Botschaft und aller anderen ägyptischen Behörden, auf die Romany eingewirkt hatte, waren sie zu dem Schluss gekommen, dass es besser wäre, Pasquale und Gordon über den See fahren zu lassen, als sich mit den Verwicklungen herumzuschlagen, die ein Verbot mit sich gebracht hätte. Ein paar Stunden später hatten Pasquale und Gordon die Boote auf einen Lkw verfrachtet und verließen Assuan auf einer einsamen Wüstenstraße flussaufwärts in südlicher Richtung.

Als sie Abu Simbel erreichten, wo sie die Boote wieder zu Wasser lassen wollten, wurden sie von einem Beamten des Geheimdienstes angehalten, der sich als ein weiterer Kommandeur Mohammed vorstellte. Er hatte sie erwartet. Kommandeur Mohammed betrachtete ungläubig die aufgepumpten Schlauchboote und die auf dem Lkw lagernde Ausrüstung und fragte die beiden Ausländer: »Sind das Ihre Boote?«

Pasquale nickte.

»Die sind viel zu klein. Darin können Sie nicht über den See fahren. Die sinken. Und Sie werden sterben. Ich kann es nicht erlauben.« Er kletterte auf den Lkw und setzte sich in eines der Schlauchboote. »Wo sind die Motoren?«, fragte Mohammed weiter. »Es dürfen nur Boote mit Motoren auf den See, die mehr als 30 PS haben.«

Pasquale wischte sich mit dem Ärmel den Schweiß von der Stirn. Er fühlte sich erschöpft und ausgelaugt. Erstens waren sie mit den knapp fünf Meter langen Booten heil und sicher durch einige der gefährlichsten Wildwasserstellen der Welt gefahren, und zweitens waren die 15-PS-Mercury-Motoren die 2.000 Kilometer durch den Sudan wie am Schnürchen gelaufen. Pasquale unterdrückte das Bedürfnis, dem Kommandeur an die Gurgel zu springen, und antwortete knurrend: »Die Motoren sehen immerhin um einiges besser aus als ...«

Plötzlich drängte sich Gordon an Pasquale vorbei und ging auf den Kommandeur zu. Pasquale fürchtete einen weiteren Wutausbruch und hielt Gordon am Arm fest, doch der machte sich los.

»Sir, die Motoren sind im Lkw, unter den Booten.« Gordon zeigte auf den Tieflader. Sein Tonfall war ungewöhnlich höflich und diplomatisch.

»Sind das 30-PS-Motoren?«

»Nein. Es sind 15-PS-Motoren. Aber sie wurden in den USA hergestellt und haben viel Power«, fügte Gordon hinzu. »Wir haben sie schon an vielen Orten benutzt, und für den Nassersee sind sie genau das Richtige.«

»Sie brauchen 30-PS-Motoren. Der See ist sehr gefährlich.«

»Aber das sind turboschnelle Motoren. Amerikanisches Fabrikat«, behauptete Gordon.

»Ach, Sie meinen, sie haben einen Turbolader?«

»Einen Turbolader, ja, genau.«

Argwöhnisch akzeptierte Mohammed die Erklärung und winkte sie durch.

Als sie die Boote beladen und zusammengebunden hatten, dämmerte es bereits. Sie fuhren zur Linie 22 zurück – genau bis zu der Stelle, wo sie die Expedition hatten unterbrechen müssen –, wendeten und fuhren in nördlicher Richtung weiter. Am ersten Abend kampierten sie auf einem schäbigen Inselchen mitten im Nassersee, das außer Sichtweite des Armeepostens lag. Als die Sonne am nächsten Morgen aufging, fuhren sie weiter. Der Himmel war klar und die Luft windstill. Durchdrungen von dem Wunsch, endlich voranzukommen, fuhren sie die nächsten 15 Stunden durch.

TAGEBUCH 96. TAG

28 Grad, kristallklarer Himmel, sanfte Brise, die Wasseroberfläche wie eine Spiegelscheibe. In alle Richtungen erstrecken sich türkis- und rosafarbene *dschebels*, graue Klippen und gerippelter orangefarbener Sand. Der Himmel ist so weit, dass sich Montana davor verstecken kann. Jetzt kann uns nichts mehr aufhalten.

Die Nacht senkte sich herab wie ein schwarzer Schleier. Da sich das gute Wetter hielt, fand Pasquale, dass sie eine Nachtfahrt riskieren konnten, auch wenn kein Mond am Himmel zu sehen war. Nach Sonnenuntergang blies der Wind nur selten, und so brauchten sie nur einen Kurs festzulegen und sich am Ruder abzuwechseln.

Kurz nach Mitternacht tauschte Pasquale mit Gordon den Platz und legte sich auf einer Ruderbank hin. Aus der stillen, heißen Ferne hörte er die feierliche Stimme eines heranwehenden Windes, der ein vages Gefühl von Ehrfurcht und Schrecken auslöste.

Etwas später wurde Pasquale von einem kalten Wasserspritzer im Gesicht geweckt. Es war dunkel wie in einer Höhle. Nur Gordons Silhouette konnte er schwach am Heck erkennen. Er hatte einen Fuß auf den Motor gestellt, um das Gewicht besser zu verteilen, denn die Boote schaukelten heftig auf den Wellen. Wind und Regen trieben aus nördlicher Richtung heran. Der ehemals flache See schickte jetzt hohe Schaumkronen über den Bug.

»Gordon, wir müssen ans Ufer!«, schrie Pasquale in den Wind.

»Ja, aber ich hab keine Ahnung, wo es ist!«, brüllte Gordon zurück. »Es ist so finster, dass ich das GPS nicht lesen kann. Ich weiß nicht, ob es zehn Kilometer oder zehn Meter bis zum Ufer sind!«

Die Wellen türmten sich so hoch, dass Pasquale nicht aufstehen konnte, also kroch er im böigen Wind zum Heck hinüber. Pasquale übernahm das Ruder, während Gordon nach der letzten funktionierenden Taschenlampe suchte. Schließlich zog er sie aus einem Rucksack und richtete sie in die Dunkelheit über die wogenden Wassermassen. Die Boote wurden von den haushohen Wellen hin und her geschleudert, und jedes Mal, wenn sie in ein Wellental fielen, wurde der Bug überspült. Die Boote spielten das Spiel mit, stellten sich auf und stürzten hinunter, als wollten sie ihre Insassen über Bord werfen. Pasquale fürchtete, dass sie in eine der Klippen am Ufer krachen oder eine Felsbank rammen würden, die den Motor abreißen oder den Bootsboden aufschlitzen konnte.

Er lenkte die Boote nach Osten und hoffte, das Ufer und vielleicht eine geschützte Bucht oder einen Strand zu finden, wo sie Zuflucht suchen konnten. Doch als sie sich dem Ufer näherten, brüllte Gordon, dass er eine steile Sandsteinwand erkennen konnte, deren oberes Ende in der Dunkelheit verschwand.

Sie schaukelten an der glatten Wand entlang und fanden schließlich eine kleine Spalte im Fels, den Eingang zu einer schlitzförmigen Schlucht. Sie war gerade breit genug, um die Boote hindurchzuquetschen. Sobald sie drinnen waren, hörte der Wind auf, als hätte jemand einen Schalter gedrückt. Es war weit nach Mitternacht, und sie waren durchnässt, durchgefroren und erschöpft. Gordon band die Boote an einem Felsen fest, während Pasquale schon zitternd einschlief.

An den nächsten beiden Tagen tuckerten sie in ruhigerem Wasser auf den Assuan-Staudamm zu. Von nun an blieben sie in der Nähe des Ufers und trauten sich nicht mehr in die Seemitte hinaus. Endlich kam eine dünne Linie am Horizont in Sicht, als sie über das reflektierende Wasser blickten – der Damm. Ein großer schwarzweißer Falke glitt über sie hinweg wie ein Segelflugzeug und hing dann reglos in der Luft, der Inbegriff von Ruhe vor dem Sturm. Nachdem sie über zwei Wochen um die Genehmigung gekämpft und in vier Tagen den Nassersee überquert hatten, war ihnen gelungen, was noch keinem westlichen Ausländer vor ihnen gelungen war. Pasquale steuerte die Boote in den Hafen von Assuan. Sie passierten die Fähre *Sagalnaam*, mit der sie drei Wochen zuvor nach Assuan hatten fahren müssen. Der Kapitän stand an Deck, lächelte zu ihnen hinunter und ballte die Faust.

Am nächsten Morgen wachte Pasquale in seinem Hotelzimmer in Assuan gegen vier Uhr schweißgebadet auf. Ihm war, als wollte sein Kopf zerspringen. Sein ganzer Körper schmerzte, und er begann zu zittern. Bis zum Sonnenaufgang verlor er immer wieder das Bewusstsein. In einem klaren Moment begriff er, dass die Symptome, die ihm seit ein paar Tagen zu schaffen machten, auf Malaria hindeuteten. Mit letzter Kraft kämpfte er sich zum Telefon und rief Gordon an, der zu ihm eilte und gleich den Hoteldirektor mitbrachte. Pasquale war auf dem Fußboden zusammengebrochen und kaum bei Bewusstsein. Gordon lief los und holte Fansidar-Tabletten gegen Malaria aus ihrem Medikamentenkoffer.

Als Pasquale die Augen aufschlug, sah er weiß gekleidete Männer und Frauen um sich herum, die sich flüsternd auf Arabisch unterhielten. Sie schienen unter Wasser zu sein. Er lag in einem Krankenhaus, was der Hoteldirektor veranlasst hatte. Auch Gordon war im Zimmer. Mit schwacher Stimme fragte Pasquale Gordon nach den Booten. Gordon versicherte ihm, dass alles in Ordnung sei, er sich um alles kümmere und Pasquale sich keine Sorgen zu machen brauche. Er drückte Pasquale die Hand und verließ das Zimmer, als der Patient erneut das Bewusstsein verlor.

Nach einer Weile wachte Pasquale in Panik auf und rollte aus dem Bett. Er sprach mit mehreren Krankenschwestern und dem behandelnden Arzt und sagte, es gehe ihm gut und er müsse das Krankenhaus sofort verlassen. Sie rieten ihm davon ab, konnten ihn aber nicht aufhalten. Er taumelte zum Haupteingang hinaus, hielt ein Taxi an und ließ sich zum Fluss fahren.

Er stolperte am Ufer entlang und fand schließlich Gordon, der an den Booten herumwerkelte. Er hatte die ganze Ausrüstung vom Hafen oberhalb des Dammes nach unten geschafft. Er hatte neuen Proviant besorgt und die Boote aufgetankt. Der Mann, den Pasquale zuvor als unfähig gescholten hatte, hatte sich tatsächlich um alles gekümmert. Pasquale kratzte an der Außenhaut seines Grolls, und wie bei der Öffnung eines ägyptischen Grabs zerfiel das Innere zu Staub.

»Wie bist du hierher gekommen? Wie bist du aus dem Krankenhaus gekommen?«, fragte Gordon.

»Eigentlich weiß ich nicht genau, wie ich hergekommen bin«, antwortete Pasquale. »Ich fühle mich immer noch richtig schlecht, aber ich kann einfach nicht in einem Krankenhaus rumliegen. Wir müssen den Fluss runterfahren.«

Gordon baute einen Sonnenschutz für Pasquale, setzte seinen Partner ins Boot, und sie begannen die letzten 1.000 Kilometer bis zum Meer. »Keine Sorge. Es geht schon. Wir werden es schaffen.« Pasquale hörte Gordons Stimme nur schwach, so wie man unter Wasser Stimmen über der Oberfläche hört.

Von hier an war der Nil kristallklar, denn der Assuan-Staudamm hielt den letzten Sand und andere Sedimente aus dem äthiopischen Hochland zurück. Nach aktuellen Schätzungen lagern sich jedes Jahr etwa 100 Millionen Tonnen Schlamm und Schlick hinter dem Damm ab und verändern das Ökosystem flussabwärts: Die Bodenfruchtbarkeit hat sich drastisch verringert, andererseits lässt der Damm durch die Regulierung des jährlichen Hochwassers eine solidere und nachhaltigere Bewässerung zu.

Der Fluss war gereinigt worden, und nach ein paar Tagen Ruhe und Pflege dachte Pasquale das von sich selbst auch. Gordon hatte sich um seinen fieberkranken Teamkollegen gekümmert, ihn gefüttert, ihm die feuchte Stirn abgetupft, seine Schlafstelle im Schatten aufgebaut und gleichzeitig die Boote flussabwärts gesteuert. Inzwischen glich der Nil eher einem eingemauerten Bewässerungsgraben als einem Fluss. Jenseits des eingezwängten Stroms lauerte der Schlund der Zivilisation: gepflasterte Straßen, Eisenbahnschienen, Hochspannungsleitungen, Fabrikschornsteine, Minarette, Abfallberge und Ströme von Menschen, die sangen, beteten, stritten und in den Nil schissen. Praktisch alle 70 Millionen Einwohner von

Ägypten leben an den Ufern des Nils, in einem Gebiet, das knapp vier Prozent der ganzen Landesfläche ausmacht.

Und zum ersten Mal seit Beginn ihrer Fahrt waren sie nicht die einzigen Reisenden auf dem Nil. Seit Jahrhunderten zogen die Wunder des alten Ägypten Touristenströme an, und selbst jetzt, da die Angst vor Terroranschlägen so groß wie nie war, hatte sich daran nichts geändert. Hunderte von Hotels, Restaurants und Raritätenläden sowie abertausende von Touristen verschandelten das Ufer, und der Nil selbst quoll über vor einer Flotte von Kreuzfahrtschiffen und falschen Feluken; voll gestopft mit Fahrgästen, die sich selbst voll stopften.

Und dann war da noch die Polizei, die nicht nur deutlich sichtbar die Ufer patrouillierte, sondern in übergroßen Schnellbooten den Nil hinauf- und hinunterraste und für die Sicherheit auf dem Fluss sorgte – alles für die vielen 100 Millionen Touristendollar, die jedes Jahr in die Staatskasse flossen. Als Pasquale sich von seinem Fieber erholte, schien der Nil selbst verrückt geworden zu sein.

TAGEBUCH 100. TAG

Auf dem Nil wimmelt es jetzt von Touristen. Überall. Bataillone riesiger Kreuzfahrtschiffe stehen in Vierer- und Fünferreihen am Ufer. Wir haben nicht mal Platz, um irgendwo anzulegen. Die Polizei musste uns eskortieren und mit ihrem großen, alten blauen Patrouillenboot einen Weg für uns bahnen. Dann übergaben sie uns an eine weitere Eskorte, dann an noch eine und noch eine. Eine musste sich 20 Liter Sprit von uns leihen, um uns überhaupt begleiten zu können.

An ihrem 100. Tag auf dem Nil fuhren sie an der Stadt Kom Ombo vorbei und auf den Tempel Sobeks zu, des ägyptischen Krokodilgotts. Schon zu Beginn der Expedition hatte Pasquale sich fest vorgenommen, hier Halt zu machen und dem Gott Hochachtung zu zollen. Sobek war der Namensgeber für die Abenteuerfirma, die ich etwa 30 Jahre zuvor gegründet hatte, als ich die ersten Flussbefahrungen in Äthiopien unternahm. Wenn man dem Gott Reverenz erwies, so die Legende, gewährte er den Schiffen eine sichere Fahrt auf dem Nil.

Aus der Entfernung sah der Tempel fast wie gemalt aus und erinnerte Pasquale an Aquarelle aus dem 19. Jahrhundert, die er vom Nil gesehen hatte. Als sie näher kamen, rieben sie sich verwundert die Augen. Auf einer Länge von fast einem Kilometer lagen Kreuzfahrtschiffe in Fünferreihen am östlichen Ufer. Viele weitere hingen in einer Warteschleife und warteten darauf, dass eines der vorderen Schiffe ablegte. Jedes der großen Schiffe brachte zwischen 200 und 300 Touristen, also um die 12.000 Personen insgesamt. Sie alle schoben, drängelten und rangelten, um in den kleinen Tempel auf der hohen Düne zu kommen, den Ptolemaios VI. Philometor im frühen zweiten Jahrhundert v. Chr. hatte errichten lassen.

> TAGEBUCH 100. TAG
> Ich hab's wirklich versucht, Richard. Wir sind an der Kinderbetreuung, dem Eisstand und den Wasserpfeifenläden vorbei zum Tempel hinaufgestiegen. Wir haben uns mit der Menge in den Tempel geschoben und waren gerade lange genug drin, um zu erkennen, dass das nicht unser Ding war.

In dem Augenblick der Dämmerung, wenn helle Gegenstände unnatürlich leuchten und alle anderen in friedlicher Dunkelheit verharren, erspähte Gordon am Abend einen silbernen Fleck am Ufer: den letzten Sandstrand, den sie am Nil zu sehen bekamen. Dummerweise lag er am anderen Ufer unterhalb des Sobek-Tempels, und der Versuch, dorthin zu gelangen, stellte eine der letzten großen physikalischen Gefahren der Expedition dar. Die Kreuzfahrtschiffe strömten aus beiden Richtungen den Fluss entlang, und jedes einzelne wirbelte Wellen auf, so groß wie Stromschnellen der Kategorie drei. Pasquale und Gordon schafften es mit Müh und Not, eine Lücke zwischen den Schiffen ausfindig zu machen und sich im richtigen Moment durchzuschlängeln, ohne überfahren zu werden oder in den aufgewühlten Wellen zu kentern.

Kaum waren sie auf dem winzigen Strand gelandet, als ein alter Schlepper mit vier touristenbeladenen Feluken den Fluss hinaufgetuckert kam, auf sie zusteuerte und sich drei Meter von den Schlauchbooten entfernt in den Sand bohrte. Betrunkene junge Partyleute strömten kreischend aus den Feluken und torkelten ans Ufer.

»Verdammt, können die nicht woanders hingehen?«, schimpfte Gordon. »Ist das hier der einzige Platz, an dem man campen kann?«

Leider war es so.

In dieser Nacht erlitt Pasquale einen Rückfall und wurde wieder abwechselnd von hohem Fieber und kalten Schaudern geplagt, die typisch für Malaria sind. Von Krämpfen geschüttelt, rief er in die Nacht hinaus um Hilfe. Schnell war Gordon an seiner Seite, wickelte ihn in eine saubere Decke und setzte ihm eine Flasche Wasser an die Lippen. »Alles wird gut. Halt durch, Kumpel«, tröstete er ihn.

Pasquale schaute Gordon ins Gesicht, drehte sich auf die Seite und verlor erneut das Bewusstsein.

TAGEBUCH 102. TAG

Bin am Morgen immer noch krank – kann mich nicht an viel erinnern. Alles weg. Habe den ganzen Tag auf dem Boot geschlafen, während Gordon gefahren ist. Zum Glück ist Gordon bei mir. Es ist sehr heiß, in der Sonne zu liegen. Weiß fast nichts mehr von dem, was passiert ist – bin den ganzen Tag nicht richtig bei Bewusstsein. Am Nachmittag komme ich langsam wieder zu mir, fühle mich aber noch sehr schwach. Um ein Uhr nachts falle ich mit meinem Schlafsack vom Boot ins Wasser, weil ich im Traum etwas rausholen muss. Ein Wunder, dass ich nicht ertrinke. Alles ist pitschnass. Komme mir ziemlich blöd vor. Schlafe den Rest der Nacht mit Ersatzdecke, habe aber noch mehrere kalte Schweißausbrüche.

Kapitel 32

Ich bin ich und meine Umwelt, und wenn ich sie nicht rette, rette ich auch mich nicht.

José Ortega y Gasset, Meditationen über »Don Quijote«

Als sie zwei Tage später am Tal der Könige vorbeifuhren, war Pasquale endlich wieder gesund. So konnten sie zusammenarbeiten, um den letzten Abschnitt zu schaffen.

Während der nächsten zwölf Tage war die Zeit zäh wie Klebstoff. Gordon und Pasquale fuhren an übervölkerten Uferstädten und Industriekomplexen vorbei. Sie mussten die Boote an niedrigen Bewässerungsdämmen umtragen und die störenden Schleusen aus der britischen Ära passieren. Sie kamen an den ober- und mittelägyptischen Städten Naj Hammadi, Suhaj, Asyut, El-Minya und Beni Suef vorbei, von denen jede größer war als die vorherige. In allen lebten Menschen zusammengepfercht in Wohnblöcken, die bis ans Nilufer heranreichten.

Das Land, das sich hier zu beiden Seiten des Nils erstreckte, war entweder verstädtert, oder es wurde landwirtschaftlich genutzt. Sie fanden keine Plätze mehr zum Campen, daher schliefen sie meist auf Betonpiers oder in Polizeistationen. Der Fluss selbst wurde immer verschmutzter: Müll sammelte sich an, und pflanzlicher Abfall wie Bananen- oder Zuckerrohrstauden wirbelte in Ägyptens großem Abwasserkanal die Krankheitserreger auf.

Der Fluss wurde außerdem zunehmend von der Wasserhyazinthe verstopft, einem schnell wachsenden Unkraut. Die schwimmende

Pflanze stammt ursprünglich aus dem Amazonasbecken und wurde gegen Ende des 19. Jahrhunderts als Zierpflanze nach Ägypten eingeführt. Sie breitete sich schnell im Sudd, dem großen Sumpfgebiet im Südsudan, aus und behinderte dort jahrzehntelang die Schifffahrt. Am oberen Nil wurde die Pflanze nicht heimisch, da sie vom alljährlichen Hochwasser ins Mittelmeer geschwemmt wurde. Seit dem Bau des Assuan-Staudamms siedelte sie sich jedoch an und wuchs in Schwindel erregendem Tempo, da sie von dem ungeklärt in den Fluss geleiteten Abwasser gedüngt wurde. An manchen Stellen lag sie in riesigen verflochtenen Decken auf der Wasseroberfläche, und Pasquale und Gordon mussten sich mühsam hindurchkämpfen.

TAGEBUCH 105. TAG

Beide Ufer sind mit weißen Felsen und Zement eingefasst. Ein bisschen wie der L. A. River, ein einziger riesiger Betonkanal. Überall schwimmende Massen von Wasserhyazinthen, was das Vorankommen erschwert. Unzählige Zuckerrohrfabriken blasen Rauch in die Luft. Ich habe noch nie einen Ort gesehen, an dem so viele Pestizide oder Herbizide versprüht werden wie in Ägypten.

Als sie sich Kairo näherten, wurde die ländliche Bebauung immer mehr von Beton und Hochhäusern abgelöst. Die Saharasonne kämpfte sich nur mühsam durch die verschmutzte Luft. Alle paar Kilometer standen Hochspannungsmasten, und Stromleitungen führten über den Fluss.

Der Wind änderte die Richtung: Zum ersten Mal seit Beginn der Expedition wehte er aus dem Süden. Ein Schwarm Nilgänse flog keilförmig über den Strom und ließ sich vom Rückenwind antreiben. Eine Bö blies Rauch und Dunst lang genug aus dem Weg, dass

Pasquale und Gordon einen Blick auf die Pyramiden von Gizeh erhaschen konnten. Pasquale erinnerte sich, dass seine Mutter immer in der Küche ihren Lieblingssong, *You belong to me* von Jo Stafford, gesungen hatte, einer in den USA bis in die 1960er-Jahre populären Sängerin. Darin ging es um *the pyramids along the Nile*. Er sang das Lied vor sich hin, während er dem Herzen von Kairo entgegensah.

Und dann hatten sie es geschafft. Am 28. April 2004, einem herrlichen Mittwoch, fuhren Gordon Brown und Pasquale Scaturro um 7.01 Uhr Ortszeit nach 5.245 Kilometern und 114 Tagen ins offene Meer hinaus. Nördlich von Rosetta in Ägypten steuerten sie die Schlauchboote in die Brandung des Mittelmeers.

Der Nil verschwand langsam hinter ihnen und sah im Morgenlicht bald aus wie eine alte Fotografie. Frei von den Strömungen des Wandels und der Zeit drehten sie sich zueinander um, die salzige Gischt in den Gesichtern, und schlangen in einem Augenblick puren Glücks die Arme umeinander.

»Wir haben's geschafft, Kumpel!«, sagte Pasquale zu Gordon und bemühte sich wie immer, den Helden zu mimen, doch in seiner Stimme schwang noch etwas anderes mit. »Das hab ich immer gewusst«, antwortete Gordon und zeigte sein strahlendes Lächeln.

Pasquale holte die Flasche mit dem Wasser der heiligen Quelle in Sakala heraus und gab ein paar Tropfen der klaren Flüssigkeit in die Brandung.

Sie hatten die Quelle mit dem Meer verbunden, den ewigen Anfang mit dem ewigen Ende des Flusses.

In Farid Uddin Attars persischem Gedicht *Die Konferenz der Vögel* aus dem zwölften Jahrhundert versammeln sich in einer Zeit des Chaos und der Dunkelheit 100 Vögel und begeben sich auf eine Reise, um das Geheimnis des Daseins zu lüften und Simorgh zu finden, »den, der weiß«. Sie reisen durch die sieben gefährlichen Täler

Suche, Wissen, Loslösung, Verwirrung, Armut, Einheit und Liebe. Während des langen, gefährlichen Flugs geben die meisten verzweifelt auf oder kommen in den Gefahren um, bis nur noch 30 übrig sind. Als die Vögel schließlich, erschöpft von all den Anstrengungen, ihr Ziel erreichen und zu Simorgh geführt werden, wird das Geheimnis gelüftet. Sie finden einen Spiegel, in dem sie ihre eigenen Gesichter sehen, und lernen, dass der Retter, den sie gesucht haben, in ihnen selbst war. Sie erfahren, dass »Simorgh« nichts anderes bedeutet als »30 Vögel«. Aber es hätten auch zwei sein können.

In der Unermesslichkeit des Nils und im Nachhall der vielen Expeditionen löste sich das Muster von Vergangenheit und Gegenwart auf, und übrig blieben zwei Seelen, zwei Suchende, die erreicht hatten, was niemand vor ihnen erreicht hatte. Sie waren aufgebrochen, um ein Geheimnis zu lüften und das Ideal ihres Flusses zu finden – eines Flusses, den sie erst noch befahren mussten, einer Offenbarung des Unerreichbaren als ewiges Ziel. Sie hatten sich aufgemacht, um ihren eigenen Simorgh zu finden, und entdeckt hatten sie am Ende sich selbst.

Dank

Von den vielen Leuten, die bei der Expedition zur Erstbefahrung des Nils von der Quelle bis zur Mündung, beim IMAX-Film *Der Blaue Nil* und bei diesem Buch geholfen haben, möchten Richard und ich zuallererst den wunderbaren, unermüdlichen Mitarbeitern von *MacGillivray Freeman Films* in den USA und *Orbita Max* in Spanien danken, den Produzenten des IMAX-Films *Der Blaue Nil* und wichtigsten Sponsoren unserer Expedition. Besonders möchten wir uns bei Greg MacGillivray und Jordi Llompart für die moralische und finanzielle Unterstützung bedanken. Mehr als jeder andere hat sich Jordi weit aus dem Fenster gelehnt und seine Partner überzeugt, dass ein Großformat-Film über den längsten Fluss der Erde ohne die Erstbefahrung des Blauen Nils undenkbar ist. Im Gegensatz zu uns glaubte Greg keine Sekunde lang, dass die Erstbefahrung scheitern könnte, und so haben seine Standhaftigkeit, sein Optimismus den Erfolg der Expedition überhaupt erst möglich gemacht.

Unser aufrichtiger Dank gilt unseren Teamkollegen, die uns während der vier Monate auf einzelnen Etappen begleitet haben: Mike Prosser, der in der Nördlichen Schlucht zwar seine Hose, nicht aber seinen Humor verlor; Kurt Hoppe, der uns bei der Planung der Expedition seine freundschaftliche Hilfe angedeihen ließ; Michel L'Huillier, der von Sabara Dildi bis Khartum, einer schwierigen und gefährlichen Teilstrecke, ein selbstloser Teamgefährte war; Dr. Myriam Seco, Dr. Mohammed Megahed und Saskia Lange für ihre stete Begleitung während der Expedition; Ben Fadeley und Don Johnston für ihre selbstlose Hilfe beim Drehen insbesondere der Kenterszenen auf dem oberen Blauen Nil.

Wir danken auch Gary Lemmer für seine freundschaftliche Unterstützung beim Erkunden des oberen Blauen Nils vor der Expedition und bei den Dreharbeiten; unserem Superguide Mike Speaks für seine Hilfe beim Befahren der Stromschnellen in der Nördlichen Schlucht und bei den Versorgungslieferungen in Äthiopien; James Ellsworth von *Mountain Travel Sobek*, dem originellen Raftingausstatter in Äthiopien; Steve Marks und auch Allan Kearney von *Wild and Scenic River Tours*.

Ein Dankeschön auch unserer unermüdlichen Lektorin Jennifer Hershey bei Putnam und ihrem Assistenten Richard Florest sowie unserem Agenten Howard Morhaim.

Ich danke Dr. Robert O. Collins für seine wertvollen Informationen zur Geschichte, den hydrologischen Gegebenheiten und den Kulturen des Nilbeckens. Als ich auf dem Fluss war und fortwährend Fragen hatte, hat er mir stets per E-Mail bereitwillig geantwortet. Mein aufrichtiger Dank gilt der Rechercheleiterin Barbara MacGillivray, die mich mit reichlich Hintergrundmaterial versorgte und mir in schwierigeren Phasen immer wieder Mut zusprach. Herzlichen Dank auch an unseren Freund Paul Maritz – er produzierte nicht nur das Probetape, das zu meiner Teilnahme an diesem Projekt führte, sondern stellte auch sein Haus zur Verfügung und stand uns beim Schreiben des Buchs mit gutem Rat zur Seite.

In Äthiopien danke ich Yohannes Assefa von *Red Jackal Tours* für die zuverlässige Unterstützung in Bahir Dar und an den Versorgungsstellen. Mein tief empfundener Dank gilt unseren unglaublich beharrlichen, unerschrockenen äthiopischen Teamkollegen und Weltklasseabenteurern: Yibeltal Tsedalu, der uns bis Khartum begleitete; Yohannes (Johnnie Walker) Mekonnen und unseren treuen EPRDF-Wachen Soloman Amanu, Yalew Metuku, Alemu Mehariw und Baye Gebre Selassie. Dann möchte ich Zelalem Abera für seine Hilfe bei unserer Versorgung an der Sabera Dildi danken und

Tefera Ghedamu von *ETV Television* für die Unterstützung in Bahir Dar. Ein weiteres Dankeschön geht an Worku Lemma, Rigoberto Herrera und Yonas Yirgu von der amerikanischen Botschaft.

Im Sudan danke ich Michael und George Pagoulatos und ihren wunderbaren Frauen für ihren hervorragenden, in der Welt einmaligen Service im Acropole Hotel. Auch unseren beiden Gefährten von Khartum bis Shandi, Jerry Gallucci von der amerikanischen Botschaft im Sudan und Hans Liechte, sage ich danke. Es hat nicht nur Spaß gemacht mit euch auf den Booten; ihr wart uns auch eine große Hilfe, indem ihr uns den Mitarbeitern der amerikanischen Botschaft in Ägypten vorgestellt habt. Unser Dank geht an Ahmet Ali, unserem Dolmetscher von Khartum bis Wadi Halfa; Kamal Omar und den *Blue Nile Sailing Club* für ihre Gastfreundschaft sowie Pieter Stopel und dem Hilton Hotel in Khartum. Weiterhin bedanke ich mich bei Mike Wood und seiner Frau Aynuma für ihre Gastfreundschaft und Hilfe bei der Beschaffung der äthiopischen Flagge, die wir auf dem Nil von Wadi Halfa bis Kairo wehen ließen. Ein herzliches Dankeschön an Magdi, Mohip und Midhat Bushara aus Wadi Halfa dafür, dass sie uns bei der Einreise, mit dem Zoll und später bei der Wiedereinreise geholfen haben.

In Ägypten geht mein anerkennender Dank an Romany Helmy von *Mery Ra Travel* für sein unablässiges Bemühen, uns Genehmigungen für die Überquerung des Nassersees zu beschaffen. Dank an Ized Fuad, unseren Dolmetscher und Teamkollegen in Ägypten. Dank auch den engagierten Mitarbeitern der amerikanischen Botschaft in Kairo: Chris Rich, Phil Frayne, Jim Bullock, Amany Osman, Lt. Col. Randy Baxter und den Botschafter David Welch.

Falls Sie jemals eine der längsten und gefährlichsten Flussexpeditionen der Welt in Angriff nehmen sollten, ist nichts wichtiger als Ausrüstung und Ausstattung. Daher möchten wir den vielen Mitarbeitern von *Johnson Outdoors* herzlich danken, die uns unterstützt haben, dann *Eureka!* für die fantastischen Zelte, die uns vor Sand, Staub, Wind und Mücken schützten; *Extrasport* für die Rettungswesten, die uns beim Kentern in der Nördlichen und der Schwarzen Schlucht über Wasser hielten; *Carlisle Paddles* für die Paddel; *Old Town Canoe* für die wasserdichten Packsäcke. Sowohl beim Fahren auf dem Nil als auch beim Wandern in den Sanddünen der Sahara gehörten unsere Schuhe zu den wichtigsten Ausrüstungsgegenständen, und wir haben die Erfahrung gemacht, dass sich die Wasserschuhe und Sandalen von *Teva* einfach nie abtragen. Unser Dank geht an alle *Teva*-Mitarbeiter, außerdem an Joe Roman von Volkswagen und an *Ex-Officio*, die die unglaublichste Expeditionskleidung der Welt herstellen. Ein herzliches Dankeschön all den Ausrüstungssponsoren, die uns während der Expedition unterstützt haben: der Down River Equipment Company; Mountain Hardwear; Lotus Designs und Patagonia; Benchmade-Messern; Ed Moody von Costa del Mar und den weltbesten Sonnenbrillen; Tom Myers von Cascade Designs und MSR; Bruce Bergstrom und Sawyer Paddles and Oars; Justyn Thompson und Watershed Drybags; Delta Socks, Camp Time, Inc.; Donna Baase und Cowgirl Enterprises; Osprey Packs; Pelican Cases; Timberland; Greg Wozer und Bill Crumish von Leki; Demetri und Kim Coupounas von GoLite; und Lisa Conte von Napo Pharmaceuticals für das Durchfallmedikament Crofelemer, das Wundermittel, das die Crew praktisch durch dick und dünn gebracht hat.

Alle Mitarbeiter von *Orbita Max* und von *MacGillivray Freeman Films* leisteten grandiose Unterstützungsarbeit. Mein besonderer Dank gilt Mark Krenzien, Brad Ohlund und Rob Walker für ihre Freundschaft, harte Arbeit und fortwährende Ermutigung. Unser Dank geht auch an die Mitarbeiter Reed Smoot, Jack Tankard, Laura Vidiella, Stephen Judson, Bernat Aragones, Matthew Muller, Alec Lorimore, Denis Delestrac und Ahmed El-Esseily, Scot Hoffman,

Steven Ford und Michael Kirsch, Michael O'Donnell, Victor Santos, Robert Adams, John Canning, Ron Goodman und Ralph Mendoza, Phillip Rothwell, Almuth Itzen und Harrison Smith, Josep Maria Aragones sowie an die Mitglieder der wissenschaftlichen Beratergruppe Francesca Berenguer, Paul Henze, Eshete Dejen, Col. John Blashford-Snell, Frank Corcoran und Josep Padro, Shaun MacGillivray und Janna Emmel; an die Cheflektorin Lori Rick; an Sarah Scaturro für das mühselige Abschreiben der 70.000 Wörter meines Expeditionstagebuchs, Carey Peterson für ihre unschätzbare Hilfe beim Abschreiben und Lektorieren aller Interviews.

Kein Dank kann groß genug sein, wenn es um Gordon Brown geht, meinen Expeditionspartner und Landsmann während der gesamten 180 Tage, die wir in Afrika verbrachten – zuerst bei den Dreharbeiten zum Film *Der Blaue Nil* und dann während der folgenden 114 Expeditionstage. Wir beide erlebten manch schwierige Zeit während der Expedition, wurden dabei aber die engsten Freunde. Daran lässt sich der eigentliche Erfolg der Expedition messen.

Schließlich danke ich Kim, meiner Frau und Gefährtin auf zahlreichen Expeditionen in die höchsten Gebirge und entlang der gefährlichsten Flüsse der Erde: Ich möchte dir meine Liebe und meine tiefste Anerkennung dafür aussprechen, dass du da warst, als es am meisten darauf ankam, dass du dich um die unzähligen Kleinigkeiten gekümmert hast, die immerzu erledigt werden mussten, und dass du zu Hause die Stellung gehalten hast, während ich so lange in Afrika war, eine Zeit, die dir wie ein ganzes Leben vorgekommen sein muss ...

... ganz zum Schluss danke ich noch meinem Freund Richard Bangs dafür, dass ihm ständig solche verrückten Abenteuer einfallen.

Pasquale Scaturro

REISEN · MENSCHEN · ABENTEUER

NATIONAL GEOGRAPHIC TASCHENBÜCHER
VON FREDERKING & THALER

NATURGEWALTEN

Hauke Trinks
Leben im Eis
Tagebuch einer Forschungsreise in die Polarnacht
ISBN 3-89405-232-5

Könnte es sein, dass das Leben auf der Erde im Eis entstanden ist? Dieser Frage ist der Physiker Hauke Trinks mit seiner Expedition in den Norden Spitzbergens nachgegangen. Ein einjähriges Abenteuer in der Polarnacht, nur in der Gesellschaft zweier Hunde – und zahlreicher Eisbären.

William Stone / Barbara am Ende
Höhlenrausch
Eine spektakuläre Expedition unter der Erde
ISBN 3-89405-216-3

Riskante Kletterpartien, gefährliche Tauchgänge ins Ungewisse, wochenlanges Leben unter der Erde – William Stone und sein Team erforschen eine der größten Höhlen der Welt. Die atemberaubende Schilderung einer Expedition der Superlative.

Carla Perrotti
Die Wüstenfrau
An den Grenzen des Lebens
ISBN 3-89405-197-3

Warum riskiert eine Frau ihr Leben in der Wüste? Carla Perrotti durchwandert allein die Kalahari und die größte Salzwüste der Erde in Bolivien, als erste Frau begleitet sie eine Tuaregkarawane durch die Ténéré. Unter den überwältigenden Eindrücken der Natur findet sie zu sich selbst.

So spannend wie die Welt.

NATIONAL GEOGRAPHIC
FREDERKING & THALER
www.frederking-thaler.de